Franz-Theo Gottwald · Wolfgang Howald
Selbsthilfe durch Meditation

Franz-Theo Gottwald · Wolfgang Howald

Selbsthilfe durch Meditation

Gesundheit und Persönlichkeitsentfaltung durch Tiefenentspannung

mvg verlag

CIP-Kurztitelaufnahme der Deutschen Bibliothek

Gottwald, Franz-Theo:
Selbsthilfe durch Meditation : Gesundheit u.
Persönlichkeitsentfaltung durch Tiefenentspannung / Franz-
Theo Gottwald ; Wolfgang Howald. – Landsberg am Lech :
mvg-Verl., 1988
(mvg-Paperbacks ; 364)
ISBN 3-478-03640-2
NE: Howald, Wolfgang:; GT

8910 Landsberg am Lech
Umschlaggestaltung: Gruber & König, Augsburg
Satz: Fotosatz H. Buck, 8300 Kumhausen
Druck u. Bindearbeiten: Presse Druck Augsburg
Printed in Germany 030 640/888802
ISBN 3-478-03640-2

Inhalt

Was dieses Buch will 9

1. Meditation in unserem Alltag 13
Warum meditieren? 13
Streß – ein großes Problem unserer Zeit 14

Meditation – eine einfache Lösung 16
Was heißt "meditieren"? 17
Meditation, ein Bestandteil jeder Kultur 18
Die natürliche Fähigkeit des Menschen zur Meditation. 19
Warum meditieren? 20

2. Meditation und wie man sie erlernt 21
Die Vielfalt von Meditationsverfahren 21
Inhaltliche Meditation 21
Tiefenmeditation 25
Konzentrierende Meditation 26
Öffnende Meditation 27
Passive Meditation 28
Aktive Meditation 28

Wie Sie Meditation erlernen können 29
Wie sollte eine Meditationstechnik sein? 31

Transzendentale Meditation – ein Beispiel für eine wirkungsvolle Meditationstechnik 33
Wie die Transzendentale Meditation funktioniert 34
Lernverfahren 36

3. Was während der Meditation vor sich geht 38
Was körperlich während der Meditation geschieht 40
Geistige Erfahrungen während des Meditierens 44
Wie das Gehirn im Meditationszustand arbeitet 45
Gipfelerlebnisse in der Meditation 50

4. Gesundheit durch Meditation 52
Streßbewältigung und Streßvorbeugung 53
Streßverarbeitung 55
Streßverhinderung 59

Harmonisierung körperlicher Funktionen 61
Bluthochdruck 61
Herzkrankheiten 63
Kopfschmerzen 65
Asthma 68

Schlafstörungen 71

Krebs 74

Alkohol-, Nikotin- und Drogenkonsum 77
Verringerung des Alkoholmißbrauchs 77
Abnahme des Rauchbedürfnisses 79
Reduktion des Drogenkonsums 80

Ganzheitliche Gesundheit und verbessertes Gesundheitsverhalten 84
Meditation in der Gesundheitsvorsorge 85
Verlangsamung des Alterungsprozesses 87
Meditierende benötigen seltener ärztliche Hilfe 91

5. Angstüberwindung und Bewältigung anderer psychischer Probleme durch meditative Entspannung 93
Meditation und Psychotherapie 93

Meditation als Angsttherapie 96
Abbau von Phobien 97
Verringerung allgemeiner Ängste 98

Meditation als Hilfe bei Depressionen 100

Weitere therapeutische Anwendungsbereiche der Meditation 103
Hypochondrie 103
Schizophrenie 105
Körperliche und geistige Behinderung 107

Modellbeispiel: Einsatz von Meditation in einer psychiatrischen Klinik 109

6. Persönlichkeitsentwicklung durch Meditation 113
Wohlbefinden als Grundlage der Persönlichkeitsentfaltung 113
Veränderungen des Selbstbildes 114
Sich selbst mehr akzeptieren 115
Stärkeres Selbstvertrauen entwickeln 118
So werden, wie Sie sein möchten 121
Positiv mit sich selbst umgehen 122
Einstellungswandel 125
Neuorientierung des Denkens 128
Entfaltung der Intuition 134
Umgang mit anderen Menschen 138
Partnerbeziehungen 139
Kommunikation in der Familie 141
Entwicklung der Persönlichkeit als Grundlage für befriedigende zwischenmenschliche Beziehungen 143
Persönlichkeitsintegration 144

7. Fernziele der Meditationspraxis – ein Ausblick 150
Voraussetzungen für Selbstentfaltung 150
Bewußtheit im Alltag 151
Selbstentfaltung durch Selbstannahme 152
Selbstverwirklichung als Ziel der Persönlichkeitsentfaltung 153
Was ist Selbstverwirklichung? 154
Selbstverwirklichung durch Meditation 157
Sinnfindung 159
Der Sinn des Lebens 159
Sinnerfahrung während der Meditation 161
Höhere Bewußtseinszustände und Erleuchtung 162
Bewußtseinsstufen 163
Die Erweiterung menschlicher Fähigkeiten 168
Erleuchtung 171

8. Erfolg aus Kräften der Stille 176
Zunahme der Intelligenz 178
Intelligenz – ein Definitionsversuch 178
Meditation als Mittel zur Intelligenzsteigerung 180

Kreativitätsförderung 183
Wie läßt sich Kreativität erfassen? 184
Durch Meditation zur Quelle der Kreativität gelangen. 187

Besser lernen und behalten durch Meditation 189
Das Aufnahmevermögen 190
Das Ausdrucksvermögen 193

Arbeitszufriedenheit und Arbeitsleistung 194
Wachsende Befriedigung am Arbeitsplatz 195
Steigerung der beruflichen Leistungsfähigkeit 198
Häufigkeit des Arbeitsplatzwechsels 199
Verbesserte Beziehungen zu Mitarbeitern und Vorgesetzten 200

9. Anwendungsbereiche der Meditation – ein Überblick ... 203
Erziehungswesen 203
Modellprojekte in Schulen und Universitäten 205
Förderung und Freisetzung von Talenten 212

Wirtschaft 214
Erfahrungen mit Meditation in Firmen 214
Meditation – der Kern ganzheitlichen Managements .. 218

Kunst 222

Religion 227
Meditation und Sekten 229
Spiritualität 230

Gesellschaft 231
Meditation in der Rehabilitation von Strafgefangenen. 232
Verbesserung der Lebensqualität – durch Meditation zu einer friedensfähigen Gesellschaft 238

10. Wo Sie Meditation erlernen können 247

11. Literaturhinweise 248

Was dieses Buch will

Das Interesse an Meditation nimmt seit Jahren bemerkenswert zu. Millionen von Menschen aller Altersstufen, Berufsgruppen und Schichten meditieren heute in vielen Teilen der Welt. In einigen amerikanischen Gefängnissen wird genauso meditiert wie in japanischen Firmen und skandinavischen Schulen oder Universitäten. Inzwischen gewährt die größte private holländische Krankenversicherung Meditierenden eine 30prozentige Ermäßigung! Gegenwärtig verdoppelt sich die Zahl derer, die Methoden der Selbstfindung und Selbstentfaltung anwenden, weltweit alle vier Jahre. Nach Vorhersagen des englischen Sozialwissenschaftlers RUSSELL werden bereits Anfang des nächsten Jahrhunderts mehr Menschen beruflich mit Bewußtseinsschulung zu tun haben als mit Informationsverarbeitung! Meditation wird also in Zukunft ein fester Bestandteil im Leben vieler sein.

Vielleicht haben Sie schon manches über Meditation gehört. Streß, Nervosität, innere Gereiztheit sind beinahe für jeden zu einer dauerhaften Erfahrung in seinem Alltag geworden. Es ist daher verständlich, daß Sie zu diesem Buch gegriffen haben. Denn Meditation wird von immer mehr Menschen als einfaches Mittel betrachtet, um trotz der wachsenden alltäglichen Belastungen gesund zu bleiben, die Persönlichkeit zu entfalten und Erfolg zu haben.

Sicherlich, es gibt eine Menge Literatur zu diesem Thema. Wir beide haben jedoch festgestellt, daß das Bedürfnis nach sachlicher und auf Lebenshilfe bezogener Information über Meditation heute viel ausgeprägter ist als noch vor wenigen Jahren. Bloße Anleitungen zum meditativen Entspannen oder ein Überblick über die verschiedensten Meditationsverfahren von Zen-Meditation bis zum christlichen Herzensgebet befriedigen dieses Bedürfnis nur unzureichend. Viele erkennen, daß man alleingelassen mit einem Buch oder einer Kassette zur Meditationsanleitung meist nicht sehr weit kommt. Die Literatur, die einen Überblick über Meditationstechniken vermittelt, ist zum überwiegenden Teil wenig alltagsnah und deswegen zur Lebenshilfe nicht geeignet. Was viele suchen, ist umfassende Information über das Wirkungsspektrum von Meditation, indem sie sich Fragen stellen wie: Hilft mir Meditation wirklich, meinen Alltagsstreß besser zu bewältigen? Wie kann sich meine Gesundheit verbessern und mein Wohlbefinden durch das Meditieren erhöhen? Bin ich, wenn ich meditiere, tatsächlich in der Lage, schneller, kreativer und erfolgreicher berufliche und private Aufgaben zu erledigen?

Auch Sie wollen vermutlich nun genau wissen, ob Meditation solche positiven Auswirkungen auf Ihr tägliches Leben haben kann. Sie möchten sich nicht auf Vermutungen und Hoffnungen verlassen, sondern suchen nach Information, die wissenschaftlich abgesichert ist und auch durch die Erfahrungen von Meditierenden bestätigt wird.

Um dieses Bedürfnis nach klarer, eindeutiger und gerade deshalb lebenspraktisch bedeutsamer Information zu befriedigen, haben wir beide dieses Buch geschrieben. Wir wollen Sie darin mit allem vertraut machen, was die Wissenschaft, von der Gehirnforschung über die Psychologie und Medizin bis in die Arbeitsforschung hinein über die Auswirkungen des Meditierens gefunden hat.

Dieses Buch geht vorwiegend auf Alltagsprobleme ein. Vielleicht haben Sie schon beim Durchlesen des Inhaltsverzeichnisses ein oder zwei Ihrer persönlichen körperlichen oder psychischen Beschwerden entdeckt und sind nun neugierig, ob und wieso Meditation Ihnen hier helfen kann. Für alle, die etwas mehr über die Grundlagen der Meditation wissen wollen und auch einen Einblick in die bekanntesten Meditationsverfahren erhalten möchten, sind die ersten beiden Kapitel geschrieben. Danach geht es uns darum, Ihnen zu zeigen, was in körperlicher und geistig-seelischer Hinsicht während der Meditation abläuft (3. Kapitel). Die dann folgenden Kapitel machen Sie mit dem beeindruckenden Wirkungsspektrum der Meditation im einzelnen vertraut.

Bei unseren Meditationskursen und anderen Seminaren begegnen wir immer wieder unangemessenen Vorstellungen die Meditation betreffend: „Meditation ist für den westlichen Menschen nicht geeignet, da sie einen Rückzug aus dem Alltag mit sich bringt." „Meditation ist etwas Geheimnisvolles und Unerklärbares, das sich dem gesunden Menschenverstand entzieht." Dagegen heben wir hervor, daß man sich der Meditation auch von wissenschaftlicher Seite nähern kann, sie also nichts Unfaßbares ist. Weil Mißverständnisse über Meditation vielerorts vorhanden sind, baut dieses Buch neben den Erfahrungen unserer Seminarteilnehmer auf den Ergebnissen der Meditationsforschung auf.

Seit Beginn der siebziger Jahre haben sich verschiedene Wissenschaften verstärkt um die Erforschung der Meditation bemüht. Zwar gab es schon in den dreißiger Jahren erste vereinzelte Untersuchungen an Yogis. Innerhalb des letzten Jahrzehnts hat sich die Meditationsforschung dann sprunghaft entwickelt und ist mittlerweile zu einem weitreichenden, allgemein anerkannten Forschungsgebiet geworden.[1] Nahezu tausend empirische Arbeiten zu den Wirkungen unterschiedlicher Meditationsverfahren liegen heute vor, auf die wir für dieses Buch zurückgreifen. Davon untersuchen etwa hundert Studien Effekte von Zen-Übungen[2,3], ungefähr zwanzig weitere Arbeiten erfassen die Wirkungen der buddhistischen Vipassana-Meditation[4] und etliche andere setzen sich mit verschiedenen anderen asiatischen und westlichen Meditationsformen auseinander. Bei weitem am meisten ist die Technik der Transzendentalen Meditation erforscht worden. Gut 700 wissenschaftliche Arbeiten zu dieser Technik stehen heute zur Verfügung.[5,6] Dies ist ein Grund, weshalb wir uns im gesamten Buch, wo nicht ausdrücklich anders erwähnt, auf Transzendentale Meditation beziehen. Ein weiterer Grund, dieser Meditationsübung besondere Aufmerksamkeit zu schenken, besteht darin, daß in keiner der zahlreichen Vergleichsstudien andere Verfahren wirksamer als die Transzendentale Meditation waren. Schließlich setzen wir beide diese Meditationstechnik seit mehr als einem Jahrzehnt erfolgreich in unseren Seminaren ein. Gleich, ob es sich um Seminare für Hausfrauen oder für Manager handelt, Transzendentale Meditation hat sich bei Hunderten unserer Seminarteilnehmer als leicht lehr- und lernbares, unmittelbar wirksames Entspannungsverfahren erwiesen, das nach kurzer Zeit unabhängig von einem Meditationslehrer oder einer Organisation erfolgreich angewandt werden kann.

Nach der Lektüre dieses Buches sollten Sie imstande sein, sich zu entscheiden, ob Sie mit dem Meditieren beginnen wollen, und auch wissen, warum Sie dies eigentlich tun möchten. Psychologisch ist das nämlich notwendig: ohne klare Verständigung über das Warum des Beginnens und das Ziel des Meditierens wird der Vorstoß in geistiges Neuland – und das ist Meditation zweifelsohne – nur sehr unbefriedigend und nicht von Dauer sein. Und dafür ist Meditation einfach zu schade, oder wir können sagen: dafür sollten Sie sich persönlich nicht hergeben. Wir laden Sie nun ein zu entdecken, welchen Wert meditative Entspannung für Ihre Gesundheit und Ihren Lebenserfolg hat.

1. Meditation in unserem Alltag

Warum meditieren?

Sicherlich ist Ihnen in Ihrem Leben verschiedentlich schon aufgefallen, daß Sie nicht genügend Muße und Entspannung finden und der bloße Konsum sowie der Erwerb von materiellem Besitz Sie nicht wirklich befriedigen. Auch werden Sie häufig festgestellt haben, daß Sie sich, obwohl Sie es eigentlich wollen, nicht vorrangig nach den eigenen Bedürfnissen richten, sondern mehr nach der Meinung und Erwartung anderer Menschen. Diese mangelnde Befriedigung und Unterdrückung von persönlichen Bedürfnissen beeinträchtigen auf Dauer Ihre Grundstimmung, Gesundheit und Leistungsfähigkeit.

In einigen Lebenssituationen haben Sie vermutlich auch schon bemerkt, daß Ihr Verstand allein nicht ausreicht, um die auf Sie zukommenden Probleme des Alltags zu lösen. Sie haben dann vielleicht Ihre innere Stimme gespürt, die Ihnen gesagt hat, was Sie tun sollten. Waren Sie dann so mutig, darauf zu hören? Oder mißachteten Sie die Botschaft Ihrer inneren Stimme und versuchten erneut, allein vom Kopf her an das Problem heranzugehen? Aufgrund der Erziehung und Ausbildung steht bei den meisten Menschen in unserer Kultur der Verstand sehr im Mittelpunkt, während der Umgang mit Gefühlen zu wenig geübt wird und häufig einfach gestört ist.

Gefühlsverarmung, Selbstentfremdung und Fremdbestimmtheit sind wesentliche Gründe für die heute weit verbreiteten Erfahrungen von Sinnlosigkeit, Erschöpfung, Frustration und Leere. Bei vielen Menschen herrscht ein allgemeines Gefühl von Unbefriedigtsein und Ziellosigkeit vor, mit dem sie nicht alleine fertig werden. Vor allem Personen, die sich in einer Phase der Veränderung zu einem neuen Lebensabschnitt befinden, z.B. im Übergang vom Jugend- in das Erwachsenenalter, in den mittleren Lebensjahren oder in der Vorbereitung auf den Ruhestand, stellt sich die Frage nach dem Sinn des eigenen Lebens besonders drängend. Der

Betroffene greift dann zu einem Buch, von dem er sich Lebenshilfe verspricht. Oder er wendet sich an einen Menschen, von dem er annimmt, daß dieser ihm eine Orientierungshilfe, Halt oder Lebenssinn vermitteln kann. Meistens sagen aber diese Ratgeber dann, der Sinn liege in einem selber und das Leben habe keinen Sinn an sich, den andere einem mitteilen könnten. Damit bringen sie zum Ausdruck: Nur die eigene Erfahrung, die Selbsterfahrung ist geeignet, den Einseitigkeiten des Lebens und der Selbstentfremdung entgegenzuwirken. Sinnvolles Handeln ist nur begrenzt möglich, wenn äußere Aspekte der Persönlichkeit die Entscheidungen bestimmen, wenn man nicht aus seinem eigenen Persönlichkeitsgrund heraus lebt.

Meditation will dies ermöglichen: Sie hilft Ihnen, zu sich selbst zu kommen und dann aus der Mitte Ihrer Persönlichkeit heraus zu handeln.

Streß – ein großes Problem unserer Zeit

Jedermann weiß, daß fehlender Lebenssinn, Selbstentfremdung und Frustrationen mit dem großen Problem unserer Zeit zusammenhängen, mit Streß.

Streß ist zwar ein Modewort und eine Erscheinung, die in unserer Zeit besonders ausgeprägt ist, jedoch keine Erfindung der modernen Zivilisation. Bereits der Urmensch war mannigfaltigen Streßeinflüssen ausgesetzt, obwohl seine Lebenssituation sich von der heutigen durch größere Einfachheit und Überschaubarkeit unterschied. Er setzte Streß unmittelbar in körperliche Bewegung um, was heute nur noch wenigen möglich ist. Dadurch baute der Urmensch Streß ab. Er hatte ferner die Gelegenheit, zum Beispiel nachdem er ein Tier erlegt hatte, am Feuer sitzend auszuspannen. Insgesamt hatte er mehr Zeit, sich zu erholen, da er leichter als heutige Menschen nach Belastungen in einen Ruhezustand zurückkehren konnte. In unserer Zeit dagegen erleben viele Menschen Streß rund um die Uhr. Sie befinden sich unter Dauerspannung, die sie kaum noch zur Ruhe kommen läßt. Fragen Sie sich doch selbst einmal, was Sie dagegen unternehmen, um diesen Dauerstreß abzubauen!

Sie werden sagen: ,,Ich fahre in Urlaub! Da spanne ich aus, tanke auf und will frisch und ausgeruht zurückkommen.'' Viele nutzen diese Pause aber nicht richtig, denn nach Umfragen von Freizeitforschern erholt sich nur jeder vierte im Urlaub. Das hängt damit zusammen, daß die meisten ihren Urlaub nicht richtig auf die persönlichen Bedürfnisse abstimmen.

Oder aber Sie denken an den Nachtschlaf, diesen ,,Wiedererwecker der Lebenskraft''. Auch hier liegt vieles im argen, klagt doch jeder dritte über Schlafstörungen, die meist seelische Ursachen haben: Der Alltagsstreß fordert also auch in der Nacht seinen Tribut, insbesondere weil die täglichen Belastungen heute vor allem seelisch bedingt sind und von Angst, Ungewißheit, Leistungsdruck verursacht werden. Im Gegensatz dazu war bei den Urmenschen Streß im wesentlichen ein körperliches Phänomen, ausgelöst durch Hitze, Kälte, Kampf um Nahrungsmittel.

Körperlich läuft in Belastungssituationen eine Alarmreaktion ab, die vor allem aus einer starken Anregung des Sympathikus besteht, einem Hauptteil des nicht willkürlich steuerbaren (autonomen) Nervensystems. Dabei werden zum Beispiel bestimmte Hormondrüsen angeregt, deren Hormone stoffwechselsteigernd wirken. Es werden Energien mobilisiert, und der Körper wird auf Leistung eingestellt. Für das Überleben ist diese Reaktion ohne Zweifel sinnvoll und notwendig. Unter den heutigen Lebensbedingungen hat sie jedoch Beeinträchtigungen und Schäden körperlicher Organe zur Folge.

Die Stressoren, also jene negativen Faktoren, die Streß auslösen, haben sich in den letzten Jahrhunderten von der körperlichen zur seelisch-geistigen Seite hin verlagert. Angst und Ungewißheit sind in unserer Zeit der Nährboden für die meisten Stressoren. Ein weiterer stark schädigender Stressor ist die Unzufriedenheit mit dem eigenen Leben. Gleichgeblieben sind jedoch seit Jahrtausenden die angeborenen körperlichen Reaktionen auf Streß.

Neuere Erkenntnisse der Streßforschung weisen auf die Bedeutung von Gedanken und Gefühlen bei der Streßbewältigung hin:

Es ist nicht so sehr die Belastungssituation als solche, die die Streßreaktion des Menschen bestimmt, sondern die persönliche Einschätzung der darin enthaltenen Bedrohung.

Sie werden erlebt haben, daß an bestimmten Tagen kommen kann, was will, und Sie jedes auftretende Problem souverän meistern. Sie haben gut geschlafen, das Wetter ist schön, Sie sind ausgeglichen und gut gelaunt und schätzen daher auftretende Probleme anders ein als an Tagen, an denen Sie „mit dem falschen Fuß aufgestanden" sind. Diese Erfahrung zeigt Ihnen, wie stark Ihr Streßverhalten von geistig-seelischen Faktoren abhängt. Sie weist auch darauf hin, daß die persönliche Bewertung einer Situation entscheidend für ihre Bewältigung ist.

Was also nottut für seelisch und körperlich gestreßte Menschen, ist der Ausgleich: Gelöstheit statt Gespanntheit, Ruhe statt Hetze. Wenn sich jemand nicht entspannen kann, dann geht es ihm auf Dauer wie der überspannten Feder einer Uhr. Wir gehen sogar so weit zu behaupten, daß in der Gegenwart der Mangel an Entspannung mehr Menschen umbringt als jeder andere Mangel. Die Fähigkeit, sich tiefgreifend zu entspannen, gehört deshalb zu den wichtigsten Tragpfeilern eines gesunden und erfüllten Lebens. Die Frage ist nur, wie tiefe Entspannung erreicht werden kann.

Meditation – eine einfache Lösung

Wir haben festgestellt: Das Leben ist heute durch Einseitigkeiten, Streß, Selbstentfremdung und Mangel an Lebenssinn bedroht. Der eigentliche Grund für diese Probleme liegt dabei nicht so sehr in der Umwelt, beim Chef, Ehepartner oder Nachbarn, sondern hauptsächlich im einzelnen Menschen selbst: Er fühlt sich zu schwach, er glaubt nicht an seine inneren Kräfte, er läßt sich von Erinnerungen an vergangene „Niederlagen" steuern. Worauf es also ankommt, ist im wahrsten Sinne des Wortes ein Wieder-zu-sich-kommen, ein Sich-auf-sein-Inneres-verlassen.

Meditation ist das Hilfsmittel par excellence, das es gestattet, immer wieder zu sich zu finden, sich selbst nicht mehr zu verlieren, sondern vielmehr sich selbst vollkommen neu zu entdecken – ganz gleich, in welcher Lebenssituation der einzelne steht, ganz gleich, wie vielen Belastungen er täglich ausgesetzt ist. Meditation ist eine *einfache und direkte Lösung*: Sie setzt an der Basis aller Probleme an, bei den eigenen körperlichen und geistigen Mängeln, und behebt diese Schwächen, indem sie die Selbsterfahrung und ganzheitliche Gesundheit fördert. Wodurch gelingt ihr das? Die Antwort liegt im Prinzip schon im Wort „meditieren" begründet.

Was heißt „meditieren"?

Das Wort „meditieren" hängt mit einem alten indoeuropäischen Wortstamm zusammen. Dazu gehört das altindische „samadhi", das den Zielzustand der Meditation umschreibt, einen körperlich-geistigen Zustand ruhevoller Wachheit. Ferner ist der Begriff auf das altgriechische Wort „medomai" zurückführbar, das „ich ersinne" meint, und schließlich auf das lateinische „meditari", das „sinnen", „sich vorbereiten", „sich einüben" bedeutet.

Meditation sollte unterschieden werden von Konzentration, Kontemplation und Suggestion. *Konzentration* zielt auf angespannte, höchste Aufmerksamkeit. Der Geist strengt sich hierbei in der Regel an, um die Aufmerksamkeit auf einem Punkt festzuhalten. Schauende Versunkenheit in einen religiösen Inhalt unter Ausschaltung des Willens bezeichnen Theologen als *Kontemplation*. *Suggestion* dient der Beeinflussung körperlicher und seelisch-geistiger Vorgänge, indem bestimmte Vorstellungen über eine gewünschte Wirkung erweckt werden. Sowohl bei der Konzentration, Kontemplation als auch Suggestion steht ein gegenständliches Denken im Mittelpunkt, d.h. sie beschränken die Aufmerksamkeit auf das bewußte Denken im Wachzustand.

Was übt dagegen der Meditierende? Den Rückbezug auf den Ursprung, die Quelle aller geistigen und körperlichen Aktivität, auf den „Ort" in ihm selbst, in dem die ganze Energie und Kreativität des Lebens wurzelt. Was ist die spontane Folge? Ein Denken und Handeln aus diesem Ursprung, diesem „Kraftfeld" heraus.

Insgesamt trainiert sich der Meditierende darin, immer, also in allem Tun, mit diesem Quellbereich seines Lebens in Verbindung zu stehen. So bereitet Meditation auf die tägliche Aktivität vor: Die Stille und Gelassenheit setzen Dynamik und Kraft frei, die für erfolgreiches Tätigsein Voraussetzungen sind.

Meditieren, so läßt sich verallgemeinernd sagen, heißt ursprünglich: ,,in die Mitte gehen" oder ,,aus der Mitte heraus sein". Schon der griechische Philosoph ARISTOTELES hat gesagt: ,,Die Mitte aber ist Hochform." Falls Sie sich in asiatischen Kampfsporttechniken wie Karate auskennen, wissen Sie, daß der Sieg nur von einem abhängt: vom Gesammeltsein in der Mitte des eigenen Wesens. Oder anders ausgedrückt: Wer die größere Ruhe besitzt, wird siegen.

Die Probleme des Alltags lassen sich meistern – aber nicht, wenn Sie Ihre Mitte verloren haben, sondern nur, wenn Sie Ihre Mitte gefunden haben. Und genau dabei unterstützt Sie Meditation.

Meditation, ein Bestandteil jeder Kultur

Meditationsverfahren finden sich seit Jahrtausenden in allen Kulturen. Kultur setzt voraus, daß ein Mensch sich selbst kultiviert hat. Und was heißt das anderes, als daß er sich genau kennt, sich selbst gemeistert hat, also alle seine Anlagen für sich und andere Menschen ausdrücken und im Leben umsetzen kann.

Schon immer wußten Menschen um die Wichtigkeit, zur Mitte zu gelangen, wenn sie etwas Besonderes leisten wollten. Spuren des Meditativen finden sich in den asiatischen, amerikanischen, afrikanischen und europäischen Kulturen.[7] Meistens sind sie mit religiösen Elementen verbunden, ist doch der religiöse Geist oft Triebkraft für kulturelle Entwicklungen gewesen.

Bereits in den archaischen Kulturen mit ihren schamanistischen Elementen gibt es Hinweise auf meditative Verfahren, ferner im chinesischen Taoismus, in den altindischen Upanishaden, in den jüngeren Yoga-Traditionen Indiens, in dem vom Geist des Zen geprägten Leben Japans, im Judentum, in der christlich ausgerichteten Kultur, in der islamischen Welt und selbst in der Popkultur unserer Zeit läßt sich gelegentlich ein meditativer Zug entdecken.

So vielfältig wie die kulturellen Wurzeln sind die unterschiedlichen Verfahren des Meditierens, die sich im Laufe der Jahrtausende herausgebildet haben (siehe Kapitel 2). Erst in jüngster Zeit sind Meditationsverfahren bekannt geworden, die weltanschaulich offen als einfache, auf natürlichen Gesetzmäßigkeiten beruhende Techniken ausgeübt werden können.[8] Hierzu gehört die Transzendentale Meditation, die auch dazu geführt hat, daß Meditation heute insgesamt weltweit in einem Maße beachtet und gepflegt wird wie nie zuvor.

Die natürliche Fähigkeit des Menschen zur Meditation

Die weite Verbreitung der Meditation in unserer Zeit zeigt, daß jeder Mensch eine natürliche Begabung zum Meditieren hat. Meditieren ist eine natürliche, angeborene Fähigkeit des Menschen, über die auch Sie verfügen. Diese Fähigkeit hängt mit spontanen Entspannungsvorgängen im Seelisch-Geistigen und Körperlichen zusammen, die immer dann einsetzen, wenn Körper oder Geist Gelegenheit finden, zur Ruhe zu gelangen. Meditative Verfahren nutzen diesen angeborenen Entspannungsmechanismus und regen ihn an. Durch Meditation werden Körper und Geist langfristig daran gewöhnt, in jeder Situation entspannt zu sein, also Ruhe und Aktivität zu integrieren.

In vielen Meditationsseminaren sind wir immer wieder von einem Phänomen überrascht worden: Gerade Teilnehmer, die von sich glaubten, daß sie nicht meditieren können, weil sie zu nervös seien oder zu viel Streß hätten, machten Erfahrungen tiefer Entspannung schon während der allerersten Meditation. Dies bestätigte uns, daß der Mensch eine natürliche Fähigkeit zum Meditieren hat. Worauf es ankommt, ist einzig die richtige Vorgehensweise, um diese Fähigkeit wieder zugänglich zu machen und sich in ihr zu üben.

- Meditation erlaubt Ihnen, gezielt wieder zu sich zu finden;
- sie verhilft Ihnen dazu, Einseitigkeiten im Leben zu überwinden und Streß zu bewältigen;
- sie vermittelt die Kräfte, die allem Leben zugrunde liegen;
- sie setzt Kreativität und Energie frei, fördert Intelligenz und Wachheit;
- sie kultiviert Körper und Geist;
- sie ist im Prinzip etwas Einfaches, da jeder Mensch eine natürliche Fähigkeit zum Meditieren hat.

Oder, um es mit den Worten des amerikanischen Meditationsexperten LE SHAN auszudrücken: ,,Sie meditieren, um zu finden, zu genesen, zurückzukehren zu etwas, das Sie einmal besessen haben, ohne es zu wissen, das Sie nur ahnten und das verlorenging, ohne daß Sie wußten, was es war und wo und wann Sie es verloren hatten. Man kann es Ausweitung der in Ihnen liegenden Kraft nennen, Annäherung an Sie selbst und an die Wirklichkeit, Erweiterung Ihrer Liebesfähigkeit, Ihrer Lebensfreude, Ihrer Begeisterung oder Zugang zum Wissen, daß Sie ein Teil des Universums sind und ihm nie entfremdet, nie von ihm getrennt werden können. Es kann aber auch eine Zunahme Ihrer Fähigkeit sein, im Lebensalltag genauer zu sehen und wirkungsvoller zu handeln.''[9]

Unsere eigenen Erfahrungen mit Meditation, unsere Erkenntnisse im Meditationsunterricht und die umfangreiche wissenschaftliche und kulturgeschichtliche Literatur zu diesem Thema bestätigen diese Aussage. Im nächsten Schritt lernen Sie nun einzelne Techniken der Meditation kennen.

2. Meditation und wie man sie erlernt

Sie haben von uns gehört, daß Meditation in den verschiedensten Kulturen vorkommt und zu allen Zeiten angewandt wurde. Entsprechend der unterschiedlichen kulturellen Herkunft gibt es eine Vielzahl von Meditationsverfahren. Man könnte sogar denken, daß es letztlich so viele Meditationsarten gibt wie Menschen, die meditieren, da Meditation ja etwas ganz Persönliches ist. Viele Meditationsformen jedoch haben sehr ähnliche Merkmale. Zum Beispiel gleichen sie sich in der Art und Weise, wie man sie erlernt, oder bezüglich des Inhalts, über den meditiert wird, oder sie haben einen gemeinsamen Zielzustand, der durch die jeweilige Technik erreicht werden soll. Um der Vielfalt besser gerecht zu werden, entwarfen Wissenschaftler, vornehmlich Psychologen, ein Ordnungsschema, mit dem sich die unterschiedlichen Meditationsverfahren genauer und auch allgemeinverständlich beschreiben lassen.[7,10,11]

Die Vielfalt von Meditationsverfahren

Die Meditationsforschung unterscheidet zwischen mehreren Meditationsarten, die wir Ihnen nachfolgend vorstellen:

- inhaltliche Meditation
- transzendierende Meditation
- konzentrative Meditation
- öffnende Meditation
- passive Meditation
- aktive Meditation.

Inhaltliche Meditation

Wir sind sicher, daß jeder von Ihnen schon einmal Erfahrungen inhaltlicher Meditation gemacht hat – am häufigsten wohl in der Natur. Sie haben irgendwo gelegen und in den Himmel geschaut und eine Wolke mit den Augen verfolgt. Das Wirrwarr der Gedanken verschwand ganz unmerklich, und Sie haben nur noch wahrgenommen, waren ergriffen von der Weite des Himmels, der Weiße der Wolke, der langsamen, aber unaufhaltsamen Bewegung. Und auf einmal merkten Sie, wie still es in Ihnen geworden ist, und verspürten vielleicht ein Gefühl von Glück oder Frieden, ahnten die enge Verbindung von allem mit allem und schreckten auf, als Sie auf die Uhr sahen und mehr als eine halbe Stunde vergangen war. Sie hatten meditiert! Und Ihr Meditationsinhalt war ein Naturereignis.

Viele Menschen sinken angesichts von Wasser, Feuer, Bergen oder anderen *elementaren Gegenständen* in Natur-Meditation. Meditationslehrer haben diese spontane Tendenz, in einen meditativen Zustand zu gelangen, genutzt und daraus inhaltliche Meditationsformen entwickelt. Ein Gegenstand, eine Erscheinung aus der natürlichen Umwelt wird als Ausgangspunkt einer Wanderung der Aufmerksamkeit nach innen benutzt. Der Meditierende erlebt die Tiefe des Meditationsgegenstands und gleitet in die Erfahrung grundlegender Zusammenhänge von Natur und Mensch.

So berichtet eine 19jährige Schülerin:

„Als Gegenstand suchte ich eine junge Eiche aus, die ich umarmte. Zunächst hatte ich mich nur auf meine Atmung ausgerichtet. Dann bemerkte ich auf einmal, wie der Baum während dieser Zeit warm wurde. Als ich meine Arme bewegte, schien sich der Baum zu verformen. Später hatte ich den Eindruck, als sei er in meine Hände und Arme hineingewachsen. Ich hatte meine Arme zwar um den Baum gelegt, konnte ihn aber als etwas empfinden, was zu mir gehörte. Der Baum strahlte meine eigene Wärme aus."

Aber auch *Bilder*, seien es gemalte oder Fotografien, können als Mittel inhaltlicher Meditationen benutzt werden. Dann wird die gesamte Aufmerksamkeit auf sie gerichtet, und man öffnet sich für die „Botschaft" des Bildes, für den tieferen Sinn, den es mitteilen will. Hierzu gehören auch die tibetischen *Mandala-Meditationen.* Bildmeditationen kultivieren die Fähigkeit zu schauen, führen zu einem verweilenden Sehen, das die Tiefendimension des Angeschauten erfassen kann. Bildmeditationen erlauben auch, mit der täglich einstürmenden Flut von Bildern und optischen Eindrücken besser fertig zu werden, da sie darin schulen, Bildinformationen ganzheitlicher zu verarbeiten. Andere Ausgangspunkte inhaltlicher Meditation sind *symbolträchtige Gegenstände,* also Sinnbilder wie das Rad, der Anker oder der Weg. Sie können zum ,,Spiegel des Universums" für den Meditierenden werden. Dann vermitteln sie die Erfahrung, daß alles mit allem verbunden ist, in allem die Kräfte des Universums wirken, und sie lassen Lebensprinzipien erkennen, die das Handeln bereichern.

Der Meditationsstern – Beispiel für einen symbolhaften Meditationsgegenstand aus der Sufi-Tradition

Oder es wird über *Texte* meditiert, z.B. über Gedichte oder Gleichnisse und Metaphern aus Heiligen Schriften. Über deren Betrachtung kann man ebenfalls spontan Zugang zur ,,inneren Dimension" der Wirklichkeit finden. In den verschiedenen Religionen wird vor allem von dieser Art inhaltlicher Meditation Gebrauch gemacht. Gerade in den Ordensgemeinschaften des Christentums hat sich eine reiche Tradition inhaltlicher, bibelbezogener Meditationen entwickelt, die auch heute noch lebendig ist.

Angeregt durch humanistische und andere neue Formen der Psychotherapie nehmen derzeit auch meditative Erfahrungen im Zwischenmenschlichen immer größeren Raum ein: ,,Meditationen zum anderen". *Meditation des Mitmenschen* beginnt im Nachdenken über den anderen oder im Erfühlen des anderen, wenn dieser einem gegenübersitzt. Erinnerungen an Erfahrungen mit diesem Menschen kommen dann wieder ins Bewußtsein. Sie wirken neu auf den Meditierenden ein, bis mehr und mehr die Wesensmitte des Gegenübers deutlich wird. Langsam öffnet sich das „Geheimnis" des anderen Menschen, seine Eigenart wird erkannt, und ein bislang unbekanntes Verständnis, ein unerschütterliches Wohlwollen, Zuneigung und Achtung können sich einstellen. Abneigung, erlittene Verletzungen, alles Negative verlieren in derartigen Meditationen an Bedeutung, je mehr es gelingt, Kontakt mit dem Innersten des anderen Menschen aufzunehmen. Diese Erfahrungen verändern das Verhalten dem entsprechenden Mitmenschen gegenüber einschneidend. Sie erlauben, neu auf ihn zuzugehen und ihn umfassend zu akzeptieren und zu unterstützen.

Ein Teilnehmer an einem Kurs „Meditation des Menschen" erzählte uns von folgender Erfahrung:

„Bei der ‚Meditation der Familienangehörigen' dachte ich an meinen Vater, der eigentlich ein unzufriedener Mensch ist. Es gelang mir ohne weiteres, eine Verbindung zu ihm herzustellen. In der Gegend meines Herzens spürte ich eine Verhärtung, ich nahm dort das Gesicht meines Vaters wahr und fühlte seine Hilflosigkeit. In mir stieg ein schmerzliches Mitgefühl auf, und ich weinte. Außerdem empfand ich auch, wie sehr mein Vater auf Achtung, Anerkennung und Zuwendung wartet. Es war mir eine große Hilfe, auf diese Weise mit ihm Verbindung aufzunehmen. Mein Verhalten ihm gegenüber begann sich positiv zu ändern... Ich hatte gelernt, ihn mit anderen Augen zu sehen."

Eine letzte Art inhaltlicher Meditation soll hier noch erwähnt werden, die Sie vielleicht auch schon aus der persönlichen Erfahrung kennen: die *Musikmeditation.* Aus einem gesammelten Hören kann eine meditative Erfahrung folgen, in der sich Ihnen Musik offenbart: Bilder steigen dann in Ihnen auf, und Sie entdecken eine neue Klangwelt ungeahnter Schönheit. Insbesondere Komponisten haben die Fähigkeit weit ausgebildet, durch „inneres Hören" inspiriert zu werden für ihr Werk. Mit Musikmeditationen verhält es sich ähnlich wie mit Bildmeditationen. Nur verfeinern sie nicht das Sehen, sondern das Hören. Dies hat ebenfalls ganz praktische Auswirkungen auf den Alltag, wo einem so vieles entgeht, weil die wenigsten gelernt haben, richtig zuzuhören. Und das genau erreicht Musikmeditation: eine Schulung, an deren Ende ein Hörvermögen steht, das in der Lage ist, jede Situation schon allein durch die Wahrnehmung der Geräusche und Klänge, die sie ausmacht, zu erfassen.

Tiefenmeditation

Tiefenmeditationen arbeiten meistens mit einfachen Formeln oder Mantras (Lautkombinationen mit oder ohne Bedeutung), die im Laufe einer natürlichen Beruhigung des Geistes immer mehr verblassen, bis schließlich geistig völlige Stille vorherrscht und der Meditierende in sich selbst ruht. Dadurch werden die alltäglichen Grenzen des Bewußtseins erweitert. Die gesamte körperlich-geistige Aktivität kommt in Tiefenmeditation schnell zur Ruhe. Wenn Sie eine Form der Tiefenmeditation ausüben, erfahren Sie diesen Zustand wie ein Eintauchen in die Tiefen des Ozeans oder auch wie ein Eintreten in die Mitte Ihres Wesens.

Tiefenmeditation unterscheidet sich von einer Meditation inhaltlicher Art dadurch, daß ihr Zielzustand objektlos ist. Diese Meditationsart will nichts erfassen, in nichts eindringen, keinen Zustand des Ergriffenseins herbeiführen. Vielmehr steht in ihrem Zentrum das Prinzip des Loslassens. Ihr Ziel ist die Versenkung in das eigene Selbst, in den „Urgrund" des Lebens.

Zu diesen Tiefenmeditationen gehört z.B. *Shikantaza,* eine inhaltsleere Sitzmeditation aus der buddhistischen Tradition, die Wahrnehmen als solches, also reines Wahrnehmen, einübt. Hierzu zählt auch die Technik der *Transzendentalen Meditation,* auf die wir am Ende dieses Kapitels ausführlicher zu sprechen kommen.

Im Gegensatz zu inhaltlichen Meditationsverfahren sind Techniken der Tiefenmeditation in ihren Wirkungen wissenschaftlich eingehend untersucht. Aufgrund bisheriger Erfahrungen gelten sie als einfache Verfahren. Deshalb werden wir in den folgenden Kapiteln Grundprinzipien und Wirkungen dieser Tiefenmeditationen genauer behandeln und uns nicht mit inhaltlichen Meditationsarten beschäftigen.

Konzentrierende Meditation

Konzentration beinhaltet das Bündeln und zum Teil Fixieren der Aufmerksamkeit auf einen inneren oder äußeren Gegenstand, etwa auf monotone Laute, Wortklänge, Gebete, die Atmung, den Herzschlag oder geometrische Symbole. Je nach Brennpunkt der Aufmerksamkeit unterscheidet man Konzentration auf körperliche oder geistige Objekte.

Als Anfangsübung der *Zen-Meditation* z.B. wird der Schüler angewiesen, seine Atemzüge zu zählen. Von eins bis zehn und dann wieder von vorne. Verzählt er sich, und dies geschieht bei einem Anfänger häufiger, so lautet die Anweisung: „Zurückkehren zur Eins und mit dem Zählen von vorne anfangen". Dabei wird das Zählen mit der Atmung verbunden. Man zählt das Einatmen auf die ungeraden Zahlen und das Ausatmen auf die geraden. Diese doppelte Konzentration auf das Zählen und den Atem hilft einerseits, das Auftauchen von Gedanken einzuschränken, andererseits verhindert sie nicht das Versinken in tiefere Bewußtseinsebenen, weil es eine einfache Tätigkeit ist. Auch äußere Einflüsse aus der Umgebung sollen durch diese Konzentrationsleistung unterbunden werden.

Konzentrierende Meditation befreit das Bewußtsein von seiner Abhängigkeit von den Sinnen und den Gedanken. Körperliche und geistige Beruhigung stellt sich zunehmend ein. Es erfolgt ein Umschalten vom normalen aktiven, nach außen gerichteten Bewußtseinszustand auf einen mehr passiven, nach innen orientierten Geisteszustand. Konzentrierende Meditation wird allerdings schnell als anstrengend empfunden, weil sie der natürlichen Tendenz des Geistes zu wandern entgegenwirkt.

Öffnende Meditation

Diese Formen von Meditation stehen in engerer Beziehung zur täglichen Aktivität, als dies bei den konzentrierenden Meditationen der Fall ist. Bei letzteren zieht sich der Meditierende nämlich zeitlich begrenzt aus der Alltagshandlung zurück. Die öffnenden Meditationsformen beziehen dagegen die gewöhnlichen Lebensvorgänge direkt in die Meditationspraxis mit ein.

Ein Beispiel stellt die buddhistische *Achtsamkeitsmeditation* dar. Sie verlangt vom Meditierenden, sich jeder Tätigkeit bewußt zu sein. Es soll ein Bewußtsein entwickelt werden, das auf den Augenblick, auf die Gegenwart bezogen ist. Dadurch entfaltet sich das Bewußtsein während der Handlung. Keine Tätigkeit ist denkbar, die nicht geeignet wäre, das eigene Bewußtsein zu erweitern. Der Meditierende braucht dabei nur auf den Ablauf des eigenen Tuns zu achten.

Ein buddhistischer Gelehrter beschreibt diese Meditationsart folgendermaßen:

„Sie achten bei dieser Meditation bewußt und genau auf alles, was Sie in Handlungen und Worten im Tagesablauf Ihrer Arbeit, in Ihrem privaten, öffentlichen oder beruflichen Leben tun. Ob Sie gehen, stehen, sitzen, liegen oder einschlafen, ob Sie ihre Glieder strecken oder beugen, ob Sie sich umsehen, ob Sie sich anziehen, ob Sie sprechen oder schweigen, ob Sie essen oder trinken, sogar wenn Sie natürliche Bedürfnisse verrichten – in diesen und anderen Handlungen sollten Sie vollbewußt auf die Tätigkeit achten, die Sie jeweils gerade ausführen. Das bedeutet, daß Sie voll und ganz, in diesem Augenblick, in der gegenwärtigen Handlung leben. Das bedeutet nicht, daß Sie überhaupt nicht an Vergangenheit und Zukunft denken sollten. Im Gegenteil, Sie denken an sie in bezug auf den gegenwärtigen Augenblick, die gegenwärtige Handlung, sofern und wann es wesentlich ist."

Passive Meditation

Die meisten Meditationsformen sind passiv angelegt, denn ihr eigentliches Ziel besteht darin, einen Versenkungszustand herbeizuführen ohne jegliche Denk- und Sinnesaktivität. Vor allem Meditationstechniken, die aus der indischen Yoga-Tradition stammen, sind Beispiele für solche passiven Methoden der Selbstversenkung. Namentlich erwähnt sei die *Transzendentale Meditation,* auf die wir, wie gesagt, gesondert eingehen werden.

Aktive Meditation

In fortgeschrittenen Übungen des Zen, in bestimmten Yoga-Praktiken, in Ritualen, die aus der Sufi-Tradition stammen, finden sich auch Meditationstechniken, die eine aktive Steuerung der Aufmerksamkeit beinhalten. Deren Anwendung kann die körperliche Aktivität bis zur Ekstase anregen. Im Mittelpunkt dieser Methoden stehen beispielsweise aktivierende Körperhaltungen, Bewegungsabläufe und Tanzformen. Bei aktiven Meditationsformen wird der ekstatische Zustand durch eine gezielte Steigerung der Wachheit erreicht. Ekstase ist dabei der Ausdruck einer überklaren Wachheit, die meist nicht lange aufrechterhalten werden kann und von einer anschließenden Erschöpfung begleitet ist.

Ein Teilnehmer an einem Sufi-Tanz berichtete uns:

„Die Kreise der Tanzenden bewegten sich immer schneller, bis ich nur noch einen Wirbel aus Gewändern sah. Ich verlor mein Zeitgefühl. Allmählich stellte ich fest, daß mein Verstand, obwohl ich nicht benommen war, in einer mir nicht vertrauten Weise arbeitete. Z.B. empfand ich keine Sorgen mehr. Ferner hatte ich das Gefühl, Teil dieses sich bewegenden Ganzen zu sein, auf merkwürdige Weise in etwas Größerem aufgegangen zu sein."

Die besprochenen Einteilungsmerkmale von Meditationsverfahren schließen einander nicht aus, sondern überlappen sich im Gegenteil häufig. Denken Sie noch einmal an den ersten Erfahrungsbericht der 19jährigen Schülerin zurück. An dieser Naturmeditation erkennen Sie zunächst einmal das inhaltliche Element: den Baum. Die Aufmerksamkeitsausrichtung der Schülerin ist konzentrativ und der erfahrene Meditationszustand passiv. Auch bei den anderen erwähnten Beispielen für Meditationsverfahren treffen immer mehrere der vorgestellten Merkmale zu.

Dieses Kapitel hat Ihnen bisher ein Gefühl für die Vielschichtigkeit von Meditation vermittelt. Vielleicht ist auch Ihr Interesse an Meditation so gewachsen, daß Sie sich fragen, welche Bedingungen erfüllt sein müssen, damit Sie selbst einmal das Meditieren probieren können.

Wie Sie Meditation erlernen können

Ein weiteres Kennzeichen, durch das sich Meditationsverfahren voneinander unterscheiden, liegt in der Art und Weise ihres Erlernens. Manche Meditationsschulen verlangen eine aufwendige Vorbereitung des Meditationsanfängers wie z.B. traditioneller Kriya-Yoga. Hier wird Wert auf ein umfassendes Programm von Verhaltensänderungen gelegt wie Vegetarismus, Enthaltsamkeit und ähnliches. Andere Schulen akzeptieren demgegenüber jeden, der bereit ist, regelmäßig zu meditieren – und das ist ja wohl eine Grundvoraussetzung, wenn jemand mit Erfolg meditieren möchte. Allen gemeinsam ist aber die Bedingung, daß Meditation *bei einem Lehrer* zu erlernen sei.

Um unsere Meinung gleich vorweg zu sagen: Zwar gibt es einige Naturtalente, denen das Meditieren in den Schoß fällt, aber diese Ausnahmen bestätigen die Regel, daß man Meditation am besten bei einem qualifizierten Lehrer lernt. Wir halten überhaupt nichts davon, Meditation auf eigene Faust, etwa nach Büchern oder mit Hilfe von Kassetten, auszuprobieren. Auch wenn Sie persönlich viele Male Erfahrungen gemacht haben, von denen Sie nach Lektüre der bisherigen Kapitel glauben, daß es Meditationserfahrungen waren, so heißt das nicht, daß Sie in der Lage sind, selbständig und systematisch zu meditieren.

Folgende Überlegungen haben uns dazu geführt, das Lernen bei einem Meditationslehrer zu betonen: Mit dem Meditieren erfahren Sie bisher unbekannte Bereiche Ihres Innenlebens; Sie entdecken geistiges Neuland, und Ihre Körperwahrnehmung verändert sich. Genauso wie Sie bei einer Reise ins Ausland eine Landkarte benötigen, brauchen Sie für die Entdeckung Ihres Selbst einen Führer oder eine Person, die Sie das Lesen der „inneren Landkarte" lehrt. Können Sie wirklich garantieren, daß Ihnen keine wichtigen Hinweise zur richtigen Meditationspraxis entgehen, wenn Sie sich selbst unterrichten? Erst am mangelnden Erfolg – wenn Sie das Meditieren als mühsam und anstrengend empfinden oder das Gefühl haben, gar nicht richtig zur Ruhe zu kommen – erst dann merken Sie, daß irgend etwas nicht stimmt. Dagegen verhilft Ihnen das Lernen von Meditation bei einem Lehrer dazu, diese Anfangsklippen zu umschiffen. In einer lebendigen Lernsituation ist wesentlich mehr *Offenheit* und *Aufnahmefähigkeit* auf seiten des Schülers gegeben, als wenn dieser Meditation für sich allein probiert.

Wichtiger noch aber ist folgende Erfahrung, die wir immer wieder während unserer Seminare machen: Während des Meditierens begegnen Ihnen neue Erfahrungen, die einer *Erklärung* bedürfen. Nur ein geschulter Meditationslehrer ist in der Lage, Ihre Fragen, die schon bei den ersten Meditationen aufkommen, zufriedenstellend zu beantworten. Nur ein Lehrer kann Ihnen letztlich bestätigen, ob das, was Sie üben, wirklich *richtige* Meditation ist und nicht irgendeine Form von „Stimmungsmache". Und diese Gewißheit brauchen gerade Personen, die mit Meditation beginnen. Andernfalls fehlt die Sicherheit und Sie hören auf, bevor Sie der Meditationserfolg bestärkt hat.

Um Meditation also zufriedenstellend zu erlernen, bedarf es eines Lehrers. Nicht nötig jedoch sind spezielle Einstellungen und Erwartungen Ihrerseits. Da Meditation, wenn sie systematisch gelehrt wird, eine Technik ist, muß sie „funktionieren", gleich ob Sie persönlich nun an die Wirksamkeit glauben, sich darauf freuen oder eher skeptisch sind. Die eigene Meditationserfahrung zeigt Ihnen dann, welche Haltung der Meditationspraxis gegenüber richtig ist: neutrales Geschehenlassen, Vertrauen in Ihre Wachstumstendenzen und in die Selbststeuerungsfähigkeit Ihres Körpers. Wir haben häufig erlebt, daß Personen, die anfangs eher kritisch eingestellt waren, wesentlich tiefere Meditationserfahrungen gemacht haben als Personen, die zu Beginn überaus überschwenglich waren. Was sich beim Erlernen der Meditation auszahlt, ist *Natürlichkeit.*

Bei einigen Meditationstechniken müssen Sie auch keine besonderen *Körperhaltungen* einüben wie etwa den Lotussitz, bevor Sie mit der Meditation beginnen können. Es wird empfohlen, bequem und aufrecht zu sitzen. In diesem Zusammenhang ist zu bedenken, daß die äußere Haltung einer inneren entspricht. Schon das aufrechte, bewegungslose Sitzen führt nach und nach zu einem ruhigen, wachen Bewußtseinszustand. Deshalb legen viele Meditationsverfahren großen Wert auf eine meditationsgerechte Sitzhaltung.

Neben der Körperhaltung spielt in den meisten Meditationsschulen die richtige *Atmung* eine bedeutsame Rolle. Viele Menschen haben sich heute durch schlechte Haltung und mangelnde Bewegung eine oberflächliche Atmung angewöhnt. Während der Meditation wird dagegen in manchen Traditionen, z.B. dem Yoga, auf die sog. Tiefenatmung oder Zwerchfellatmung geachtet. Bei anderen Verfahren geht man davon aus, daß sich als Folge der Meditationsausübung die Atmung selbsttätig vertieft. Einige Techniken üben also Kontrolle auf die Atmung aus, andere dagegen steuern die Atmung nicht bewußt. In jedem Fall ist körperliche wie geistige Beruhigung die Folge einer Tiefenatmung.

Wenn Sie Meditation zu erlernen beabsichtigen, bedarf es Ihres Entschlusses und Ihrer Entscheidung, welchem Verfahren Sie sich zuwenden. Um Ihnen diese Entscheidung zu erleichtern, haben wir einen *Anforderungskatalog* ausgearbeitet, der Sie bei Ihrer Auswahl unterstützt.

Wie sollte eine Meditationstechnik sein?

1. Eine Meditationstechnik, die für Menschen insbesondere in unserer westlichen Welt geeignet ist, muß *einfach erlern- und ausübbar* sein. Die meisten haben wenig Zeit für langwierige Zusatzausbildungen und umfangreiche Lernprogramme. Ein

oder zwei Wochenenden sollten genügen, um ein Meditationsverfahren zu erlernen. Und auch inhaltlich darf es keine Methode sein, die eine besondere Bildung voraussetzt.

2. Bei aller Einfachheit sollte Ihre Meditation doch aus einem *systematisch aufgebauten Lehrsystem* kommen, das auf einer verläßlichen Tradition gründet. Ohne ein Lehrsystem ist nämlich nicht gewährleistet, daß Ihre Erfahrungen zweifelsfrei geklärt werden können und die Entwicklung zu einer integrierten Persönlichkeit erfolgt. Dabei darf allerdings *keine persönliche Abhängigkeit von einem Meditationslehrer* entstehen. Das heißt, das Lehrsystem muß größtenteils personenunabhängig sein.
3. Die Meditation sollte nicht von vornherein eine Veränderung der Lebensgewohnheiten wie z.B. bestimmte Diätformen oder einen besonderen Schlafrhythmus zur Bedingung haben. Dann wäre nämlich die Wahrscheinlichkeit gering, Meditation über einen längeren Zeitraum regelmäßig auszuüben. Vielmehr sollte sie möglichst ohne Aufwand unter den jeweils gegebenen Lebensumständen anwendbar sein, sich also *leicht in den Alltag einfügen lassen*. Das betrifft auch den erforderlichen zeitlichen Aufwand: lange Exerzitien sind in Anbetracht unserer heutigen Lebensbedingungen fehl am Platz. Auch muß die Meditation in einem einigermaßen störungsfreien räumlichen Rahmen ausübbar sein und darf nicht größere Absonderung voraussetzen.
4. Eine geeignete Meditationstechnik sollte erschwinglich sein, also *nicht viel kosten*. Niemand ist bereit, auf Treu und Glauben mehr zu bezahlen, als für den Unterrichtsaufwand nötig ist.
5. *Ideologiefreiheit* ist eine weitere Anforderung, die Sie an Ihre Meditationsform stellen sollten. Weder politische noch religiöse Vorstellungen sind erforderlich, wenn Sie Meditation erlernen wollen. Politisch-religiöse Neutralität ist in einer zunehmend von Ideologien geprägten Welt von besonderer Wichtigkeit und gilt damit auch für Meditationsschulen.
6. Sie sollten außerdem darauf achten, daß Ihre Meditation *mühelos* ist. Ein Meditationsverfahren, das Anstrengung vom Meditierenden verlangt, steht im Widerspruch zur grundlegenden

Erfahrung der Stille, die durch Abwesenheit von Aktivität und Anstrengung ausgezeichnet ist.

7. Ferner empfehlen wir Ihnen, sich nur auf diejenigen Meditationsformen einzulassen, die von Anfang an nachweislich zu spürbaren Ergebnissen führen. Nur wenn Sie *direkt* die *Wirksamkeit* Ihrer Meditation spüren, werden Sie erkennen, daß es sich „lohnt“ zu meditieren. Andernfalls stellt sich das Gefühl der Zeitvergeudung ein. Auffällige Erfolgskriterien wirksamer Meditation sind zum Beispiel:
   - wachsende Lebenszufriedenheit,
   - Zunahme körperlicher Gesundheit,
   - größere Ausgeglichenheit.
8. Ein letztes Kriterium, anhand dessen Sie sich für eine Meditationsform entscheiden können, besteht in der *Überprüfbarkeit* der Ergebnisse, die die in Frage kommende Meditation erzielen soll. Wirkungen kann jeder behaupten. Aber den Nachweis von Wirkungen durch physiologische und psychologische Untersuchungen können nur wenige erbringen.

Zum Abschluß dieses Kapitels wollen wir Sie noch darauf hinweisen, daß Meditation fast von jedem ausgeübt werden kann, aber eben nur fast. Personen, die unter schweren Psychosen oder Depressionen leiden, sollten von Meditationsverfahren grundsätzlich Abstand nehmen, es sei denn, ihr Arzt setzt ein bestimmtes Verfahren in der Begleittherapie ein und ist mit ihnen in ständiger Verbindung. Auch Personen, die Drogen wie LSD, Heroin, Kokain nehmen, sind nur bedingt in der Lage zu meditieren.

Transzendentale Meditation – ein Beispiel für eine wirkungsvolle Meditationstechnik

Mit der Transzendentalen Meditation wurde eine jahrtausendealte Meditationsform wiederbelebt. Sie stammt aus der Vedischen Tradition Indiens, in der die Erforschung des menschlichen Bewußtseins und seiner Entfaltungsmöglichkeiten im Mittelpunkt steht.[8] Die Veden werden zu den ältesten menschlichen Überlieferungen gezählt.

MAHARISHI MAHESH YOGI, Physiker und Philosoph, machte dieses Meditationsverfahren der Allgemeinheit zugänglich. Zuvor war es lediglich einem kleinen elitären Kreis vorbehalten. MAHARISHI MAHESH YOGI hat in den letzten 25 Jahren mehrere Tausend Meditationslehrer ausgebildet. Die weltweite Verbreitung der Transzendentalen Meditation – derzeit üben etwa drei Millionen Menschen diese Technik aus – führte zu einem neuen Verständnis von Meditation:

- Meditation ist leicht erlern- und ausübbar, sie kann von fast jedem praktiziert werden;
- die Ausübung von Transzendentaler Meditation ist nahezu voraussetzungslos, denn sie erfordert keinen bestimmten Lebensstil, und es müssen auch keine politischen und religiösen Bindungen eingegangen werden;
- sie beruht auf geistigen und körperlichen Gesetzmäßigkeiten wie etwa dem Streben nach größerem Wohlbefinden;
- Anstrengungslosigkeit ist der Schlüssel für ihre Wirkungen, die sich im täglichen Leben schon bald nach dem Erlernen einstellen.

Dieses neue Verständnis ist neben der Tatsache ihrer wissenschaftlichen Überprüfung ein Grund dafür, daß wir uns entschieden haben, Transzendentale Meditation in unseren Seminaren einzusetzen.

Wie die Transzendentale Meditation funktioniert

Die Transzendentale Meditation ist ein geistiges Verfahren, bei dem die Denkaktivität systematisch beruhigt wird, so daß ein Zustand geistiger Stille und innerer Wachheit eintritt. Dazu verfolgt man einen bestimmten Gedanken bis zu seinem „Ursprung" zurück.[12] Die gröbste Form eines Gedankens ist das gesprochene Wort. Diesem zugrunde liegt der unausgesprochene Gedanke. Feiner als dieser ist der verschwommene, unklare Gedanke, der sich noch im Impulsstadium befindet. Diese Art Gedanken erleben Sie immer dann, wenn Ihnen z.B. ein Name auf der Zunge liegt. Während der Transzendentalen Meditation wird auch dieser Bereich überschritten (d.h. transzendiert, von lat. transcendere = überschreiten). Der Meditierende erfährt letztlich einen Zustand, in dem er tief in sich selbst ruht und jegliche Denk- und Sinnesaktivität zum Stillstand gekommen ist.

Viele Menschen meinen, sie könnten nicht meditieren, da sie unaufhörlich Gedanken hätten, die einer Ruhigstellung des Geistes entgegenstünden. Bei der Technik der Transzendentalen Meditation wird die natürliche geistige Tendenz ausgenutzt, das Denken insgesamt zu überschreiten, so daß übermäßig viele Gedanken kein Problem mehr darstellen. Meditation ist wie ein Tauchvorgang. Der amerikanische Psychiater BLOOMFIELD schreibt hierzu:

„Beim Erlernen des Tauchens muß man lediglich die Kunst des richtigen Eintauchens beherrschen; dann braucht man nur noch loszulassen. Wenn man als ‚Tauchschüler' den richtigen Eintauchwinkel trifft, geschieht alles weitere aufgrund der Schwerkraft spontan. Es ist nicht notwendig, an die Schwerkraft zu glauben. Während der Unterweisung in die Technik der Transzendentalen Meditation lernt man, auf sanfte Art und Weise die Aufmerksamkeit nach innen zu richten und ihr zu ermöglichen, ihrer eigenen natürlichen Tendenz nach größerem Wohlbefinden zu folgen... Der Geist bewegt sich während der Meditation zum Ursprung des Denkens – genauso wie man sich in einem dunklen Raum automatisch zu einem Lichtschein hin bewegt. Mit jedem Schritt zu diesem Licht hin wird dessen Intensität größer und damit das Laufen einfacher."[13]

Dieser „Eintauchvorgang" wird durch drei Faktoren begünstigt: erstens durch eine bequeme, *anstrengungslose Sitzhaltung*. Eine zweite Hilfe ist das *Schließen der Augen*. Das dritte „Eintauchmittel" ist ein geeigneter *Meditationsgegenstand*. Als wirkungsvollstes Werkzeug, den Geist von der alltäglichen Ebene zu lösen und die Aufmerksamkeit immer ruhigerer geistiger Aktivität zuzuwenden, haben sich Mantren erwiesen. Der Begriff *Mantra* stammt aus dem Sanskrit, der altindischen Hochsprache. Er setzt sich aus der Wortwurzel „man“, was soviel wie „denken“ bedeutet, und dem Suffix „tra“ zusammen, das „praktische Anwendbarkeit“ heißt. Mantren sind also „Denkinstrumente“ oder „Gedankenfahrzeuge“. Durch den anstrengungslosen Gebrauch von Mantren wird der Meditationsvorgang eingeleitet.

Jeder weiß aus Erfahrung, daß bestimmte Klänge, z.B. ein quietschender Kreidestrich auf einer Tafel, unangenehm auf Körper und Geist wirken; andere Klänge hingegen wie das sanfte Plätschern eines Baches rufen beruhigende Effekte hervor. Die Wirkungen der in der Transzendentalen Meditation eingesetzten Mantren sind beruhigend und ordnend, ohne einzuschläfern. Ihre Auswirkungen sind, wie umfassende wissenschaftliche Untersuchungen bestätigen, ausschließlich lebensfördernd.

Die Aufmerksamkeit bleibt während der Transzendentalen Meditation eher freischwebend und rezeptiv. Man muß sich nicht auf das Meditationsobjekt konzentrieren. Im Gegenteil – der Eintauchvorgang kann nur spontan und automatisch erfolgen. Konzentration im Sinne von Anstrengung und Kontrolle behindert die Selbstversenkung.

Lernverfahren

Wenn Sie Transzendentale Meditation erlernen wollen, so ist dies ausschließlich bei speziell ausgebildeten Meditationslehrern möglich. Diese können auf Ihre individuelle Lerngeschwindigkeit eingehen, und sie sind in der Lage, die unterschiedlichen Meditationserfahrungen richtig zu erklären. Sie sind ferner aus dem eigenen Erleben heraus mit den vielschichtigen Vorgängen während der Meditation vertraut.

Trotzdem hängen Sie bei diesem Verfahren nicht von einem Meditationslehrer ab, da das Lehrsystem weltweit vereinheitlicht ist. So können Sie sich z.B. in Frankfurt über Transzendentale Meditation informieren lassen, dann in New York das Meditieren lernen und in Tokio an Veranstaltungen für fortgeschrittene Meditierende teilnehmen.

Sieben Lernschritte sind notwendig, um Transzendentale Meditation richtig ausüben zu können: zwei einführende unverbindliche Informationsvorträge, von denen sich der eine mit den Auswirkungen, der andere mit der Technik der Transzendentalen Meditation als solcher beschäftigt. Daran schließt ein kurzes Gespräch mit dem Meditationslehrer an, das dem gegenseitigen Kennenlernen und der Klärung eventueller persönlicher Fragen dient. Danach folgt die individuelle Unterweisung in die Meditation in Form eines Einzeltrainings. Darauf bauen schließlich drei zweistündige Seminare auf, die ein grundlegendes Verständnis der praktischen Meditationsausübung vermitteln und einen Ausblick auf die langfristig zu erwartende Entfaltung des Bewußtseins geben.

3. Was während der Meditation vor sich geht

Wir haben schon darauf hingewiesen, daß meditationsähnliche Erfahrungen immer wieder im Leben vieler Menschen spontan auftreten können, wenn sie etwas auf sich wirken lassen, z.B. einen Fluß oder einen Sonnenuntergang, oder wenn sie wirklich lieben. Wann immer Menschen ruhig werden, zur Stille kommen – und wenn sie darin verweilen, dann machen sie Erfahrungen, die denen der Meditation gleichen. Sie erfahren etwas sehr Ursprüngliches, das ihnen innerlich nahe ist, das gleichzeitig etwas Neues und Besonderes ist.

Diese Erfahrungen sind sehr persönlicher Art. Meistens mag man gar nicht über sie reden. Es fällt oft schwer, die damit verbundenen angenehmen Gefühle anderen Menschen mitzuteilen. Genauso schwierig ist es, die Erfahrungen zu beschreiben, die man während der Meditationspraxis macht. Während der Meditation geschieht soviel, daß es vermessen wäre, alles erklären zu wollen. Deshalb hat man beim Meditieren sinnvollerweise auch die Einstellung, Erfahrungen nicht zu analysieren oder zu beobachten. Meditieren ist ein *Unterwegs-Sein.* Man kommt am schnellsten zum Ziel, wenn man sich nicht an einzelnen „Zwischenstationen" aufhält.

Neben den sehr persönlichen Erfahrungen gibt es allerdings eine Reihe von Erfahrungen, die jeder Meditierende irgendwann einmal während seiner Versenkungspraxis haben wird. Diese sind so allgemein, daß wir hier darüber reden können. Auch haben die verschiedenen Meditationsschulen sowie klassische Texte über Meditation wie etwa die Yoga-Sutras des PATANJALI hierüber seit jeher Aussagen gemacht. Auch die moderne Psychologie hat versucht, die allgemeinen Erfahrungen während des Meditierens zu erforschen, indem entsprechend ausgebildete Psychologen Selbstversuche durchführten sowie Befindensfragebogen für Meditierende entwickelten, die diese vor und nach der Meditation ausfüllten.[14]

Eine erste deutliche Erfahrung, die jeder Meditierende machen kann, besteht darin, daß er merkt, wie das *Bewußtsein* und die *Wachheit* während der Meditation ganz anders sind als im normalen Wachzustand, aber sich auch von Phasen der Schläfrigkeit unterscheiden.

Der australische Meditationsforscher und Psychiater RIGBY faßt anschaulich zusammen, was seine Meditierenden während der Meditationspraxis (Transzendentale Meditation) erleben:

„Zunächst befindet man sich noch in seinem normalen Wachbewußtsein, in dem ein Strom von Gedanken, Ideen und Gefühlen durch das Bewußtsein zieht. Dann erlaubt man der Aufmerksamkeit, zu feineren, weniger aktiven Ebenen des Denkvorgangs zu gleiten, die im Hintergrund, jenseits oder unter der normalen Oberfläche des verbalen Denkens liegen. An dieser Stelle verblaßt das grobe, verbale Denken zugunsten einer subtilen, fließenden geistigen Aktivität. Ausgehend von diesem ruhevollen, stillen Zustand, wird die Aufmerksamkeit nach und nach von immer feineren Aktivitätsebenen angezogen, bis ein Punkt erreicht wird, an dem sogar die feinste Struktur eines Gedankens oder Gefühls transzendiert wird und der Meditierende in einem Zustand innerer Ruhe verbleibt, in kristallklarer Wachheit ohne Zielgerichtetheit. Er befindet sich in einem Zustand des transzendentalen oder reinen Bewußtseins ohne Begrenzungen und Veränderungen, jenseits irgendeiner Zeitempfindung. Nach kurzer Zeit, gewöhnlich innerhalb weniger Augenblicke, beginnt der Denkvorgang spontan von neuem. Dieser Prozeß wiederholt sich ständig.“[15]

Auch unsere Kursteilnehmer berichten immer wieder davon, daß Meditation sie innerlich ruhiger werden läßt. Während des Meditierens verändert sich ihre *Grundstimmung*: vom Verspanntsein, von innerer Unruhe, vom Gefühl des Gehetztwerdens gelangen sie allmählich und sanft in einen Zustand des stillen Gesammeltseins, der inneren Wachheit und Klarheit. Sie fühlen sich freier, erleichtert, geläutert und wohler.

Eine 45jährige Kursteilnehmerin, Personalabteilungsleiterin, beschreibt ihren Meditationsvorgang so:

„Ich sitze da mit geschlossenen Augen und beginne mit meiner Übung. Ich merke, wie meine Gedanken flüchtiger werden, sich wie dünne Wolken schnell dahinbewegen. Meine Atmung wird feiner, der Körper ruhiger. Alles geht sehr leicht und ist angenehm. Manchmal ist mein Denken wie abgeschaltet, und ich spüre in mir tiefe Stille. Dann kommt direkt ein Gefühl großer Zufriedenheit, ab und zu richtigen Glücklichseins. Manchmal ist die Meditation aber auch irgendwie flach. Ich habe viele Gedanken, bin aber trotzdem körperlich entspannt und ruhig. Vor allem morgens ist dies so. Abends erfahre ich dagegen ein stärkeres Abschalten und auch deutlich geistiges Ruhigwerden. Insgesamt fühle ich mich in und nach jeder Meditation wacher und klarer, einfach gut."

Schaut man sich die psychologischen Untersuchungen des Meditationsvorgangs an, so bestätigt sich, daß beim Meditieren *Gesammeltsein, gelassene Offenheit, Zufriedenheit* und *Wohlbefinden* vorherrschen. Verglichen mit dem gewöhnlichen Wachzustand ist die Stimmung während der Meditation gehoben. Die Grenzen des normalen Alltagsbewußtseins schwinden, und der Meditierende erfährt phasenweise „Unbegrenztheit" oder auch „Zeitlosigkeit". Im Meditationszustand ist das Bewußtsein „erweitert" oder „vertieft": Die Grenzen des Ich werden durchlässiger, neue Selbsterfahrungen treten auf, die mit Erleben des Verbundenseins von allem mit allem einhergehen können.

Was körperlich während der Meditation geschieht

Schon 1935 war es einer französischen Wissenschaftlerin, der Ärztin BROSSE, aufgefallen, daß sich die Herztätigkeit bei erfahrenen indischen Yogis im Meditationszustand verlangsamt.[16] Dies war der Beginn der eigentlichen Erforschung von körperlichen Veränderungen während der Meditation. In den fünfziger und sechziger Jahren folgten dann weitere Untersuchungen an Yogis und japanischen Zen-Mönchen.[17,18] Dabei zeigte sich, daß der Stoffwechsel insgesamt niedriger ist und die Meditationspraxis von besonderen Gehirnwellenmustern begleitet wird. In den letzten Jahren sind dann in zahlreichen Forschungslabors und Universitäten unterschiedlicher Länder die körperlichen Merkmale des Meditationszustandes eingehend wissenschaftlich erforscht worden.

Wissenschaftler fanden, daß der Meditationszustand ein einzigartiger Zustand der Tiefenentspannung und Selbstversenkung ist, der sich körperlich vom Schlafzustand und einfachem Dasitzen mit geschlossenen Augen ohne Anwendung von Meditation unterscheidet.[19,20] Die Entspannung ist während der Meditation tiefer als im Schlaf, der Geist bleibt gleichzeitig aber wach und klar. Der Körper kommt bei der Meditationsausübung deutlich schneller zur Ruhe, als dies im Schlaf der Fall ist: Der Zustand der Tiefenentspannung wird in der Meditation meist innerhalb weniger Minuten erreicht, während dies im Schlaf in der Regel einige Stunden dauert.

Viele von uns in die Transzendentale Meditation eingewiesene Personen stellen in der ersten Zeit ihrer Meditationspraxis hauptsächlich körperliche Veränderungen fest. Ihr Atem wird flacher, längere Atempausen werden bemerkt, der Körper beruhigt sich. Immer wieder sind diese Personen von dem spontan auftretenden Gefühl des körperlichen Entspanntseins und des Frischwerdens überrascht.

Uns hat besonders beeindruckt, daß bei fortgeschrittenen Meditierenden *Atemstillstände* beobachtet wurden, die in Phasen tiefer Meditation spontan auftraten. Diese Atemstopps dauerten durchschnittlich 20 Sekunden und hatten eine Höchstdauer von bis zu 67 Sekunden, was auf einen Zustand extremer Entspannung hinweist.[21]

In ähnlicher Weise wie die Atemaktivität verändert sich auch die Herzaktivität. Die Anzahl der *Herzschläge* geht um 3 – 10 pro Minute zurück, und die Blutmenge, die pro Minute durch das Herz gepumpt wird (Herzminutenvolumen), verringert sich schon beim Meditationsanfänger um 25 Prozent.[19] Sie können sich vorstellen, wie gründlich sich die Herzfunktionen dabei erholen können, die ja gerade angesichts des heutigen Alltagsstreß häufig übermäßig beansprucht werden.

Es kommt darüber hinaus oft vor, daß Meditierende während der Übung bestimmte *Körperempfindungen* haben, die durchaus ungewohnt sein können. Besonders wird von Wärmeempfindungen berichtet. Vor allem Hände und Füße fühlen sich manchmal warm an. Dies hängt mit der *veränderten Durchblutung* während des Meditierens zusammen. Beispielsweise nimmt die Durchblutung der Unterarme um etwa 30 Prozent zu.[19] Die Blutgefäße weiten sich, und die Blutzirkulation wird insgesamt erleichtert. Ferner konnte während der Meditationsausübung eine Zunahme der Durchblutung der vorderen Hirnbereiche um 65 Prozent im Vergleich zum einfachen Dasitzen festgestellt werden.[22] Dieser außerordentliche Anstieg des Gehirnblutstroms ist ein besonderes Kennzeichen meditativer Entspannungszustände.

Aber auch *Wärmeströme*, die den Rücken hinauffließen und in den Kopf gelangen, werden bemerkt. Manchmal gehen diese Erfahrungen einher mit dem Gefühl, daß einige Körperbereiche wie der Kopf oder die Beine extrem schwer werden. Wenn sich dieses Schweregefühl auflöst, tritt die Erfahrung eines Energieflusses ein. Der Energiefluß dehnt sich manchmal auch auf den ganzen Körper aus, so daß dieser sich wie eine „frisch geladene Batterie" anfühlt. Auch wird erlebt, wie sich die Grenzen des Körpers ausdehnen und durchlässig werden. Manche Meditierende spüren diese Grenzen überhaupt nicht mehr. Sie empfinden diese Erfahrung als besonders befreiend.

In Meditationsuntersuchungen konnte als weitere körperliche Veränderung eine stark erhöhte *Entspannung der Muskulatur* registriert werden, so zum Beispiel im Stirn-, Nacken- und Schulterbereich.[23,24] Jedermann weiß, wie sehr Muskelverspannungen heute verbreitet sind. Manchmal nehmen sicher auch Sie Muskelverspannungen deutlich wahr, vor allem in Phasen, in denen Sie besonders belastet sind. In der Meditation kommt es zu einer tiefgreifenden Auflösung von muskulären Spannungen, was sich sowohl in körperlicher als auch in psychischer Hinsicht vorteilhaft auswirkt.

Auch die *Milchsäurekonzentration* im Blut nimmt während der Meditationsausübung ab.[25] In Angst- und Streßsituationen ist dieser Blutlaktatgehalt dagegen erhöht. Also zeigen die niedrigen Milchsäurewerte während der Meditation an, daß der Meditationszustand Angst- und Streßzuständen entgegengesetzt ist. Ferner liegen die Konzentrationen des Streßhormons *Cortisol* während des Meditierens sehr niedrig: Die Cortisolwerte im Blut und Urin nehmen in der Meditation um bis zu 37 Prozent gegenüber den Werten vor der Meditation ab, was ebenfalls auf ein verringertes Streßniveau hindeutet.[26]

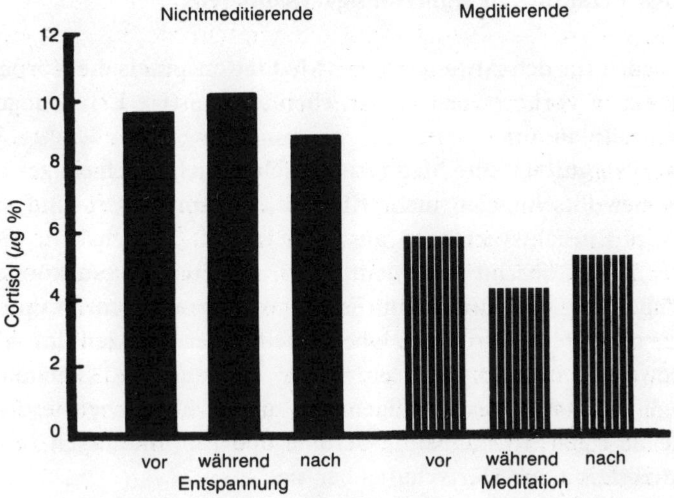

Veränderung der Konzentration des Streßhormons Cortisol während der Meditation verglichen mit einfacher Entspannung[26]

Als weiteren Maßstab für das Streßniveau erfaßten Psychologen bei Meditierenden die *psychogalvanische Hautreaktion* (PGR), den Hautwiderstand. Um diese Reaktion bei Ihnen zu messen, müßte man Ihnen Elektroden auf die Hautoberfläche beispielsweise Ihrer rechten Hand setzen und dann einen schwachen Strom über Ihre Haut leiten. Wenn Sie sich in einem ruhigen, entspannten Zustand befinden, ist Ihre Haut trocken, was zu einem erhöhten elektrischen Widerstand führt. Sind Sie dagegen in einer Belastungssituation, etwa einer Prüfung oder in einem entscheidenden Gespräch, sinkt Ihr Hautwiderstand, weil Sie feuchte

Hände bekommen oder schwitzen. Während der Meditation steigt dagegen der elektrische Hautwiderstand innerhalb von kurzer Zeit ausgeprägter und schneller als im Tiefschlaf.[25] Dies ist ein weiteres deutliches Anzeichen dafür, daß die Meditationsausübung zu einem grundlegenden körperlichen Entspannungszustand führt.

Geistige Erfahrungen während des Meditierens

Wenn auch für den Anfänger einer Meditationspraxis die Körpererfahrungen vorherrschen, treten ebenfalls geistige Erfahrungen von Anfang an auf.

Eine als ,,gut" erlebte Meditation zeichnet sich durch ein gesteigertes Bewußtsein, also mehr Klarheit, Gesammeltsein und ein vertieftes Einsichtsvermögen aus. Das betrifft zunächst die *Gedanken,* die während der Meditation auftreten. Diese können deutlicher als im durchschnittlichen Wachbewußtsein wahrgenommen werden. Durch das Überschreiten der Grenzen des Alltagsbewußtseins wird auch ein neuer Umgang mit Gedanken ermöglicht: Statt eines ständigen Hin- und Hergetriebenwerdens durch die eigenen Gedanken, Gefühle und Empfindungen führt die Meditation zur Herrschaft über sie.

Unsere Kursteilnehmer erinnern sich während der Meditation häufig an bestimmte Erlebnisse oder Situationen, die teils weit zurückliegen, teils aber auch einfach mit Tagesbegebenheiten zusammenhängen. Meditation wird dann zu einer Art *,,geistigem Nachverdauen",* an dessen Ende sie sich besser fühlen, weil sie von einer Last befreit worden sind. Meditation erlaubt damit, Unwichtiges eher zu vergessen.

Manchmal ist die geistige Aktivität während der Meditation auch mit *visuellen* oder *akustischen Erlebnissen* verbunden. Ähnlich den Traumerlebnissen sieht der Meditierende z.B. Bilder. Anders als bei den meisten Träumen ist er sich aber dieser spontan auftretenden Erlebnisse bewußt und kann fast immer das Geschehen steuern. Meist vermischen sich diese geistigen Erfahrungen mit körperlichen Empfindungen.

Eine letzte Art geistiger Erfahrungen während der Meditation soll hier noch erwähnt werden: Der Meditierende gelangt zu besonderen *Erkenntnissen,* die von Nutzen für die Gestaltung seines Alltags oder wertvoll für die Lösung eines besonderen Problems sind. Allerdings empfehlen viele Meditationsschulen, vermeintliche Erkenntnisse oder Einsichten, die man während des Meditierens gehabt hat, nach der Übung besonders auf ihren Realitätsgehalt hin zu prüfen und sich nicht einfach spontan von ihnen leiten zu lassen.

Wie das Gehirn im Meditationszustand arbeitet

Sowohl die körperlichen als auch die geistigen Erfahrungen während der Meditation wären undenkbar ohne eine entsprechende Tätigkeit des Gehirns. Das Funktionieren des Gehirns während der Meditation hat deshalb Meditationsforscher immer wieder fasziniert.

Besonders interessant sind die während der Meditationsübung festgestellten Veränderungen der Gehirnwellenmuster. Das *Elektroenzephalogramm* (EEG) zeichnet die elektrische Aktivität des Gehirns auf, indem Elektroden an festgelegten Punkten auf der Schädeldecke befestigt und elektrische Schwankungen zwischen diesen gemessen werden. Die Auswertung der im EEG enthaltenen Wellen erfolgt nach Frequenz, Amplitude, Form, Verteilung und Häufigkeit. Nach den Frequenzen unterscheiden die Hirnforscher verschiedene Gehirnwellenarten, denen sie unterschiedliche körperliche und psychische Zustände zuordnen:

- *Delta-Wellen:* Schlaf (unter 4 Hertz)
- *Theta-Wellen:* Schläfrigkeit, Einschlafen, aber auch heitere, ruhige und subjektiv angenehme Zustände sowie kreative Prozesse (4 – 7 Hertz)
- *Alpha-Wellen:* wache Entspannung (8 – 13 Hertz)
- *Beta-Wellen:* aktives Denken, Konzentration (über 13 Hertz)

Während der Meditation überwiegen zu Beginn Alpha-Wellen, die sich von den hinteren zu den vorderen Gehirnregionen ausbreiten. Diese weisen auf entspannte geistige Wachheit hin. Danach kommt es zu einem verstärkten Auftreten von Theta-Wellen, Anzeichen für körperliche Ruhe und geistiges Wohlbefinden.[27]

Im normalen Wachzustand zeigt die Hirnwellenaktivität eine zufällige, gemischte und uneinheitliche Zusammensetzung verschiedener Wellenarten. Die Gehirnwellen haben verschiedene Frequenzen und stimmen in ihrem zeitlichen Ablauf nicht überein. Dagegen tritt im Meditationszustand eine ungewöhnliche *Gleichmäßigkeit* jeglicher Wellenform auf. Es herrscht eine be-

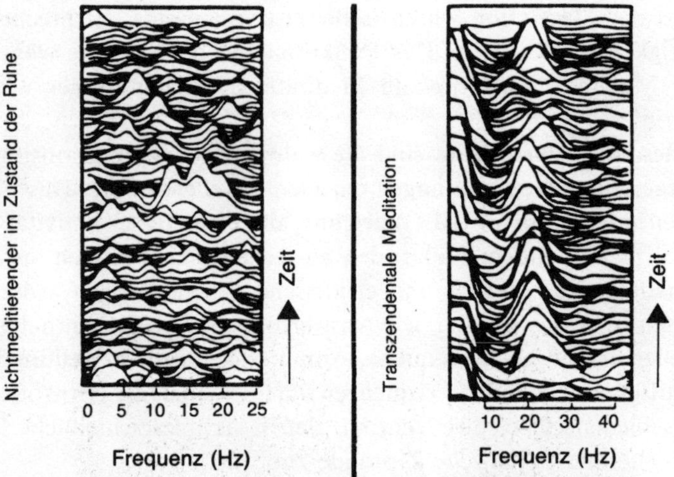

Nichtmeditierender

Der gewöhnliche Wachzustand ist durch zufällige, unbeständige, gemischte Gehirnwellen gekennzeichnet

Meditierender (im Meditationszustand): Während der Meditation nimmt die Geordnetheit zu: geordnete, kohärente Gehirnwellen konstanter, hoher Frequenz treten auf

Geordnetheit (Synchronisation) der elektrischen Gehirnaktivität im Wach- und Meditationszustand[27]

merkenswerte *Einheitlichkeit* von Frequenz und Amplitude an allen Punkten des Schädels vor, von denen das EEG abgeleitet worden ist. Wissenschaftler sprechen davon, daß die elektrische Aktivität des Gehirns bei Meditierenden *synchroner* wird, d.h. große Teile des Gehirns werden harmonisiert und pulsieren gewissermaßen im Gleichtakt. Es ist wie das Marschieren von Soldaten bei einer Parade: Die Soldaten bewegen sich dabei geordnet, in Reih und Glied. Ihr Marschieren ist harmonisch und einheitlich.

Die Abbildung auf Seite 46 macht deutlich, daß im gewöhnlichen Wachzustand gemischte, unzusammenhängende Frequenzen im EEG vorherrschen. Während der Transzendentalen Meditation dagegen nimmt die Geordnetheit der Hirnaktivität zu, und es entstehen Wellenmuster, die zusammenhängend und ausgewogen sind. Zwar lassen die Hirnstromkurven keine Rückschlüsse auf die Gedankeninhalte und die Qualität des Denkens zu, wohl aber auf den Wachheits- und allgemeinen Ordnungsgrad und die Synchronizität der biologischen Grundaktivität des Hirns. Diese ist wiederum eine allgemeine Voraussetzung für die Beständigkeit, Flüssigkeit und Deutlichkeit der geistigen Vorgänge.

Lange suchten Hirnforscher nach einem spezifischen EEG-Merkmal des Meditationszustands, bis 1974 LEVINE mit einer neuartigen Datenverarbeitungsmethode auf die *Kohärenz* stieß.[28]

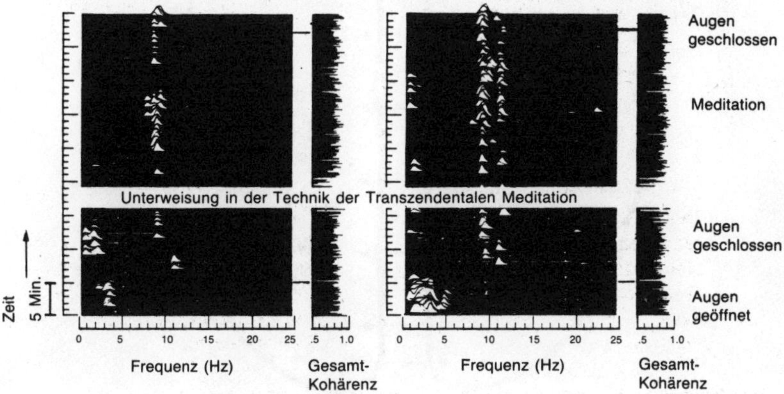

Kohärenzmuster im EEG bei einem Meditationsanfänger [29]

Kohärenz zeigt an, wie groß der Zusammenhang synchroner EEG-Ableitungen von zwei verschiedenen, räumlich getrennten Stellen des Schädels ist. Mit dieser neuen Methode gelang es, das Auftreten hoher EEG-Kohärenz, also die Gleichzeitigkeit des Wellenanstiegs zweier oder mehrerer Hirnregionen, als ,,Berg" darzustellen.

Vorhergehende Abbildung veranschaulicht die EEG- Kohärenz einer Person unmittelbar vor und nach Erlernen Transzendentaler Meditation. Es wird daraus ersichtlich, daß Alpha-Kohärenz bereits während der ersten Meditation auftritt. Je länger man regelmäßig meditiert, um so stärker nimmt EEG-Kohärenz in verschiedenen Wellenbereichen zu. Sehr erfahrene Meditierende verfügen über kohärente EEG-Muster, die in verschiedenen Frequenzen gleichzeitig auftreten. Beeindruckend ist die Tatsache, daß die EEG-Kohärenz, die sich während der Meditation einstellt, auch in der täglichen Aktivität nach der Meditation mehr und mehr anhält.

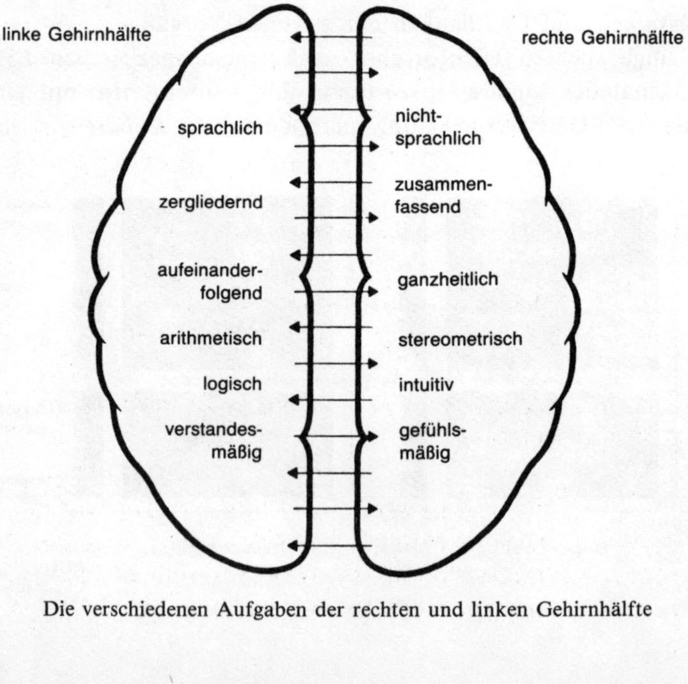

Die verschiedenen Aufgaben der rechten und linken Gehirnhälfte

Es ist bekannt, daß die verschiedenen Teile des Gehirns und insbesondere die beiden Gehirnhälften jeweils unterschiedliche Aufgaben übernehmen.

Im gewöhnlichen Wachzustand ist die Arbeit des Gehirns nur wenig koordiniert. Die meisten Menschen sind bei der Lösung ihrer Lebensaufgaben entweder vorwiegend analytisch-zergliedernd oder intuitiv-gefühlsmäßig ausgerichtet, verstandesbezogen oder bildhaft, zeitlich oder räumlich, intellektuell oder künstlerisch. Es ist offensichtlich, daß der Erfolg bei der Bewältigung unterschiedlicher Aufgaben im Alltag von der Integration dieser verschiedenen Funktionen des Gehirns abhängt.

Hierbei leistet Meditation einen wertvollen Dienst. Während des Meditierens wird das Zusammenspiel, der Informationsaustausch innerhalb der beiden Gehirnhälften und zwischen ihnen verbessert. Aus der Kreativitätsforschung ist bekannt, daß schöpferische Leistungen wesentlich vom Informationsaustausch zwischen den Gehirnhälften abhängen. Die Integration der Gehirnaktivität wird also insgesamt durch Meditation gefördert.

Der Gehirnforscher BANQUET ermittelte als Ergebnis der Meditationspraxis drei verschiedene Integrationsformen im Gehirn:

1. die Integration der linken und rechten Gehirnhälfte;
2. die Integration der vorderen und hinteren Gehirnregionen;
3. die Integration der Oberflächen- und Tiefenbereiche des Gehirns.[27]

Die erste Integrationsart bildet die Grundlage für eine Harmonisierung von Intuition, Vorstellungsvermögen, Kreativität und Gefühlen, also Eigenschaften und Fähigkeiten der rechten Gehirnhälfte, mit den verstandesmäßigen der linken Hirnhälfte.

Die zweite Integrationsform läßt den Schluß zu, daß das Zusammenspiel zwischen Sinnesaktivität und Bewegungen durch Meditation gefördert wird. Verbesserungen der senso-motorischen Koordination belegen auch andere Meditationsuntersuchungen, z.B. zur Verkürzung der Reaktionszeit.

Die Integration zwischen Gehirnbereichen, die für die bewußte Denkaktivität verantwortlich sind, und solchen, die grundlegende

Vorgänge im Körper steuern, also die dritte Integrationsart, führt zu einem reibungsloseren Zusammenwirken von Körper und Geist.

Gipfelerlebnisse in der Meditation

Zwar verstärken sich die Wirkungen des Meditierens im Laufe der Zeit, doch verlieren die erwähnten körperlichen und geistigen Erfahrungen auf Dauer und mit zunehmendem Vertrautwerden ihre Besonderheit. Statt dessen stellen sich immer friedvollere und angenehmere Zustände derart natürlich ein, daß sie den Meditierenden nicht mehr überraschen. Diese können wir hier natürlich nicht im einzelnen beschreiben. Aber einer unserer Kursteilnehmer, ein 32jähriger Bildhauer, hat uns einen Erlebnisbericht gegeben, der einen guten Ausblick auf *Gipfelerfahrungen* während der Meditation eröffnet:

„Unmittelbar nach Beginn der Meditation kommt mein Herzschlag zur Ruhe, und mein Atem wird sanft. Ich verspüre ein zartes Fließen im Körper. Energie und Freude steigen aus dem Bauchraum auf. In der Herzgegend entwickelt sich ein tiefes Glücksempfinden. Der Körper wird immer ruhiger, dehnt sich aus und wird wie ein Diamant: durchsichtig, klar und regungslos. Die Gedanken verfeinern sich spontan und verschwinden schnell. Ich fühle mich mehr und mehr bei mir selbst. In mir und um mich herum nehme ich Stille wahr, auch wenn ich, gleichsam an der Oberfläche meiner Wahrnehmung, durchaus Geräusche höre. Dann erlebe ich, wie ich selbst in diese Stille eintauche, alle Grenzen sich auflösen und allein unendliche Weite bleibt. Wenn ich aus diesem Zustand auftauche, bleibt das Gefühl tiefer Verbundenheit mit allem und ein unbeschreibbares Glücksempfinden. Nach solchen Meditationen löse ich die anstehenden beruflichen und familiären Aufgaben schnell, reibungslos und zur Zufriedenheit aller."

Die humanistische Psychologie betont die besondere Bedeutung von Gipfelerlebnissen oder Grenzerfahrungen. MASLOW, der bedeutendste humanistische Psychologe, stellte fest, daß sich in solchen Momenten inneren Erfülltseins die Kräfte eines Menschen in besonders wirkungsvoller Weise vereinen, und er weniger gespalten ist, offener für die Erfahrung, leistungsfähiger, kreativer, humorvoller, unabhängiger von niederen Bedürfnissen. In Gipfelerlebnissen spürt der einzelne Einheit mit sich selbst und seiner Umgebung, Transzendenz, etwas über die Grenzen seiner Persönlichkeit Hinausreichendes. Diese Erfahrung vermittelt ihm eine tiefempfundene, positive Grundstimmung und führt zu anhaltenden positiven Veränderungen in seinen Einstellungen und seinem Verhalten.

Wie Sie gesehen haben, ermöglicht die Meditationsausübung eine große Vielfalt von Erfahrungen. Meditation ist vom Erleben her offenbar etwas Einmaliges. Sie verbindet Ruhe und waches Bewußtsein in einem Zustand „ruhevoller Wachheit", dessen Erfahrung von intensivem körperlichem und geistigem Wohlbefinden begleitet ist.

4. Gesundheit durch Meditation

Die meisten von Ihnen sehnen sich wahrscheinlich mehr nach Gesundheit als nach Geld, Erfolg und Liebe. So jedenfalls äußerte sich der überwiegende Teil der Deutschen gegenüber Meinungsforschern: Sie bezeichneten Gesundheit als ihr höchstes Gut. Der Großteil der Bundesbürger ist allerdings von seinem stärksten Wunsch, gesund zu sein, weit entfernt. Denn nur zehn Prozent schätzten sich in Meinungsumfragen als völlig gesund ein!

Ein genauerer Blick auf die Kosten im Gesundheitswesen in der Bundesrepublik zeigt, daß diese sich in den letzten zehn Jahren mehr als verdoppelt haben. Etwa zehn Prozent des Bruttosozialprodukts werden heute in den westlichen Industrienationen für die Behandlung von Krankheiten und die finanzielle Absicherung der Kranken ausgegeben. Pro Jahr sind dies pro Bundesbürger annähernd 2000 Mark! Jede achte Mark, die Sie heute verdienen, muß für Krankheiten und deren Folgen bezahlt werden! Es deutet einiges darauf hin, daß das Gesundheitswesen, wenn die Kosten weiter so stark ansteigen, etwa zu Beginn des nächsten Jahrtausends nicht mehr finanzierbar ist.

Die hohen Kosten im Gesundheitswesen hängen vor allem mit einer Zunahme von teuren Krankheiten zusammen, die sich als Reaktion auf die heutigen Lebensbedingungen und die individuelle Lebensweise entwickelt haben. Das heißt: Für Krankheiten und die damit verbundene finanzielle Belastung ist der Mensch größtenteils selbst verantwortlich. Deshalb liegt nach Ansicht vieler Kritiker der heutigen Medizin der Schlüssel zur Kostendämpfung im Gesundheitswesen in einer Stärkung der Eigenverantwortung des einzelnen. Gesundheitspolitiker diskutieren mittlerweile über eine finanzielle Belohnung für jeden, der gesundheitsbewußt lebt.

Die Auseinandersetzung mit Gesundheit muß auch deren Kehrseite, die Krankheit, berücksichtigen. Wir wollen uns deshalb in diesem Kapitel zunächst einmal mit den am weitesten verbreiteten Zivilisationskrankheiten beschäftigen und Ihnen dabei erläutern, wie Meditation mithelfen kann, sie zu beseitigen. Danach geht es uns darum, Ihnen zu zeigen, daß Meditation über den Abbau von Krankheiten hinaus einen Zustand ganzheitlicher Gesundheit fördert.

Streßbewältigung und Streßvorbeugung

Belastung und Streß können belebend und fördernd wirken oder aber zu Krankheiten führen. Wie sich Streß auswirkt, hängt von mehreren Faktoren ab: Zunächst einmal spielt es eine Rolle, wie groß Ihre *Belastbarkeit* ist. Beim Vergleich von Bekannten haben Sie sicher schon festgestellt, daß diese unterschiedlich belastbar sind, was von ihrem allgemeinen Gesundheitszustand und auch ihrer Stimmung abhängt. Die deutlichen Unterschiede in der Belastbarkeit sind ferner auch auf Erziehungseinflüsse und Erbanlagen zurückführbar. Außerdem kommt es auf die *Streßart* an: Wenn Streß zu grundlegenden Veränderungen in Ihrem Leben führt, die Sie positiv bewerten, dann laufen körperlich zwar angeborene Reaktionen nach einem bestimmten Schema ab (Streßreaktion). Aber diese als positiv empfundene Art der Belastung wird geistigseelisch leichter verarbeitet und besser ertragen als negative Einflüsse. Schließlich ist noch die *Stärke und Dauer der Stressoren*, der belastenden Einflüsse, von Bedeutung: Diese entscheiden darüber, ob Sie bestimmte Alltagsbelastungen bewältigen oder ob sich bei Ihnen Krankheiten entwickeln. Zusammenfassend läßt sich sagen: Streßbedingte Krankheiten werden um so wahrscheinlicher, je häufiger, stärker und negativer Ihre jeweiligen Belastungen sind.

Die moderne Streßforschung ist zu der Erkenntnis gelangt, daß es im wesentlichen vier Arten von Belastungen sind, die dem Menschen das Leben schwermachen und seine Gesundheit schädigen:

1. *Umwelteinflüsse* wie Lärm, schlechte Luft, Hitze und Kälte erzeugen Streß.
2. Die *täglichen Aufregungen* und *Reibereien*, also Kleinigkeiten wie Verspätungen, geringfügige Auseinandersetzungen, lange Wartezeiten wirken als „Nervensägen“.

3. Sogenannte „*kritische Lebensereignisse*“ (die „großen Stürme“ und Belastungen des Lebens wie etwa der Tod einer nahen Bezugsperson, Scheidung, schwere Krankheit, längere Arbeitslosigkeit) rufen Streß hervor, weil sie den Betreffenden aus seiner gewohnten Bahn werfen oder von ihm eine grundlegende Umstellung seines bisherigen Lebens erfordern. Allerdings gefährden nicht nur negative Erlebnisse Ihre Gesundheit, sondern auch Situationen, die Sie im allgemeinen wahrscheinlich als positiv bewerten wie z.B. Ihre eigene Hochzeit oder eine ungewöhnliche Leistung, die Sie vollbracht haben. Dies hängt damit zusammen, daß nicht nur negative, sondern auch positive Erlebnisse unter Umständen eine tiefgreifende Umstellung und Neuorientierung von Ihnen erfordern, die die Kräfte Ihres Körpers übersteigen.
4. Neben den äußerlich sichtbaren Lebensveränderungen sind es oft *innere Ansprüche und Erwartungen*, die Menschen sich selbst und ihrer Umwelt gegenüber hegen, die zu einer Überforderung führen. Beispiele für solche „irrationalen Annahmen“ sind die Vorstellung, daß es unbedingt notwendig ist, von jeder Person in seiner Umwelt akzeptiert zu werden, oder die Vorstellung, daß man sich Sorgen über die Probleme und Schwierigkeiten anderer machen muß.

In Seminaren zur Streßbewältigung fragen wir unsere Seminarteilnehmer häufig, wie sie belastende Situationen erleben, wie sich Streß bei ihnen äußert. Sie schildern dann zum Beispiel, wie sie ständig unter Hochdruck stehen und nachts und am Wochenende nicht richtig abschalten können, daß sie sich oft müde und ausgepumpt fühlen oder Kleinigkeiten und Sticheleien sie so auf die Palme bringen, daß ihnen der ganze Tag vermiest wird. Es ist wichtig, sich vor Augen zu halten, daß jegliche Belastung im Alltag, selbst wenn sie noch so geringfügig ist und nur kurz andauert, körperliche Veränderungen zur Folge hat, die den ganzen Organismus beeinflussen. Es läßt sich insgesamt feststellen, daß es so gut wie keine gesundheitliche Beeinträchtigung gibt, an der nicht in irgendeiner Form Streß beteiligt ist. Die körperlichen Abwehrkräfte werden durch Streß geschwächt, und Krankheiten sind damit Tür und Tor geöffnet. Streß bewirkt darüber hinaus Veränderungen im vegetativen Nervensystem, in den Hormondrüsen und im Stoffwechsel.

Streßverarbeitung

Bei einer Vielzahl von Erkrankungen spielt Streß also eine wesentliche Rolle. Dazu zählen Magen- und Zwölffingerdarmgeschwüre, Herz- und Gefäß-Krankheiten (wie Bluthochdruck, zu hohe Blutfettwerte, Herzinfarkt), chronische Kopfschmerzen, Muskelverspannungen und daraus folgende Wirbelsäulenbeschwerden, Allergien, verschiedene Hautkrankheiten und Krebs. Auch in seelisch-geistiger Hinsicht hat Streß unterschiedliche Störungen zur Folge wie Angst, Depressionen, innere Unruhe und Erregung, Aggressionen. Die Widerstandskraft gegenüber unvermeidlichem Streß und der Abbau von vermeidbaren Belastungen sind deshalb von ausschlaggebender Bedeutung für die Gesunderhaltung.

Die gegenwärtigen Lebensbedingungen und Lebensformen bringen es mit sich, daß jeder Phasen tiefgreifender Entspannung benötigt, um sich vom täglichen Streß zu erholen. Natürliche Methoden zum Streßausgleich wie Urlaub, Spazierengehen oder Feiern, die Menschen in früheren Zeiten noch ausreichten, genügen heute vielen nicht mehr, um ein wirksames Gegengewicht zu den täglichen Belastungen zu setzen. Jeder von Ihnen wird es schon erlebt haben, daß er tagsüber viel um die Ohren hatte, sich vielleicht auch mit einem besonders belastenden Problem auseinandersetzen mußte und sich dann abends ins Bett legte, wo ihm dann das Einschlafen erst nach stundenlangem Wachliegen gelang, weil seine Gedanken um das entsprechende Problem kreisten. Am nächsten Morgen stellte sich beim Aufwachen dann als erstes der Gedanke an die unangenehme Situation des Vortages ein; weder Schlaf noch Traum konnten Ihnen bei der Bewältigung dieser Belastung helfen. Häufig wird auch morgens Müdigkeit und ein Gefühl des Abgespanntseins selbst nach ausreichendem Nachtschlaf festgestellt. Dies sind Beispiele dafür, daß der Schlaf zum Ausgleich der

Alltagsbelastungen bei einer wachsenden Zahl von Menschen nicht mehr genügt.

Aus der Traum- und Schlafforschung ist bekannt, daß sowohl der Traum als auch der Schlaf von entscheidender Bedeutung für das psychische und körperliche Wohlbefinden sind. Die nächtlichen *Traumphasen*, die jeder entweder bewußt oder unbewußt durchläuft, dienen vor allem einer Verarbeitung von Tageserlebnissen und weiter zurückliegenden Erfahrungen. Der Traumschlaf hat die Aufgabe, die seelische Stabilität und Ausgeglichenheit zu fördern. Dies geht aus Experimenten hervor, in denen man Personen im Augenblick des Traumbeginns weckte. Wenn Menschen so während mehrerer Tage am Träumen gehindert werden, fühlen sie sich ängstlich und verwirrt, ja es kommt sogar bei einzelnen zu psychotischen Erscheinungen. Der *Schlaf* dient demgegenüber dazu, den Zellen die während der Tagesaktivität verbrauchte Energie wieder zuzuführen, er fördert also in erster Linie die körperliche Erholung.

Traumphasen sind um so länger, je stärker die körperliche Aktivität (Stoffwechselrate) im Schlaf absinkt. Dies macht deutlich, daß ein niedriger Stoffwechsel den Abbau von psychischem und körperlichem Streß begünstigt. Interessant ist in diesem Zusammenhang eine Untersuchung des amerikanischen Arztes MISKIMAN, der eine Gruppe Meditierender und eine Gruppe Nichtmeditierender während vierzig Stunden am Schlafen hinderte.[30] Diejenigen Personen, die Transzendentale Meditation ausübten, erholten sich deutlich schneller von dem Schlafentzug: Ihre durchschnittliche Traumzeit nahm nach dem vierzigstündigen Schlafentzug bedeutend weniger zu als bei der nichtmeditierenden Gruppe. Die Ausübung von Meditation ersetzte bei ihnen zum Teil den Traum. Meditation baut – ähnlich wie der nächtliche Schlaf – auf geistig-seelischer und körperlicher Ebene die Folgen von Alltagsbelastungen ab. Allerdings ist der während der Meditationspraxis erreichte Ruhezustand ausgeprägter als der des Schlafs. Er ermöglicht deshalb einen tiefgreifenderen Abbau von Streß und Spannungen.

Die Medizin weiß, daß körperlich-geistige Erholung und Heilung Ruhe voraussetzen. Schon bei leichteren Krankheiten wird Ruhe vom Arzt verordnet. Tiefe Ruhe ist wahrscheinlich das wirkungsvollste Mittel, um die Folgen von Belastungen zu beseitigen. Die Tiefenentspannung, die sich ohne Anstrengung während der Meditationsausübung einstellt, löst körperliche und seelisch-geistige Verspannungen. Streßlösung muß dabei überhaupt nicht wahrnehmbar sein: Der Betreffende spürt lediglich nach Beendigung der Meditation, z.B. durch ein Gefühl des Erleichtertseins, daß er auf körperlicher oder psychischer Ebene Streßfolgen abgebaut hat. Oder aber es treten verschiedenartigste Erscheinungen als Hinweise auf Streßverminderung auf: Zucken der Muskeln oder ein leichtes Zittern. Auch Schmerzen unterschiedlichster Art können wahrgenommen werden, die deutlich machen, daß körperlich etwas nicht im Lot ist und der alltägliche Streß gewissermaßen „Narben" hinterlassen hat. Wenn diese „Narben" zu schmerzen beginnen, ist das positiv zu werten: Die Folgen von unbewältigtem Streß beginnen sich aufzulösen. Außerdem kommen manchmal Angst, Traurigkeit, Ärger und Glücksgefühle vor. Sie können von Erlebnissen herrühren, die bis in die frühe Kindheit zurückreichen und hängen mit unterdrückten, verdrängten Gefühlen zusammen.

Die während der Meditation möglichen Streßlösungsvorgänge sind vielfältig. Sie sind abhängig davon, in welcher gesundheitlichen Verfassung der einzelne ist, ferner von seinen bisherigen Lebenserfahrungen und natürlich auch davon, wie tief die Versenkung ist, die bei der Meditationsausübung auftritt. Normalerweise ist die Zeit, die meditiert wird, bewußt auf 15–20 Minuten begrenzt. Dies soll gewährleisten, daß sich die vorhandenen körperlichen und psychischen Verspannungen schrittweise auflösen. Damit wird verhindert, daß der Meditierende durch die ablaufenden Streßlösungsvorgänge beeinträchtigt wird. Die zeitliche Begrenzung der Meditation ist insbesondere bei psychisch Schwergestörten wichtig, da sonst verdrängte psychische Inhalte zu massiv und explosiv freigesetzt werden könnten.

Daß im Meditationszustand eine allmähliche körperliche und geistige Beruhigung erfolgt, haben wir Ihnen bereits gesagt. Die körperliche Entspannung während der Meditation betrifft alle Organe und unterscheidet sich in ihrer Tiefe vom Schlaf und von Zuständen, die man beim Lesen, Musik hören und einfachen Ausruhen ohne bestimmte Entspannungsmethode erreicht.

Meditation sollte aber nie Selbstzweck sein. Eines ihrer Anliegen besteht darin, den Ausübenden zu befähigen, mit den Alltagsbelastungen besser umzugehen, d.h. streßstabiler zu werden und Streß schneller zu verarbeiten. Deshalb haben Wissenschaftler untersucht, ob sich Meditation wirklich vorteilhaft auf den Umgang mit täglichen Belastungen auswirkt. Als Streß-Maßstab verwendeten sie den elektrischen Hautwiderstand. Dieser sinkt, wie Sie ja schon wissen, in unangenehmen Lebenssituationen (z.B. wenn Sie Angst haben). Der amerikanische Psychologe ORME-JOHNSON ging der Frage nach, ob sich Meditierende schneller von Streßbelastungen erholen als Personen ohne Meditationserfahrung.[31] Er setzte seine Versuchspersonen jeweils fünf Sekunden lang akustischen Reizen in der Lautstärke eines Preßlufthammers aus. Dieser Lärm wurde in festgelegten, unregelmäßigen Zeitabständen sowohl Meditierenden als auch Nichtmeditierenden präsentiert.

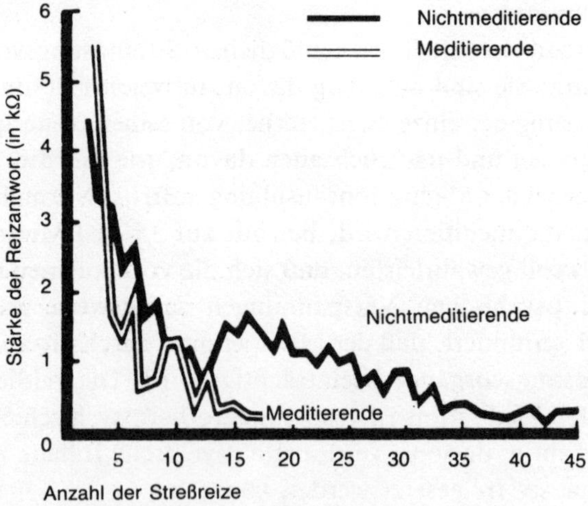

Reaktionen des elektrischen Hautwiderstands auf laute Streßreize bei Meditierenden und Nichtmeditierenden [31]

Dann untersuchte er, wie lange die Teilnehmer brauchten, um sich an den jeweiligen Streßreiz zu gewöhnen. Nach elfmaliger Wiederholung des Streßreizes zeigten die Meditierenden keine Hautwiderstandsreaktionen mehr, sie hatten sich an den Lärm gewöhnt. Die Nichtmeditierenden reagierten auf den Streßreiz dagegen zwischen dreißig- und vierzigmal mit Veränderungen des elektrischen Hautwiderstandes. Einige von ihnen konnten sich sogar überhaupt nicht der Belastung anpassen.

Diese Untersuchung veranschaulicht die Wirkungen von Meditation auf die Verarbeitung von Belastungen: Als Folge der Meditationspraxis ist der einzelne imstande, sich schneller an Streßbelastungen zu gewöhnen, der Körper gelangt wieder ins Gleichgewicht und ist Dauerbelastungen besser gewachsen. Dabei geht jedoch die Sensibilität wie gegenüber Umweltreizen nicht verloren; der Meditierende stumpft nicht ab, wie eine andere in den USA durchgeführte Streß-Studie nachweist.[32] Hier führten die Psychologen GOLEMAN und SCHWARTZ den Versuchspersonen einen streßerzeugenden Film vor, in dem auf drastische Weise Unfälle in einem Sägewerk dargestellt wurden. Die Gruppe der Meditierenden wies man an zu meditieren, bevor sie sich den Film anschaute. Die Kontrollgruppe entspannte sich zuvor ohne bestimmte Technik. Interessanterweise reagierte die Meditationsgruppe auf die Ankündigung des Films körperlich stärker mit Streßsymptomen als die Vergleichsgruppe. So schlug bei den Meditierenden das Herz schneller, und die Hautwiderstandsreaktionen waren ausgeprägter. Sie erholten sich aber schneller von der Anspannung während des Films, und auch unmittelbar danach zeigten sie geringere Streßerscheinungen. Die Meditation bewirkte demnach einerseits eine größere Wachheit für die Gefahrensituation, andererseits förderte sie eine schnellere Beruhigung und Erholung nach Belastungen.

Streßverhinderung

Sie fragen sich vielleicht, warum die Meditierenden in dem letztgenannten Streß-Experiment anfangs körperlich stärker auf die Ankündigung des Films reagierten als Personen, die nicht meditierten. Durch die Meditationsausübung wird die Wahrnehmung geschärft und die geistige Wachheit gefördert, so daß der Betreffende auf belastende Reize offener und direkter antwortet. Die Sensibilität gegenüber äußeren Einflüssen nimmt also zu. Trotzdem hinterlassen diese keine tiefgreifenden ,,Spuren", weil mit der Meditationspraxis auch ein Anstieg der *körperlichen Stabilität und Anpassungsfähigkeit* einhergeht. Der willkürlich nicht steuerbare Teil des Nervensystems, das autonome Nervensystem, arbeitet geordneter und ausgeglichener. Während der Meditationspraxis wird ein Zustand erreicht, der sich grundlegend von Streßzuständen unterscheidet, wie wir Ihnen im 3. Kapitel im einzelnen geschildert haben. Dieser Zustand hat im Alltag eine Abschwächung des ,,Kampf- oder Fluchtreflexes" zur Folge, der normalerweise in Belastungssituationen auftritt. Die Reaktionen bei Streß sind deshalb nicht so intensiv und ,,überschießend": Der Körper gerät weniger stark aus dem Gleichgewicht. Dies hängt auch damit zusammen, daß Meditation die Fähigkeit fördert, Reize zu verarbeiten. Deshalb werden z.B. unangenehme Erfahrungen (wie im obigen Beispiel der Streßfilm) leichter ,,verdaut", und belastende Situationen wirken nicht so lange nach.

Auf der *seelisch-geistigen Ebene* unterstützt die verbesserte Selbststeuerung bei Meditierenden deren Fähigkeit zur Bewältigung von Belastungen. Sie haben die jeweilige Lebenssituation mehr ,,im Griff" und sind damit weniger streßempfindlich. Streß entsteht dann, wenn ein Mißverhältnis zwischen den Anforderungen einer bestimmten Situation und den eigenen Bewältigungsmöglichkeiten vorliegt. Meditierende werden dagegen im Laufe der Zeit ,,feldunabhängiger" – sie leben mehr aus sich selbst heraus, nehmen ihre eigenen Bedürfnisse als Richtschnur und sind weniger fremdgesteuert und beeinflußbar. Sie verlieren daher in Belastungssituationen weniger schnell die Selbstkontrolle und Übersicht. Ferner erfolgt ja, wie wir Ihnen bereits erklärt haben, während der Meditationsausübung ein Überschreiten von Grenzen, die durch das normale Alltagsbewußtsein auferlegt sind. Dieses Transzendieren von Begrenzungen, die beispielsweise mit

„neurotischen Verkrustungen" und Ängsten zusammenhängen, ermöglicht es, bestimmte Situationen mit anderen Augen, streßfreier, zu betrachten.

Auf der *Verhaltensebene* wirkt Meditation in der Weise streßvorbeugend, daß sie festgelegte, starre Verhaltensweisen abbauen hilft. Dies führt zu einer Erweiterung des eigenen Verhaltensrepertoires und damit zu einer größeren Flexibilität in Belastungssituationen.

Die Anwendung von Meditationstechniken ist demnach auf der einen Seite eine Hilfe bei der Bewältigung der alltäglichen Belastungen, mit denen heute jeder mehr oder weniger häufig zu tun hat, auf der anderen Seite hat die Meditationsausübung eine Reihe vorteilhafter, streßvorbeugender Wirkungen. Sowohl Streßbewältigung als auch -vorbeugung sind für die Therapie oder Verhinderung vieler Zivilisationskrankheiten bedeutsam.

Harmonisierung körperlicher Funktionen

In der heutigen Leistungsgesellschaft sind zwei Drittel der Krankheiten auf Herz-Kreislauf-Schäden und Krebsbeschwerden zurückzuführen. Mediziner schätzen, daß allein 43 Prozent aller Bundesdeutschen an Herz-Kreislauf-Störungen leiden. Man weiß, daß diese in engem Zusammenhang mit den Lebensbedingungen stehen. Gerade an der Entstehung der Herz-Kreislauf-Erkrankungen und speziell am Herzinfarkt sind entscheidend psychische Faktoren beteiligt.

Bluthochdruck

Bluthochdruck ist eine der am weitesten verbreiteten Herz-Kreislauf-Erkrankungen. Etwa sechs bis sieben Millionen Bundesbürger sind heute von Bluthochdruck betroffen, einem Zivilisationsmassenleiden ersten Ranges. Viele wissen nicht einmal, daß in ihren Adern eine „Zeitbombe" tickt, da Bluthochdruck häufig von keinem erkennbaren Symptom begleitet ist. Ärzte geben als

Faustregel an, daß ein Blutdruckwert von 150/90 als *Bluthochdruck* eingestuft werden muß. Jahr für Jahr sterben hierzulande 250.000 Menschen an den Folgen von Herzinfarkt, Schlaganfall, Nierenleiden. Bei schätzungsweise 20 Prozent der Hochdruckkranken liegen bestimmte organische Störungen als Ursache vor (z.B. Nierenleiden, Überfunktion der Hirnanhangdrüse), während bei 80 Prozent kein eindeutiger Auslöser feststellbar ist. Bekannt ist, daß ein zu hoher Salzkonsum, mangelnde Bewegung und das Alter eine blutdruckerhöhende Wirkung haben. Einig ist man sich ferner darüber, daß seelische Faktoren Auslöser für Bluthochdruck sind. Bei Aufregung, körperlichen und/oder seelischen Anspannungen steigt der Blutdruck an. Ein ständig erhöhter Blutdruck ist für den Körper deshalb eine besondere Belastung, weil er die Gefäßwände strapaziert. Es kommt zu einer Verhärtung der Gefäße, insbesondere an den Arterien des Gehirns, der Augen, der Nieren sowie des Herzens.

Die gängige Therapie bei Bluthochdruck besteht in der Einnahme von blutdrucksenkenden Medikamenten, die häufig mit schweren und schädlichen Nebenwirkungen verbunden ist. Diese Mittel vermindern die Wirkungen von Streßhormonen auf Herz und Kreislauf. Sie schirmen das Herz gewissermaßen ab und bilden ein „dickes Fell". Belastungen wirken sich dann in erster Linie psychisch aus, unterbunden wird aber eine Steigerung der Herztätigkeit und eine Blutdruckerhöhung. Hierbei handelt es sich allerdings um reine Symptombeseitigung. In der Regel wird Hochdruckkranken eine salzarme Diät empfohlen. Entspannungsverfahren und die Vorstellung beruhigender Bilder wirken bei milden Formen des Bluthochdrucks vorteilhaft.

Meditation fördert, wie wissenschaftliche Untersuchungen nachgewiesen haben, die Durchblutung verschiedener Organe: Sie erweitert die Blutgefäße und verbessert die Blutzirkulation. Damit schafft sie eine körperliche Grundlage für die Senkung des Blutdrucks.[33,34] Daneben aber sind vor allem die Wirkungen von Meditation auf die Persönlichkeit für die Blutdrucksenkung entscheidend. Dies wird aus einem Brief deutlich, den uns ein früherer Kursteilnehmer vor geraumer Zeit schickte:

„Transzendentale Meditation hat meinen Blutdruck verringert, was mir sehr wichtig war. Aber diese Meditationstechnik hat darüber hinaus noch einiges mehr bewirkt: Nach etwa einem halben Jahr Meditationsausübung bemerkte ich, daß ich im Umgang mit meiner Familie mehr Geduld zeige... Ich setze heute nicht mehr alles, koste es was es wolle, mit Anstrengung und übermäßiger Willenskraft durch. Was mich erstaunt, ist, daß ich trotzdem zu größerer Leistung fähig bin und mehr erreiche. Ich spüre deutlich mehr Energien in mir. Während ich früher häufig zu starken Aggressionen und Ärger neigte, bin ich mittlerweile imstande, vieles in meinem Leben lockerer und gelassener zu betrachten. Ich kann mich nun gut entspannen und bin fähig, alles leichter zu nehmen."

Die hier geschilderten Persönlichkeitsveränderungen bieten in diesem Fall eine Erklärung für die Blutdrucksenkung. Bei wirklich schwerem Bluthochdruck reicht allerdings die regelmäßige Meditationsausübung meist nicht aus, sondern sie muß von einer medikamentösen Behandlung begleitet sein.

Genauso wichtig wie die Anwendung von Meditation bei bereits vorhandenem Hochdruck ist ohne Zweifel ihr Einsatz als Vorbeugungsmaßnahme: Die durch Meditation geförderte innere Gelassenheit, Beruhigung des Körpers und eine erhöhte Widerstandsfähigkeit gegen Streß spielen hier eine besondere Rolle.

Herzkrankheiten

Erkrankungen der Herzkranzgefäße zählen ebenfalls zu denjenigen körperlichen Störungen, die am weitesten verbreitet sind. Eine Beeinträchtigung der Herzkranzgefäße liegt dann vor, wenn dem Herzmuskel weniger Sauerstoff zugeführt wird, als er benötigt. Eine Verengung der Herzkranzgefäße kann einen Herzinfarkt oder Herzrhythmusstörungen zur Folge haben. Aus einigen Zahlen geht hervor, wie häufig diese Beschwerden heute auftreten: 10–20 Prozent der Männer zwischen dem 50. und 70. Lebensjahr leiden an einer akuten Verengung der Herzkranzarterien. Man schätzt ferner, daß jeder fünfte Mann und jede zehnte Frau an den Folgen einer Verengung der Herzkranzgefäße stirbt. Die Sterbeziffern bei Erkrankungen der Herzkranzgefäße haben sich von 1952 bis 1971 verdreifacht! Dies hängt vor allem mit einem Anstieg von psychischem Streß zusammen.

Neben den körperlichen Risikofaktoren wie erhöhtem Blutfettspiegel, Diabetes, Übergewicht, Bewegungsmangel, Rauchen und Bluthochdruck hat man in den letzten Jahren immer mehr die Bedeutung psychischer Einflußfaktoren erkannt. Besonders herzinfarktgefährdet sind Menschen, die sogenannte „Typ A"-Verhaltensweisen zeigen. Darunter fallen Personen, die sich ständig in Hetze fühlen, und solche, die übermäßig ehrgeizig und aggressiv sind. Beim sogenannten „Typ B" fehlen diese Verhaltensweisen. Er ist mehr besonnen und ruhig. Untersuchungen haben ergeben, daß Typ A-Personen eine achtmal stärkere Verengung der Herzkranzgefäße aufweisen als Menschen des Typs B!

Bei vorliegender Herzinfarktgefahr greift die Medizin zu einer Behandlung mit Medikamenten oder versucht, körperliche Risikofaktoren auszuschalten. Psychologen trainieren darüber hinaus in erster Linie Typ B-Verhaltensweisen mit ihren Patienten. Die Anwendung von Meditationstechniken schließlich ermöglicht, sich von einer Typ A-Persönlichkeit zu einer Person mit Verhaltensweisen des Typs B zu verändern. Meditation wirkt auf körperlicher und psychischer Ebene charakteristischen Typ A-Verhaltensmustern entgegen: Sie baut chronische Spannungen und Nervosität ab, die beide die Verhaltensweisen des Typs A verfestigen. Außerdem setzt die Meditationspraxis Energien frei und fördert das Leistungsvermögen, so daß sie auch für den stark leistungsorientierten Typ A-Menschen attraktiv ist. Meditation setzt meist auch keine ausdrücklichen Verhaltensvorschriften voraus. Verhaltensmuster, die eine Herzinfarktgefährdung vermindern, werden allmählich als Folge der Meditationsausübung mehr oder weniger von selbst aufgebaut, also nicht speziell trainiert.

In einer Studie, die von amerikanischen Ärzten an Angina pectoris-Patienten durchgeführt wurde, konnte gezeigt werden, wie sich Transzendentale Meditation auf eine Verengung der Herzkranzgefäße auswirkt.[35] *Angina pectoris* („Brustenge") ist eines der häufigsten Symptome einer Verengung der Herzkranzgefäße. Diese können sich in starken – mit Angst verbundenen – Herzschmerzen äußern, die unter dem Brustbein auftreten und in Arme, Hals, Oberbauch und Rücken ausstrahlen. Hierin kommt eine Sauerstoffnot des Herzens zum Ausdruck, die auf ein Vorstadium des Infarktes hinweist. Nach sechs bis acht Monaten Meditationsausübung erwiesen sich die meditierenden Patienten in Experimenten als um 14,5 Prozent belastbarer; sie gaben ferner an, weniger Angst zu haben und eine geringere Dosis von Beruhigungsmitteln zu nehmen. Die Dämpfung des Kampf- oder Fluchtreflexes durch Meditation wird von Ärzten bei Personen mit Symptomen einer Herzkranzgefäßverengung als therapeutisch besonders wertvoll angesehen.

Auch bei den heute weit verbreiteten *Herzrhythmusstörungen*, die sich beispielsweise in Herzjagen, Herzstolpern oder „Extrasystolen" (Herzschlägen „außer der Reihe") ausdrücken, hat sich die Meditationsausübung bewährt. Da bei diesen nervösen Herzbeschwerden normalerweise Beruhigungsmittel verabreicht werden, ist es nicht weiter erstaunlich, daß durch die körperlich entspannenden und harmonisierenden Wirkungen der Meditation eine Linderung dieser Beeinträchtigungen eintritt.

Kopfschmerzen

Chronische Kopfschmerzen sind Schätzungen zufolge in 95 Prozent der Fälle seelisch bedingt. Es wird angenommen, daß ca. 15 Prozent aller Bundesbürger öfter unter Kopfschmerzen leiden, davon Frauen zwei- bis dreimal häufiger als Männer.

Bei den Kopfschmerzen lassen sich zwei verschiedene Arten unterscheiden: die Spannungskopfschmerzen und die Migräne. *Spannungskopfschmerzen* entstehen durch eine übermäßige Anspannung der Muskulatur des Nackens, der Kopfhaut und des Gesichts. Welche Muskelgruppen im jeweiligen Fall besonders angespannt werden, unterscheidet sich von Person zu Person und hängt vermutlich mit unbewußten Lernvorgängen zusammen. Die Muskelspannungen führen, wenn sie chronisch auftreten, zu charakteristischen Schmerzen: durch die Spannung haben die Muskeln einen erhöhten Sauerstoffbedarf. Da aber die Gefäße in einer Spannungssituation verengt sind, ist die Durchblutung vermindert. Die ungenügende Versorgung der Muskeln mit Sauerstoff hat zur Folge, daß Abfallprodukte des Stoffwechsels nicht abtransportiert werden und es zu Schmerzen kommt.

Kopfschmerzen haben in selteneren Fällen körperliche Ursachen, indem sie z.B. mit einer Wirbelverklemmung, einem Tumor oder einer Vergiftung zusammenhängen. Meist spielen psychische Faktoren eine ausschlaggebende Rolle. Die psychosomatische Medizin konnte bestimmte Persönlichkeitsmerkmale bei Kopfschmerzpatienten feststellen wie Ehrgeiz, ausgeprägtes Leistungsstreben, Aggressionen, die jedoch nicht offen gezeigt werden, Verletzbarkeit, Schüchternheit, Gehemmtheit, Angst vor Konflikten, Perfektionismus. Die Gemeinsamkeiten mit den Typ A-Verhaltensweisen, die wir Ihnen im Zusammenhang mit der Herzinfarktgefährdung erläutert haben, fallen sofort ins Auge.

Die zweite Art von Kopfschmerzen, die *Migräne*, ist durch anfallartig auftretende starke Beschwerden gekennzeichnet, die sich meist halbseitig zeigen und oft begleitet sind von Sehstörungen, Übelkeit und anderen vegetativen Mißempfindungen. Die Schmerzen entstehen bei der Migräne nicht durch Muskelanspannungen, sondern durch eine Labilität der Blutgefäße vor allem im Kopfbereich. Die Adern, die zum Gehirn führen, werden durch einen verstärkten Blutdurchfluß schmerzhaft gedehnt. Der Schmerz ist häufig ,,pochend''. Zwar können Erbfaktoren, Hormonschwankungen, das Klima, Medikamente oder Nahrungsmittel Migräneanfälle mit auslösen. In der Mehrzahl der Fälle tritt Migräne jedoch nach Belastungssituationen auf, wenn eine gewisse Anspannung nachläßt, wie etwa bei der ,,Wochenendmigräne''.

Therapiemaßnahmen, die zur Behandlung von Kopfschmerzen oder Migräne eingesetzt werden, umfassen einerseits auf der körperlichen Ebene Medikamente wie Schmerzmittel und muskelentspannende Substanzen, andererseits gelangen im allgemeinen auf psychischer Ebene Entspannungsverfahren wie Hypnose, Autogenes Training, progressive Muskelentspannung und Biofeedbackmethoden zur Anwendung. Die dabei erzielten Wirkungen sind uneinheitlich. Aus verschiedenen Fallbeschreibungen geht hervor, daß die Anwendung von Meditation bei Migräne vielversprechend ist: Der neuseeländische Arzt LOVELL-SMITH beschreibt die diesbezüglichen Wirkungen der Transzendentalen Meditation anschaulich anhand eines Falles:[36]

„Eine 45jährige Hausfrau hatte seit ihrem 15. Lebensjahr unter klassischer Migräne gelitten. Sie wies Beeinträchtigungen ihres Sehvermögens auf, litt unter häufigen Kopfschmerzen, Übelkeit, Sprechschwierigkeiten sowie unter einem Kribbeln und einer Schwäche des linken Arms. Im Jahr vor dem Erlernen der Meditation erlebte sie etwa einmal pro Monat einen Migräneanfall, der jeweils eine Woche dauerte. An Medikamenten nahm sie Kopfschmerzmittel und Antidepressiva. Bei Migränesymptomen nahm sie regelmäßig ein ergotamin- und koffeinhaltiges Mittel ein. Jede Migräneattacke erforderte die mehrfache Einnahme von bis zu sieben Milligramm Ergotamin, um den Anfall unter Kontrolle zu bringen. Bei zwei Gelegenheiten brauchte sie 40 Milligramm. In den meisten Monaten konnte sie jeweils drei Wochen lang auf jegliches Ergotamin verzichten.

Die Technik der Transzendentalen Meditation erlernte sie im Alter von 42 Jahren. Zunächst stellte sie ein Verschwinden von Spannungen während der Meditationsausübung fest, die häufig von Schlafphasen begleitet war. Nach zwei Monaten regelmäßiger Meditationspraxis konnte sie im Vorstadium eines Migräneanfalls beobachten, daß es ihr möglich war, ihre Migränesymptome im Keim zu ersticken, wenn sie sich zur Meditation hinsetzte. Im Jahr vor dem Erlernen der Meditation hatte sie 12 Migräneepisoden. Im ersten Jahr nach Meditationsbeginn waren es nur noch vier, im darauffolgenden Jahr zwei bis drei und im letzten Jahr zwei mit wenig ausgeprägten Migränesymptomen. In den ersten beiden Meditationsjahren benötigte sie noch 20 – 30 Milligramm Ergotamin. Das war weniger als die vorherige monatliche Dosis. Im dritten Meditationsjahr verringerte sich die Dosis auf insgesamt vier Milligramm. Seit Beginn mit der Transzendentalen Meditation waren keine anderen Schmerzmittel oder Antidepressiva mehr erforderlich."

In einer deutschen Untersuchung an 287 Meditierenden, die durchschnittlich 29 Monate lang meditiert hatten, gaben von 162 Personen, die eine Aussage zu Kopfschmerzen gemacht hatten, 106 an, ihre Kopfschmerzen seien seit Meditationsbeginn zurückgegangen.[37]

Mit der Ausübung von Meditation ist, wie verschiedene Studien nachweisen, eine Abnahme von Muskelspannungen etwa im Stirn-, Nacken- und Schulterbereich verbunden. Diese muskelentspannenden Wirkungen der Meditation sind insbesondere bei Spannungskopfschmerzen vorteilhaft, weil diese bekanntlich mit einer übermäßigen Anspannung der Muskulatur im Kopf-, Nacken- und Schulterbereich in Verbindung stehen. Grundsätzlich beugt die Meditationspraxis spannungsbedingten Schmerzen im Kopfbereich vor, indem sie verhindert, daß die Muskelspannungen ein gesundes Maß überschreiten. Auf Migräne bezogen ist Meditation in erster Linie deshalb wertvoll, weil sie gestattet, den Bedarf an Schmerzmitteln zu reduzieren, die Häufigkeit von Migräneanfällen senkt und insgesamt streßstabiler macht. Da Migräne sehr eng mit einer geringen Belastbarkeit zusammenhängt, ist erklärbar, warum die Steigerung der Widerstandsfähigkeit gegenüber Alltagsstreß dazu führt, daß Migräneanfälle seltener auftreten.

Asthma

Erkrankungen der Atmungsorgane haben in den letzten Jahren in der Bevölkerung deutlich zugenommen. Man schätzt, daß ein bis vier Prozent der Bundesdeutschen unter Asthma leiden, das als wichtigste Störung der Atmung bezeichnet werden kann. *Asthma* bedeutet erschwerte Atmung, in erster Linie der Ausatmung. Diese kommt durch eine Verengung der sogenannten Bronchiolen, der kleinsten Verästelungen der Bronchien, die zu den Lungenbläschen führen, zustande. Asthmatische Verengungen können von Entzündungen herrühren, etwa bei Infektionen, oder durch Schwellungen verursacht werden, die als Folge von allergischen Reaktionen entstehen. Diese beiden Asthmaformen nennt man entsprechend allergisches oder infektiöses Asthma. Häufig erfolgt die Verengung der Bronchiolen auch durch Verkrampfung. Hierbei spielen seelische Faktoren eine bedeutsame Rolle: Ein ängstlicher Mensch kann unter Luftnot und Erstickungsgefühlen ähnlich leiden wie der Asthmatiker. Durch diese Angst wird ihm gewissermaßen die Kehle zugeschnürt. Asthma tritt im allgemeinen anfallartig auf, es kann aber auch längere Zeit andauern. Die Anfälle reichen von wenigen Minuten bis zu mehreren Stunden. Der Betroffene hat dabei einen großen Lufthunger, Erstickungsgefühle, ist voll auf die Atmung konzentriert und zeigt ausgeprägte Angstreaktionen.

Im allgemeinen werden in der Medizin asthmatische Störungen mit Medikamenten behandelt. Dabei bekommt der Patient entkrampfende Mittel, sogenannte Bronchospasmolytika, verabreicht, oder er muß bronchienerweiternde Stoffe inhalieren. Obwohl die Wirksamkeit der Therapie mit Medikamenten bei Bronchialasthma unbestritten ist, so sind doch die Nebenwirkungen der eingesetzten Substanzen nicht zu übersehen. Da Asthma in den meisten Fällen zumindest psychisch mitbedingt ist, werden ähnlich wie in der Kopfschmerztherapie auch Entspannungsverfahren eingesetzt.

Meditation ist als Therapiemethode bei Asthmatikern verschiedentlich angewandt worden. Die amerikanischen Ärzte WILSON und HONSBERGER führten zwei Studien durch, deren Ergebnisse wir Ihnen zusammenfassen wollen: In der ersten Untersuchung an 21 Asthmatikern, die keine offensichtlichen psychischen Probleme hatten, erlernte die Hälfte der Versuchspersonen die Transzendentale Meditation, die anderen Patienten bekamen die Aufgabe, Literatur über Meditation zu lesen.[38] Nach drei Monaten Meditationspraxis zeigte sich eine Abnahme des Widerstands der Luftwege bei 94 Prozent der Meditierenden. Die mit Asthma verbundenen Symptome waren nach Einschätzung der behandelnden Ärzte bei 55 Prozent der Meditationsausübenden zurückgegangen, nach der Beurteilung der Patienten selbst sogar bei 74 Prozent. Keiner der Meditierenden berichtete über irgendwelche Symptomverschlechterungen. Im Gegensatz zur Meditationsgruppe gaben lediglich 11 Prozent der Kontrollgrupppe („Lesegruppe") Verbesserungen an. Von ärztlicher Seite ließen sich allerdings bei dieser Gruppe keine bedeutsamen Veränderungen feststellen.

In einer weiteren Untersuchung an 25 chronischen Asthmapatienten, die sich mindestens seit einem Jahr in ärztlicher Behandlung befanden, teilten WILSON und HONSBERGER die Versuchspersonen nach dem Zufallsprinzip auf zwei Gruppen auf: Gruppe 1 erlernte die Technik der Transzendentalen Meditation, Gruppe 2 diente als Kontrollgruppe und las wie im ersten Fall ebenfalls Meditationsliteratur.[39] Nach drei Monaten Meditationsausübung baten die Wissenschaftler die 1. Gruppe, mit der Meditation für drei Monate aufzuhören und sich stattdessen mit Literatur über Meditation zu beschäftigen. Die Gruppe 2 erlernte nun Transzendentale Meditation und übte sie während eines Zeitraums von drei Monaten aus. Die behandelnden Ärzte informierte man nicht darüber, welcher Gruppe ihre Patienten zugeteilt worden waren.

Zu Untersuchungsbeginn und nach drei bzw. sechs Monaten analysierten die Wissenschaftler die Funktionsweise der Lungen bei beiden Gruppen. Jede Versuchsperson wurde außerdem gebeten, Tagebuch über die Schwere und Dauer der Asthmasymptome zu führen. Ferner schrieben sie auf, wie viele Medikamente sie täglich zu sich nahmen. Die Ärzte untersuchten darüber hinaus laufend die gesundheitliche Verfassung ihrer Patienten. Die asthmatischen Symptome verschlimmerten sich bei Gruppe 1 zu Meditationsbeginn geringfügig, besserten sich aber dann ständig bis zum Ende der dreimonatigen Meditationsphase. In den drei anschließenden Monaten, in denen die Versuchspersonen von Gruppe 1 nur Meditationsliteratur lasen, zeigten sich keine nachhaltigen Veränderungen. Umgekehrt war es bei Gruppe 2: in den ersten drei Monaten (während der Leseperiode) änderte sich wenig, in den letzten drei Monaten (Meditationsphase) trat dagegen eine stärkere und einheitliche Besserung ein. Die Lungen arbeiteten nach der dreimonatigen Meditationsperiode bei beiden Gruppen deutlich anders: Die Menge der in einer Minute ausgeatmeten Luft und die Höchstmenge der insgesamt ausgeatmeten Luft waren größer und der Widerstand der Luftwege kleiner. Bei 34 Prozent aller Patienten der beiden Gruppen zeigte sich die Leitfähigkeit der Luftwege nach drei Monaten Meditationsausübung stark verbessert. Zusätzlich ergab sich ein geringerer Bedarf an bronchienerweiternden Medikamenten. WILSON und HONSBERGER führen die günstigen Wirkungen von Meditation auf Asthma darauf zurück, daß sie Streß und Angst abbauen hilft, die Anspannung der Bronchienmuskulatur verringert und wegen des geringeren Sauerstoffverbrauchs während der Meditationspraxis weniger Atemluft benötigt wird. Die beschriebenen Untersuchungen machen deutlich, daß Meditationstechniken eine gute Unterstützung der medizinischen Asthma-Therapie darstellen.

Schlafstörungen

Der Mensch verschläft etwa ein Drittel seiner Lebenszeit. Die Wichtigkeit des Schlafens für die körperliche und seelische Gesundheit ist gerade in Anbetracht der heutigen Lebensbedingungen offensichtlich. In den beiden letzten Jahrzehnten war ein Anstieg der Schlafstörungen um circa 300 Prozent zu verzeichnen. Pro Jahr werden in der Bundesrepublik etwa 100 Millionen Mark für Schlaftabletten ausgegeben! Wenn dem Organismus der Schlaf geraubt wird, dann fehlt eine wesentliche Möglichkeit, den Körper zu regenerieren und Konflikte zu verarbeiten. Das Ergebnis ist dann zunehmende Nervosität, Mangel an Energie und eine wachsende Unausgeglichenheit, die wiederum die Schlaffähigkeit beeinträchtigen. Vielfach wird versucht, Schlafstörungen durch die Einnahme von Schlafmitteln zu beheben. Die Folge davon ist ein weniger tiefer und erholsamer Schlaf sowie kürzere (oder gar keine) Traumphasen. Die Einnahme von Schlafmitteln führt häufig dazu, daß der einzelne die tägliche Tablettenmenge erhöht oder auf stärkere Mittel umsteigt. Morgens muß er dann zu Muntermachern (Weckaminen) greifen, um tagsüber nicht zu müde und benommen zu sein. Durch schlaffördernde Mittel wird die Schlafstörung letztlich nicht beseitigt: Das lange Wachliegen wird dadurch zwar verhindert, man behebt aber nicht die Ursachen der Schlafstörung.

Manchmal sind Schlafstörungen Vorboten oder Begleiterscheinungen körperlicher Erkrankungen. Mehr als die Hälfte aller Schlafstörungen hat aber seelische, mit den Lebensumständen zusammenhängende Ursachen. Sie alle werden es aus eigener Erfahrung kennen, daß Sie nachts im Bett liegen und nicht schlafen können, weil Sie sich vielleicht irgendwelche Sorgen machen, sich in eine übertriebene Angst hineinsteigern oder über Vorkommnisse des vergangenen Tages nachdenken. Meist stehen Schlafstörungen mit der Unfähigkeit abzuschalten in Verbindung.

Es lassen sich verschiedene Arten von Schlafstörungen unterscheiden:

- *Einschlafstörungen*, bei denen das Einschlafen um ein bis vier Stunden verzögert wird;
- *Durchschlafstörungen*, die ein häufiges Aufwachen mit oberflächlichem und wenig erholsamem Schlaf beinhalten;
- *Früherwachen*, bei welchem der Betreffende ein bis vier Stunden früher als gewohnt aufwacht;
- *Störungen des Anteils an Traumphasen*: ein häufiges Aufwachen aus den Traumperioden mit aufregenden Träumen.

Diese Formen von Schlafstörungen treten häufig auch kombiniert auf.

Neben verschiedenen Entspannungsverfahren hat sich insbesondere die Meditation als natürliches Mittel zur Behebung von Schlafstörungen bewährt. Wenn Sie sich die körperlichen und seelisch-geistigen Wirkungen von Meditation vergegenwärtigen, wird Sie dies nicht erstaunen: Die Meditationsausübung beruhigt den durch Alltagsbelastungen überreizten sympathischen Teil des autonomen Nervensystems. Die Herztätigkeit sowie die Atmung werden ruhiger und die Muskulatur entspannter. Der Meditierende lernt es, sich „fallen" zu lassen und den Zustand wohliger Entspannung zu akzeptieren. Er ist imstande, leichter Abstand zu gewinnen von den Vorkommnissen des jeweiligen Tages und leidet weniger unter Ängsten. Der kanadische Arzt MISKIMAN beobachtete bei zehn Personen, die unter chronischer Schlaflosigkeit litten, nach einer dreimonatigen Übung in Transzendentaler Meditation, eine Verkürzung der Einschlafzeit von durchschnittlich 75 auf 15 Minuten.[40] Die Meditation erwies sich für alle als einfach anwendbar, zeigte sofortige und anhaltende Wirkungen und war ohne unerwünschte Begleiterscheinungen.

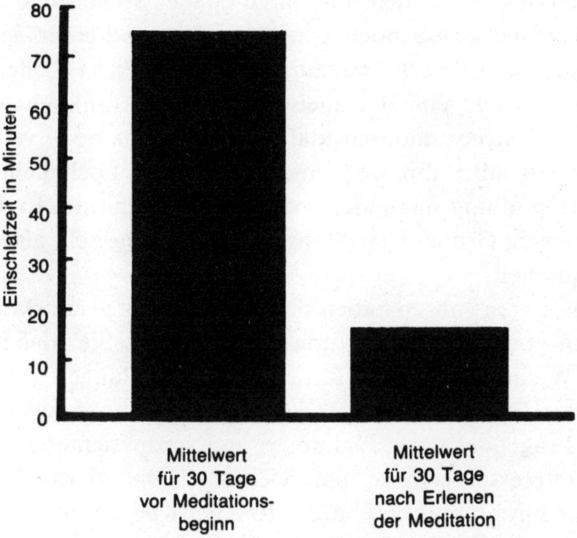

Vergleich der Einschlafzeit 30 Tage vor und nach dem Erlernen der Meditation [40]

Aus dieser Studie läßt sich schließen, daß Meditation bereits nach kurzer Zeit nachhaltig auf Schlafstörungen wirkt und eine brauchbare Alternative zu Schlafmitteln darstellt. Die Meditationspraxis verbessert das Gleichgewicht zwischen Ruhe und Aktivität durch den Abbau von Spannungen und erleichtert damit sowohl das Ein- als auch das Durchschlafen. Auch für Personen, die sehr viel Schlaf benötigen, ist Meditation wertvoll: In gewisser Weise kann sie eine Art Schlafersatz sein, denn die außerordentlich tiefe Ruhe, die während der Meditation erfahren wird, erfrischt stark.

Krebs gilt neben Aids als eine der letzten Seuchen. Jeder vierte Bundesdeutsche stirbt heute an Krebs! Die Medizin steht dieser Krankheit nach wie vor recht hilflos gegenüber. Eindeutige Ursachen sind bislang nicht gefunden worden. Man vermutet aber vorrangig seelische Ursachen, die durch eine entsprechende Lebens- und Ernährungsweise noch verstärkt werden. Ferner spielt die wachsende Umweltverschmutzung eine wesentliche Rolle bei der Krebsentstehung. Von den meisten anderen Krankheiten unterscheidet sich Krebs dadurch, daß man einerseits noch verhältnismäßig wenig über ihn weiß und andererseits noch keine wirksamen Behandlungsmethoden entwickelt worden sind. Krebs flößt deshalb einem Großteil der Menschen mehr Angst ein als jede andere Krankheit.

In den letzten Jahren haben sich Psychologen verstärkt mit den Ursachen von Krebserkrankungen beschäftigt. Sie stießen dabei auf die Wichtigkeit von Gefühlen und Einstellungen für ein reibungsloses Funktionieren des körperlichen Abwehrsystems. Sie führten Fragebogenuntersuchungen an Krebspatienten durch und fanden interessanterweise, daß Menschen, die an Krebs erkranken, überdurchschnittlich häufig eine ganz bestimmte Erziehung erlebt haben: eine Erziehung, die kühl und wenig gefühlsbetont und ganz auf Leistung, Gehorsam und Pflichterfüllung ausgerichtet war. Als Erwachsene erscheinen solche Menschen dann äußerlich unauffällig, angepaßt und konfliktscheu. Innerlich sind sie meist schwach und hilfsbedürftig. Sie sind kaum imstande, ihre Gefühle spontan zum Ausdruck zu bringen. Sie unterdrücken vor allem aggressive Impulse und tun sich schwer damit, eigene Ansprüche geltend zu machen. Es scheint, daß diese Menschen in ihrem Leben kein ausreichendes Selbstbewußtsein und keine innere Unabhängigkeit, keinen gesunden Egoismus entwickeln konnten. Auf eine einfache Formel gebracht ist der Krebsgefährdete ein Mensch, der bei innerer Schwäche übermäßig aktiv, stark engagiert und überfordert ist und sich gegenüber seiner eigenen Gesundheit gleichgültig verhält. Er neigt zu einer ausgeprägten

Selbstverachtung und versucht dieses Gefühl durch eine Überforderung seiner selbst auszugleichen.

Nach Ansicht verschiedener Krebsforscher treten Verzweiflung, Hoffnungslosigkeit und Resignation nicht als Folge der Krebserkrankung auf, sondern sie sind die seelisch-geistigen Voraussetzungen für die Entwicklung der Krankheit. Man geht davon aus, daß durch Streß die Widerstandskraft des Körpers gegen Krankheitserreger aller Art geschwächt wird. Es entsteht ein hormonelles Ungleichgewicht im Körper, das zu einer vermehrten Produktion anormaler Zellen führt. Dadurch werden die Bedingungen für Krebswachstum geschaffen: denn die Produktion bösartiger Zellen wird gerade zu einer Zeit besonders begünstigt, in der der Körper am wenigsten fähig ist, sie zu zerstören.

Unter den heute gebräuchlichen Krebstherapien sind körperliche und psychische zu unterscheiden. Die medizinischen Behandlungsmethoden umfassen unter anderem chirurgische Eingriffe, Bestrahlung und Chemotherapie. In psychologischer Hinsicht finden neuerdings Imaginationstechniken und andere geistige Verfahren wie Meditation Verwendung. Diese psychologischen Methoden bezwecken vor allem, die Persönlichkeit des Erkrankten zu entwickeln, seinen Glauben an den Wert der eigenen Person zu stärken und ihm bei der Verarbeitung verdrängter Lebenserfahrungen zu helfen. Es geht vorrangig darum, die Wahrnehmung des Patienten so zu verändern, daß er sich selbst und seine Probleme anders betrachten lernt, daß er statt Resignation vermehrt Hoffnung empfindet. Bei diesen Gefühlen laufen nämlich jeweils unterschiedliche Vorgänge im Körper ab, die mit Tumorbildung oder Tumorverminderung in Zusammenhang stehen. Von entscheidender Bedeutung für die Chance, wieder gesund zu werden – das hat sich in der psychologischen Krebstherapie immer wieder herausgestellt – ist die Einstellung des Patienten zu seiner Krankheit, zur Behandlung und zu seinem Leben als Ganzem.

In der medizinischen Fachliteratur ist innerhalb der letzten Jahre verschiedentlich über den Einsatz von Meditationstechniken zur Unterstützung der Krebstherapie berichtet worden. Der australische Arzt MEARES schildert den Fall einer 54jährigen Geschäftsfrau, die unter Brustkrebs litt.[41] 14 Monate, bevor sie ihn aufsuchte, entwickelte sich bei ihr eine Geschwulst an der linken Brust, die ihr daraufhin operativ entfernt werden mußte. Danach bekam sie eine Kobalt-Strahlentherapie. Nach vier Monaten zeigten sich Knoten an der Hautoberfläche der linken Brust, die ohne jeglichen Erfolg mit Bestrahlung behandelt wurden. Der behandelnde Arzt riet ihr sodann zu einer Chemotherapie, die sie jedoch ablehnte. Die Patientin erlernte schließlich Meditation. Bereits nach einem Monat zeigten sich erste Heilungstendenzen, und die Geschwulst ging langsam zurück. Nach einigen weiteren Monaten Meditationspraxis suchte sie ihren Arzt erneut auf, und dieser stellte zu seinem großen Erstaunen fest, daß die Geschwulst weitgehend verschwunden war. Dieser Fall zeigt, daß sich bei der Patientin mit schulmedizinischen Mitteln keine grundlegend positive Beeinflussung der Krebssymptome erzielen ließ. Eine Besserung trat erst ein, als die Betroffene begann, regelmäßig zu meditieren. Es handelt sich bei dieser Krebspatientin keineswegs um einen Einzelfall. Inzwischen liegen Erfahrungen mit therapeutisch vorteilhaften Wirkungen von Meditation bei verschiedenen anderen Krebsarten wie Lungen-, Zungen- und Knochenkrebs vor.

Zusammengefaßt lassen sich die festgestellten tumorvermindernden Wirkungen von Meditation darauf zurückführen, daß durch die Meditationsausübung körperlich ein Zustand tiefer Ruhe erreicht wird, der die körpereigenen Selbstheilungskräfte anregt, das Immunsystem stärkt und sich insgesamt harmonisierend auf den Hormonhaushalt auswirkt. Auf seelisch-geistiger Ebene ist mit dem Meditationszustand ein Abbau von Angst, Streß, Hoffnungslosigkeit und Resignation verbunden sowie eine Förderung von Ausgeglichenheit, Gelassenheit und Zuversicht. Die meisten Krebspatienten finden nur dann aus der durch die Anhäufung von Streß entstandenen Sackgasse heraus, wenn sie lernen, grundlegende, meist negativ gefärbte Erwartungen, Einstellungen und Denkgewohnheiten zu verändern. Meditation unterstützt den einzelnen bei dieser schwierigen Aufgabe, indem sie die Persönlichkeit des Krebskranken ganzheitlich entfalten hilft. Die neuen Denkmuster und damit einhergehenden positiven Gefühle lösen

Vorgänge im Körper aus, die tumorverringernde biochemische Veränderungen zur Folge haben.

Alkohol-, Nikotin- und Drogenkonsum

Mehrere Millionen Bundesbürger gelten als suchtkrank: Sie sind entweder alkohol-, nikotin- oder drogenabhängig. Die Gründe für das beängstigende Ausmaß, das Süchte heute erreicht haben, sind vielschichtig. Eine wesentliche Rolle spielt sicherlich die Tatsache, daß viele Menschen sich den zunehmenden Anforderungen des Alltags nicht mehr gewachsen fühlen. Die jeweilige Sucht scheint eine Möglichkeit zu bieten, der Realität und den bedrückenden Problemen des Lebens zu entfliehen. Der Süchtige meint durch den Drogenkonsum mehr Ruhe zu finden und Abstand von den Forderungen des Alltags zu gewinnen. Andere wiederum versuchen, durch den Suchtmittelmißbrauch ihre persönliche Unsicherheit und Unfähigkeit zu vertuschen, oder sie stehen unter dem Zwang, mehr leisten zu müssen, und meinen, dies durch die Einnahme von leistungssteigernden Drogen zu schaffen. Die langfristigen gesundheitlichen Folgen des Suchtmittelmißbrauchs sind verheerend: Sie reichen von Herz- und Kreislaufschäden, Leber- und Nierenerkrankungen über Krebs bis hin zu starken Persönlichkeitsveränderungen, die meist verbunden sind mit einem deutlichen sozialen Abstieg und einer hohen Selbstmordquote.

Verringerung des Alkoholmißbrauchs

Alkoholismus ist in den Industrienationen zum Suchtproblem ersten Ranges geworden. Schätzungen zufolge sind heute in der Bundesrepublik etwa 3% der Bevölkerung, also annähernd 2 Millionen Menschen, alkoholabhängig. Besonders stark hat in den letzten Jahren die Zahl jugendlicher und weiblicher Alkoholiker zugenommen. Alkohol ist das beliebteste und gesellschaftlich am meisten gebilligte Suchtmittel. Gegen gelegentlichen, kontrollierten Alkoholkonsum, also das Gläschen Wein am Abend, ist sicherlich nichts einzuwenden. Kritisch wird es allerdings, wenn jemand suchtmäßig oder häufiger im Übermaß trinkt. *Alkoholismus* ist eine ernste seelisch-körperliche Krankheit, bei der verschiedene Stadien durchlaufen werden, die sowohl körperlich als auch psychisch in immer größere Abhängigkeit führen. Mit der Alkoholabhängigkeit sind schwere Persönlichkeitsveränderungen und auch körperliche Erkrankungen verbunden wie Speiseröhren- und Magenkrebs oder Leberzirrhose. Zur Überwindung der Alkoholsucht wird meist eine medikamentöse Therapie eingesetzt, und häufig muß sich der Alkoholiker einer Psychotherapie unterziehen. Dabei soll er lernen, Konflikte mit angemessenen Methoden zu bewältigen, so daß es nicht mehr nötig ist, zum vermeintlichen Problemlösungsmittel Alkohol zu greifen.

In verschiedenen amerikanischen Studien ist untersucht worden, wie sich die Meditationspraxis auf den Alkoholkonsum auswirkt. Dabei stellten die Forscher übereinstimmend fest, daß die täglich konsumierte Alkoholmenge in Folge der Ausübung Transzendentaler Meditation zurückgeht.[42,43] So gaben in einer Studie von 126 Personen, die über zweijährige Meditationserfahrung verfügten, 40 Prozent an, bereits sechs Monate nach Meditationsbeginn den Bier- und Weinkonsum deutlich verringert zu haben.[42] In der Kontrollgruppe Nichtmeditierender hatte niemand seinen Alkoholkonsum so ausgeprägt reduziert. Bei den „harten" alkoholischen Getränken wie Schnaps konnte beobachtet werden, daß 54 Prozent der Ausübenden Transzendentaler Meditation ihren diesbezüglichen Konsum eingestellt hatten, während dies bei nur 1 Prozent der Kontrollgruppe der Fall war.

Die bei Meditierenden festgestellte Abnahme des Alkoholkonsums läßt sich darauf zurückführen, daß Meditation den Betreffenden befähigt, anders, mit größerer Selbstkontrolle, auf Belastungen zu reagieren und angstfreier zu leben. Vielfach stellt übermäßiges, suchtartiges Trinken nämlich einen Versuch dar, Streß und Angst zu verringern. Dazu kommt, daß Alkoholabhängige eine Veränderung ihres Bewußtseins anstreben, ein „Hochgefühl", das sie die Sorgen des Alltags vergessen läßt. Meditation ermöglicht es, einen subjektiv angenehmen Zustand zu erfahren, der das durch Alkohol hervorgerufene Gefühl des Wohlbefindens vergleichsweise als fade erscheinen läßt, wie Meditierende uns wiederholt erklärten. Das trifft vor allem auf den mäßigen und mittleren Konsum zu.

Abnahme des Rauchbedürfnisses

In der Bundesrepublik gibt es gegenwärtig etwa 15 Millionen Raucher. Die Zahl derjenigen Menschen, die pro Jahr an den Folgen des Rauchens sterben, liegt bei 140 000! Staatlicherseits scheint nur ein geringes Interesse zu bestehen, diese Zahl publik zu machen, was wohl damit zusammenhängt, daß die Tabaksteuer eine wichtige Finanzquelle des Staates darstellt. *Rauchen* gilt als typisches Risikoverhalten: es verschafft kurzfristig Entspannung, schädigt aber langfristig unter anderem Herz und Kreislauf und fördert vor allem Herzinfarkt und Arteriosklerose. Es erhöht um ein Vielfaches das Risiko, Kehlkopf- und Lungenkrebs sowie andere Krebsarten zu bekommen, und kann darüber hinaus Zwölffingerdarmgeschwüre und Bronchitis hervorrufen. Das Fatale an diesen schweren Nikotinerkrankungen ist, daß sie sich in der Regel über einen längeren Zeitraum entwickeln und ihr wirkliches Ausmaß erst allmählich sichtbar wird.

Die Beweggründe, regelmäßig zu rauchen, sind sehr unterschiedlich. Sie reichen von dem Wunsch nach mehr ,,Entspannung‘‘, dem Überspielen von Unsicherheiten im Kontakt mit Mitmenschen, der Belohnung bis hin zum Image des Emanzipiertseins. Wenn viele Menschen heute trotz der offensichtlichen gesundheitlichen Risiken rauchen, dann hat dies in erster Linie seelische Ursachen, die aus eigener Kraft oft nicht zu beseitigen sind. Entwöhnungstherapien beabsichtigen, das unerwünschte Verhalten durch Selbststeuerungs- und Selbstkontrollprogramme allmählich abzubauen. Im Mittelpunkt steht dabei die Aneignung eines neuen, angemessenen Verhaltens, beispielsweise zu lernen, in belastenden Situationen nicht zur Zigarette zu greifen, sondern in anderer Form auf Streß zu reagieren. Hier haben Mediziner und Psychologen in den letzten Jahren positive Erfahrungen mit Meditation gesammelt.

An der Universität von Michigan in den USA führte ein Team von Ärzten und Psychologen eine Studie an Studenten durch, um die Wirkungen der Transzendentalen Meditation auf den Zigarettenkonsum zu überprüfen.[44] Die Studenten teilte man in zwei Gruppen ein: die eine erlernte Meditation (insgesamt 126 Personen), die andere diente als Kontrollgruppe (90 Personen). 31 Prozent aus der ersten und 37 Prozent aus der zweiten Gruppe waren Raucher. Nach drei Monaten Meditationspraxis hatten 19 Prozent ihre tägliche Zigarettenmenge deutlich verringert, 16 Prozent hatten das Rauchen ganz eingestellt. Bei den Nichtmeditierenden waren es lediglich 6 Prozent, die weniger rauchten, und 3 Prozent hatten aufgehört. Nach sechs Monaten Meditationsausübung rauchten bereits 39 Prozent deutlich geringere Mengen, während 32 Prozent ihren Zigarettenkonsum völlig eingestellt hatten, in der Vergleichsgruppe der nichtmeditierenden Versuchspersonen waren es 15 Prozent beziehungsweise 3 Prozent. Nach einer Meditationszeit von insgesamt zwei Jahren gaben 75 Prozent an, weniger zu rauchen, und 62 Prozent rauchten überhaupt nicht mehr. Aus diesen Ergebnissen wird deutlich: Je länger jemand meditiert, um so mehr nimmt der Zigarettenkonsum ab. Meditation stellt vor allem deshalb eine vielversprechende Alternative zu herkömmlichen Entwöhnungstherapien dar, weil sie natürlich – nicht chemisch – und ohne Probleme anwendbar ist, die psychologischen Ursachen des Rauchens berücksichtigt und ferner dem Betreffenden die Erfahrung eines angenehmen Zustandes ermöglicht, der einen „Ersatz“ für den drängenden, manchmal zwanghaften Wunsch, zur Zigarette zu greifen, darstellt.

Reduktion des Drogenkonsums

Auch der Drogen- und Rauschmittelmißbrauch stellt heute weltweit ein ernst zu nehmendes und gesellschaftliches Problem dar. Wir meinen mit *Drogen* nicht nur Haschisch, LSD und Heroin, sondern auch *Medikamente* mit beruhigender, schmerzstillender oder aufputschender Wirkung, die ebenfalls zur Abhängigkeit führen können. Ihre Gefährlichkeit wird häufig unterschätzt, da ihre Wirkungen nicht so spektakulär sind wie die der bewußtseinsverändernden Drogen. Zu Suchterscheinungen führen diese Medikamente aber genauso, und die Dunkelziffer davon abhängiger Menschen ist außerordentlich hoch.

Die Ursachen für den in letzter Zeit deutlich angestiegenen Drogenkonsum sind äußerst vielschichtig: Drogen befriedigen – zumindest kurzfristig – das Verlangen, aus dem Alltag zu fliehen und die persönlichen Probleme und Konflikte zu vergessen. Sie ermöglichen außerdem, Mißerfolge zu verdrängen und damit einer Schwächung des eigenen Selbstwertes vorzubeugen. Die körperlichen und seelischen Gefahren des Drogenmißbrauchs sind je nach Stoff sehr verschieden. Fest steht jedoch, daß sie allmählich zu einer körperlichen und psychischen Abhängigkeit mit dem Zwang zu einer immer höheren Dosierung führen. Wie für die Therapie von Alkohol- und Nikotinabhängigen gilt auch für die Behandlung Drogensüchtiger, daß in einem fortgeschrittenen Stadium der Abhängigkeit eine Heilung ohne therapeutische Hilfe von außen, etwa durch eine Entziehungskur und Psychotherapie, nur schwer möglich ist.

In Nordamerika und verschiedenen westeuropäischen Ländern sind innerhalb des letzten Jahrzehnts über 20 Drogentherapieprojekte mit Meditationstechniken abgeschlossen worden.[45] Insbesondere die Untersuchung der Wirkungen der Transzendentalen Meditation auf den Konsum von Haschisch, LSD und härteren Drogen wie Heroin stand dabei im Mittelpunkt. Die Erfolgsquoten, die dabei erzielt wurden, waren außergewöhnlich hoch: auf alle Drogenarten bezogen lagen sie bei ungefähr 80 Prozent.

Als beispielhaft möchten wir die Ergebnisse einer deutschen Studie vorstellen, die Mitte der siebziger Jahre in der Drogenberatungsstelle der Arbeiterwohlfahrt in Mühlheim unter der Leitung von SCHENKLUHN und GEISLER durchgeführt wurde.[46] 76 jugendliche Drogenkonsumenten erlernten im Rahmen dieses Projekts die Transzendentale Meditation. 39 Jugendliche, die Drogen benutzten, dienten als Kontrollgruppe und wurden nicht in Meditation unterwiesen. Erfaßt wurden vier Drogenarten: Haschisch, Halluzinogene (wie LSD), Tabletten und harte Drogen wie Heroin. Nach einem Jahr Meditationsausübung ergaben sich folgende durchschnittliche Abnahmen im Drogenmißbrauch: Haschisch und Marihuana (58,2 Prozent), LSD (90,8 Prozent), Tabletten (96,3 Prozent), harte Drogen (78,1 Prozent). Bezogen auf den Gebrauch sämtlicher Drogenarten, gaben 74,4 Prozent der Meditierenden an, den Konsum deutlich verringert zu haben. 40,8 Prozent derjenigen, die meditierten, hatten mit jeglichem Drogenkonsum aufgehört. In der Kontrollgruppe nannten demgegenüber 14,5 Prozent einen verringerten Konsum, während 2,6 Prozent die Einnahme von Drogen eingestellt hatten. Nach einer Meditationspraxis von einem Jahr hatten alle regelmäßig Meditierenden ihren Drogenkonsum fast vollständig aufgegeben. Verglichen mit der Gruppe Nichtmeditierender zeigte die Meditationsgruppe darüber hinaus am Untersuchungsende eine Reihe von Persönlichkeitsveränderungen. Die Meditierenden wiesen eine größere körperliche und psychische Ausgeglichenheit auf, waren belastbarer, weniger nervös, depressiv oder gehemmt, bewerteten ihr Leben als bedeutsamer und ließen ausgeprägter Gelassenheit sowie Offenheit anderen Menschen gegenüber und eine erhöhte Fähigkeit zur Streß- und Problembewältigung erkennen.

Da Drogengebrauch und vor allem Drogenabhängigkeit in der Regel mit seelischen Problemen und Störungen in Verbindung stehen und Meditation sich nachhaltig positiv auf die Persönlichkeit auswirkt, ist ihr therapeutischer Wert bei der Behandlung Drogensüchtiger offenkundig. Mit Meditation liegt eine Therapiemethode für Drogenabhängige vor, die insofern eine echte Alternative zu Drogen darstellt, als sie Bedürfnisse befriedigt, aufgrund derer überhaupt Drogen genommen werden, wie Wünsche nach Selbsterkenntnis und Bewußtseinserweiterung, nach einer besseren Stimmung, nach einem wirksamen Mittel zur Streß- und Problemverarbeitung.

Ein 22jähriger Psychologiestudent schilderte uns anschaulich, wie sich sein Drogenverhalten durch Meditation veränderte:

„Vor Meditationsbeginn habe ich zwei Jahre lang mindestens einmal pro Woche entweder Haschisch oder LSD konsumiert.

Meine Erfahrungen waren insofern positiv, als mir zum ersten Mal in meinem Leben deutlich bewußt wurde, wieviel Fähigkeiten eigentlich in mir brachliegen. Ich empfand unter Drogeneinfluß meist ein tiefes und intensives Glücksgefühl, das mich die Probleme meines Lebens kurzfristig vergessen ließ. Allerdings mußte ich jeweils nach dem Abklingen der Drogenwirkungen enttäuscht feststellen, daß sich in meinem Alltag durch den Drogenkonsum nichts in positiver Richtung geändert hatte: Ich fühlte mich danach genauso unglücklich wie zuvor. Ich empfand mein Leben nach wie vor als leer und eintönig. Ich mochte mich selbst nicht und hatte große Schwierigkeiten, Kontakte zu anderen Menschen zu knüpfen.

Durch einen Freund kam ich dann eines Tages mit der Meditation in Berührung. Mich faszinierte auf Anhieb die Möglichkeit, das, was ich durch Drogen anstrebte, auf natürliche Weise durch Meditation zu erreichen. Schon während des eigentlichen Erlernens der Transzendentalen Meditation machte ich außerordentlich angenehme Erfahrungen. Ich erfuhr einen Zustand tiefen, inneren Friedens. Ich tauchte so tief in mich selbst ein, daß ich alles um mich herum vergaß. Nach Minuten der totalen Selbstversenkung tauchte ich wieder auf. Ich spürte in mir ein unsagbares Glücksgefühl, nach dem ich in meinem bisherigen Leben stets gesucht hatte. Innerlich fühlte ich mich nach der ersten Meditation glasklar und nahm die Menschen auf der Straße und die Natur mit anderen, ‚frischeren' Augen wahr. Im Alltag stellte ich einen starken Energiezuwachs fest und lernte, mich im Laufe der Zeit allmählich mehr zu akzeptieren, so daß es mir nach und nach leichter fiel, mit Mitmenschen in Kontakt zu kommen. Ich fing an, mein Leben mehr zu lieben, und stellte fest, daß meine psychische Ausgeglichenheit zugenommen hatte.

Rückblickend war es für mich so, daß ich ganz natürlich ohne irgendwelchen Zwang von den Drogen losgekommen bin. Ich habe nicht versucht, damit aufzuhören – nach einer Weile habe ich einfach gemerkt, daß ich keine mehr nehme und mich im Alltag rundum wohlfühle."

Die vorliegenden Drogenuntersuchungen im Zusammenhang

mit der Meditation beschränkten sich allerdings nicht auf Drogen wie Haschisch, LSD oder Heroin, sondern es konnte darüber hinaus festgestellt werden, daß die Anwendung von Meditationsverfahren auch eine Verringerung des Konsums von beruhigenden, schmerzstillenden oder aufputschenden Mitteln zur Folge hat.

Ganzheitliche Gesundheit und verbessertes Gesundheitsverhalten

In den vorherigen Abschnitten haben wir Ihnen an einer Reihe von Beispielen gezeigt, inwiefern Meditation bei körperlichen Beschwerden und Suchtproblemen hilfreich sein kann. Die dabei genannten Anwendungsbereiche sind allerdings nicht vollständig. Über die positiven Einflüsse auf die bereits erwähnten gesundheitlichen Beeinträchtigungen hinaus haben sich Meditationsverfahren auch bewährt, um den Cholesterinspiegel zu senken, den Blutzuckerspiegel zu normalisieren sowie um Übergewicht, Parodontose und Schwangerschaftsbeschwerden abzubauen. Meditation hat sich ferner günstig auf verschiedene psychosomatische Erkrankungen ausgewirkt, so auf Magen- und Zwölffingerdarmgeschwüre, auf Darmentzündungen wie Colitis und auch auf Arthritis sowie auf unterschiedlichste Störungen wie Bronchitis, Rückenschmerzen, Rheuma und Allergien. Insgesamt ist die Breite des gesundheitlichen Wirkungsspektrums von Meditation beeindruckend. Es ist daher unverständlich, warum sich die heutige Medizin der Meditation bisher so zögernd zugewandt hat.

Meditation dient aber nicht allein der Überwindung zahlreicher Erkrankungen, wie Sie aufgrund unserer bisherigen Ausführungen vermuten könnten, sondern auch dazu, einen *Zustand ganzheitlicher Gesundheit* zu erreichen, in dem körperliche, geistig-seelische und soziale Aspekte des Menschen in einem harmonischen Gleichgewicht sind. Denn Gesundheit bedeutet eigentlich Ganzsein: Im Sanskrit, einer der ältesten Sprachen, ist das Wort für Gesundheit „swasthya". „Swa" bedeutet „Selbst", und „sthya" heißt soviel wie „fest gegründet". *Gesundheit* läßt sich demnach definieren: *im Selbst fest gegründet*. Wie wir schon mehrfach erläutert haben, betrifft die Erfahrung des Selbst während der Meditation alle Aspekte der Persönlichkeit, die körperlichen, geistig-seelischen und sozialen. Das Selbst ist seinem Wesen nach ganzheitlich. Wirkliche Gesundheit hat daher zur Voraussetzung, daß der einzelne sein Selbst „besitzt". Wer aus seiner Mitte heraus lebt, ist gesund. Oder, um es mit den Worten des amerikanischen Psychologen MASLOW auszudrücken: „Ohne das Transzendente und Transpersonale werden wir krank, gewalttätig, pessimistisch oder sogar hoffnungslos und lebensüberdrüssig."

Ein Team von Wissenschaftlern an der Universität Hamburg hat kürzlich untersucht, warum ein Mensch gesund bleibt. Es kam dabei zu dem Ergebnis, daß gesunde Menschen sehr selbstbewußt sind und eine zuversichtliche, hoffnungsvolle Lebenseinstellung haben. Sie werden leichter mit Krisen fertig, indem sie sich auf die eigenen Fähigkeiten besinnen, einen Neubeginn machen und trotz persönlicher Not sehen, daß es immer noch Bewältigungsmöglichkeiten gibt. Die Gesunden sind auch eher imstande, selbstbestimmt, d.h. nach den eigenen Bedürfnissen, zu leben. Meditation vermittelt Erfahrungen der eigenen Mitte, inneren Wohlbefindens und eine positive Grundhaltung dem Leben gegenüber. Deshalb ist sie für die Erhaltung und Förderung der Gesundheit eine wertvolle Hilfe.

Meditation in der Gesundheitsvorsorge

Viele gesundheitliche Probleme gäbe es überhaupt nicht, wenn die Menschen in ihrer Lebensweise rechtzeitig einige einfache Regeln beachteten. Eigenartigerweise bezeichnen zwar viele ihre Gesundheit als sehr wichtig. Ihr Lebensstil ist allerdings häufig alles andere als gesundheitsbewußt. Fragen Sie sich selbst einmal, wieviel Sie persönlich für ihre Gesundheit tun. Die Eigenverantwortung und Motivation, gesund zu werden oder zu bleiben, wird durch das heutige Krankenkassen- und Rentenwesen keineswegs gefördert. Mehr und mehr wird aber nun vielerorts erkannt, daß die Erhaltung der Gesundheit eine Aufgabe ist, die jeden angeht: Jeder kann „Konstrukteur" seiner eigenen Gesundheit werden. Dies setzt allerdings voraus, daß einige liebgewonnene Lebensgewohnheiten aufgegeben werden wie der Konsum von Genußgiften, gesundheitsschädliche Ernährungsweisen und ein ungeregelter Tagesablauf. Schlechte persönliche Angewohnheiten haben sich oftmals so eingeschliffen, daß die Erkenntnis, wie krankmachend sie sind, zu ihrer Beseitigung allein nicht ausreicht. Die meisten Fehlhaltungen stehen in enger Verbindung mit gesellschaftlichen Einflüssen, insbesondere einer einseitigen Ausrichtung auf das Materielle. Außerdem prägen Streßanfälligkeit und Risikoverhaltensweisen wie zum Beispiel ein übersteigertes Leistungsstreben das Gesundheitsverhalten.

Grundsätzlich spielt bei der Entstehung der Zivilisationskrankheiten menschliches Fehlverhalten eine ungemein wichtige Rolle. Vor allem drei Ansatzpunkte für die Gesundheitsvorsorge lassen sich hier nennen:

1. Abbau gesundheitsschädlichen Verhaltens;
2. Setzen neuer Prioritäten im Leben;
3. Entwicklung der Persönlichkeit.

In allen drei Bereichen vermag die Ausübung von Meditation Veränderungen in positiver Richtung herbeizuführen. Wie aus den Erfahrungen mit Meditation in der Therapie von Alkohol-, Nikotin- und Drogenabhängigen hervorgeht, wächst durch die Meditationspraxis einerseits die Sensibilität gegenüber schädigenden Einflüssen; der Körper reagiert damit empfindlicher und heftiger auf Giftstoffe aller Art, und andererseits arbeiten die „Frühwarnsysteme" des Organismus besser – gesundheitsschädigende Einflüsse werden als solche schneller wahrgenommen und eher gemieden. Das Verhältnis zum eigenen Körper verändert sich durch die Meditation: Anzeichen innerer Anspannung werden früher erkannt, und es wird mehr Vertrauen in die Selbststeuerungsfähigkeit des eigenen Körpers gewonnen. Die Verhaltensweisen des Meditierenden verändern sich meist unbewußt in eine gesündere Richtung: Es entwickelt sich allmählich verstärkt ein Gefühl dafür, was der eigenen Gesundheit förderlich und was ihr abträglich ist.

Auf die Lebensweise bezogen hilft die Meditationsausübung, Unregelmäßigkeiten und Einseitigkeiten abzubauen. So ermöglicht sie es, die Bedeutung materieller Werte anders zu beurteilen und im Leben mehr Sinn zu erkennen. Darüber hinaus fördert Meditation das Gleichgewicht zwischen Aktivität und Ruhe. Das führt im Einzelfall konkret dazu, daß jemand, der meditiert, sich vermehrt auch Phasen der Erholung gönnt. Deshalb bekommt er gesundheitsschädliches Risikoverhalten stärker in den Griff.

Eine gesunde und stabile Persönlichkeit ist ohne Zweifel am wichtigsten im Hinblick auf die Gesunderhaltung. Da Meditation, wie wir Ihnen im 6. Kapitel zeigen werden, ganzheitlich Einfluß auf die Persönlichkeit nimmt und bei den meisten Krankheiten psychische Ursachen mit im Spiel sind, beugen diese persönlichkeitsverändernden Wirkungen gesundheitsschädlichem Verhalten vor. Denn die meisten der Gesundheit abträglichen Verhaltensweisen ergeben sich aus Fehlentwicklungen der Persönlichkeit.

Mit der Anwendung der Meditation in der Gesundheitsvorsorge und als Mittel zur Verbesserung des Gesundheitsverhaltens sind eine Reihe von Vorteilen gegenüber anderen Vorsorgeprogrammen verbunden: Zunächst einmal werden dem Meditierenden, zumindest bei der Transzendentalen Meditation, keine Verbote genannt. Er muß nicht bewußt auf bestimmte Genußgifte oder dergleichen verzichten, sondern das Bedürfnis nach Genußmitteln nimmt allmählich von allein ab. Ferner werden in ihm Tendenzen verstärkt, die der Gesunderhaltung dienen. Meditation ist eine Methode zur Selbsterziehung, die einfach und leicht anwendbar ist. Sie hat keine unerwünschten Wirkungen zur Folge und ist in ihren Ergebnissen wissenschaftlich überprüfbar. Meditation harmonisiert die ganze Persönlichkeit und schafft die Grundlage für ein positives Gesundheitsbewußtsein und -verhalten.

Verlangsamung des Alterungsprozesses

Innerer oder äußerer Streß wird als Hauptursache des Alterns angesehen. Als äußerer Streß gelten diejenigen Einflüsse, die auf den Menschen einwirken und ihn sich überfordert fühlen lassen. Äußerer Streß bewirkt Abnutzung und Verschleiß im Organismus, der dadurch an Leistungsfähigkeit verliert, anfälliger für inneren Streß wird und immer weniger angemessen auf die Anforderungen der Umwelt reagieren kann. Innerer Streß betrifft die organischen und funktionellen Veränderungen im Körper selbst, z.B. die Ablagerungen nicht ausgeschiedener Stoffwechselprodukte oder chemische Reaktionen, die beim Entgleisen des Organismus einsetzen. So betrachtet umfaßt der Alterungsvorgang die abnehmende Fähigkeit des Organismus, dem Streß angemessen zu begegnen. Viele Alterungsprozesse könnten daher verlangsamt oder sogar verhütet werden, wenn der einzelne in die Lage versetzt würde, eine größere Widerstandsfähigkeit gegenüber den schädigenden Einflüssen von Streß zu entwickeln.

Aus der Altersforschung ist bekannt, daß neben dem Erbfaktor vor allem sieben körperliche und seelische Faktoren eng mit Langlebigkeit zusammenhängen:

1. Herz-Kreislauf-Erkrankungen,
2. Zufriedenheit mit der Arbeit,
3. Zigarettenkonsum,
4. körperliche Funktionstüchtigkeit,
5. persönliches Wohlbefinden,
6. Selbsteinschätzung des Gesundheitszustandes und
7. verhaltensbezogene Intelligenz.

Bei all diesen sieben Faktoren zeigten sich in Meditationsstudien positive Veränderungen: Die Risikofaktoren für Herz-Kreislauf-Beschwerden und der Zigaretten- und Alkoholkonsum waren geringer, Arbeits- und Lebenszufriedenheit, körperliche Fitneß und praktische Intelligenz größer. Daraus läßt sich schließen, daß Meditation die Gesundheit fördert und körperliche bzw. seelisch-geistige Voraussetzungen für eine Verlangsamung des Alterns schafft.

Die meisten Meditationsuntersuchungen haben sich zwar nicht direkt mit den Wirkungen auf das Altern beschäftigt. Es konnte in zahlreichen Studien aber nachgewiesen werden, daß durch die Meditationspraxis einerseits innerer Streß verringert und andererseits die Anfälligkeit gegenüber äußerem Streß reduziert wird. Es lag deshalb nahe, die Wirkungen von Meditation auf den Alterungsvorgang einer direkten Untersuchung zu unterziehen. Dies geschah zu Beginn der achtziger Jahre in einigen amerikanischen und englischen Forschungsprojekten. Der amerikanische Mediziner WALLACE und seine Mitarbeiter stellten sich dabei zwei Fragen:

1. Sind Ausübende der Transzendentalen Meditation biologisch jünger als die Durchschnittsbevölkerung?
2. Werden die Wirkungen von Meditation auf das Altern mit zunehmendem Training deutlicher?[47]

Als Maßstab für den Alterungsprozeß benutzten die Wissenschaftler den sog. „Adult-Growth-Examination"-Test (Test zur Bestimmung des biologischen Alters für Erwachsene). Dieses Testverfahren enthält Untertests, die das Hörvermögen, die Nahsehfähigkeit und den systolischen Blutdruck messen und damit die zuverlässigsten Kennzeichen für das biologische Alter ermitteln. In der Regel wird zwischen biologischem und chronologischem Alter unterschieden: Das *chronologische Alter* bezeichnet, wie alt jemand von den Lebensjahren her ist, während das *biologische Alter* angibt, wie alt eine Person aufgrund ihrer körperlichen und geistigen Funktionstüchtigkeit ist. Es kann beispielsweise der Fall eintreten, daß jemand körperlich jünger ist, als es seinem Lebensalter entspricht. Oder aber ein Mensch ist biologisch älter, als aufgrund seines tatsächlichen Alters zu erwarten wäre. WALLACE bezog eine Gruppe von 73 Ausübenden der Transzendentalen Meditation und elf Kontrollpersonen ohne Meditationserfahrung in die Untersuchung ein. Die Meditationsgruppe teilte er in Kurz- und Langzeitmeditierende auf.

Die Ergebnisse waren eindrucksvoll: Bei den Nichtmeditierenden betrug der Unterschied zwischen biologischem und chronologischem Alter 2,2 Jahre, bei den kurzzeitig Meditierenden 5 Jahre und bei den fortgeschrittenen Meditierenden zwölf Jahre. Daraus kann geschlossen werden, daß die langfristig Meditierenden ein biologisches Alter aufweisen, das sich von dem kürzer Meditierender sowie von dem der Kontrollpersonen und auch von den Werten des Bevölkerungsdurchschnitts unterscheidet.

WALLACE und seine Kollegen vermuten, daß die bei Meditierenden beobachtete Verlangsamung des Alterungsvorgangs auf zwei grundlegende physiologische Mechanismen zurückzuführen ist: einerseits auf die wachsende Fähigkeit, einen stabilen inneren Ruhezustand aufrechtzuerhalten und andererseits auf eine angemessene Reaktion auf Streßbelastungen. Der körperliche Tiefenentspannungszustand gestattet dem Organismus außerhalb der Meditation, im Alltag, geordneter und reibungsloser zu arbeiten. Aus Tierexperimenten geht hervor, daß Tiere mit einem niedrigen Stoffwechsel eine längere Lebenszeit haben. Die Fähigkeit von Meditierenden, tiefe Ruhe während und nach der Meditation aufrechtzuerhalten, scheint deshalb ein entscheidender Grund für ihr jüngeres biologisches Alter zu sein.

Der zweite Faktor, der für die „lebensverlängernden" Wirkungen der Meditation verantwortlich sein könnte, ist nach WALLACE, die Art und Weise, wie der Betreffende auf Belastungen reagiert und diese verarbeitet. Denn die Fähigkeit lebender Systeme, sich anzupassen und innere Stabilität inmitten äußerer Veränderung aufrechtzuerhalten, nimmt mit dem Altern ab. Die Forschung an Meditierenden hat ergeben, daß bei ihnen Mechanismen zur Förderung und Erhaltung des körperlichen Gleichgewichts besonders wirksam sind, so daß sie sich beispielsweise schneller von Belastungen erholen und überhaupt widerstandsfähiger gegenüber Streß werden.

Einen weiteren Hinweis, daß Meditation sich verlangsamend auf den Alterungsvorgang auswirkt, erbrachten biochemische Untersuchungen: Anhand eines der zuverlässigsten biochemischen Merkmale des Alterungsprozesses, des Serum Dehydroepiandrosteron Sulfat (DHEAS), konnten altersverringernde Meditationseffekte nachgewiesen werden.[48] DHEAS nimmt mit dem Alter stetig ab. Die höchsten DHEAS-Werte treten etwa im Alter von 25 Jahren auf. Im achten und neunten Lebensjahrzehnt kann sich DHEAS um bis zu 80 Prozent verringert haben. Es zeigten sich in dieser Studie bei den ältesten Meditierenden durchschnittliche DHEAS-Werte, die vergleichbar waren mit Werten von Nichtmeditierenden, die zwischen fünf und zehn Jahre jünger waren.

Ein Team amerikanischer Psychologen untersuchte unter der Leitung von ALEXANDER bei insgesamt 76 Altersheimbewohnern psychologische Wirkungen der Transzendentalen Meditation im Vergleich zu der buddhistischen Achtsamkeitsmeditation und einer Entspannungsmethode.[49] Diese Versuchspersonen hatten ein Durchschnittsalter von 81 Jahren. Nach drei Monaten Meditationspraxis zeigten die Ausübenden der Transzendentalen Meditation eine größere geistige und verhaltensmäßige Beweglichkeit, mehr Einfallsreichtum, niedrigere Blutdruckwerte und schätzten ihren Gesundheitszustand positiver ein als die Teilnehmer der anderen Untersuchungsgruppen. Daß Langlebigkeit direkt durch Meditation gefördert wird, geht aus dem Sachverhalt hervor, daß im Gegensatz zu den anderen Versuchsgruppen nach drei Jahren noch alle Ausübenden der Transzendentalen Meditation am Leben waren. Zu diesem Zeitpunkt lebten zusätzlich noch 87,5 Prozent derjenigen, die Achtsamkeitsmeditation erlernt hatten. Die Überlebensrate von Heimbewohnern dieses Alters liegt dagegen in den USA durchschnittlich für einen Zeitraum von drei Jahren bei 62,5 Prozent.

Meditierende benötigen seltener ärztliche Hilfe

Wie konkret sich die Ausübung der Transzendentalen Meditation auf das Gesundheitsbewußtsein und Gesundheitsverhalten auswirkt, zeigen die Ergebnisse einer amerikanischen Untersuchung. In dieser Arbeit analysierte ORME-JOHNSON, ob sich Meditierende und Nichtmeditierende in einem Zeitraum von fünf Jahren darin unterscheiden, wie häufig und intensiv sie die Leistungen ihrer Krankenkasse in Anspruch nehmen.[50] Insgesamt erfaßte der Psychologe 1800 Meditierende, die bei einer Krankenkasse im amerikanischen Bundesstaat Iowa versichert waren, und verglich diese mit einer Gruppe nichtmeditierender Versicherter.

Im Durchschnitt nahmen die Meditierenden etwa fünfzig Prozent weniger Krankenkassenleistungen in Anspruch als die Vergleichsgruppe. Die Unterschiede schwankten dabei in Abhängigkeit vom Alter und der Art der Krankenkassenleistung zwischen 31,8 Prozent und 84,0 Prozent. Interessanterweise zeigten sich die deutlichsten Unterschiede bei denjenigen Versicherungsnehmern, die älter als 40 waren: Hier lagen die Unterschiede zwischen den meditierenden und nicht meditierenden Personen für Krankenhausaufenthalte bei 68,4 Prozent und auf Arztbesuche bezogen bei 73,7 Prozent, obwohl gerade in dieser Altersgruppe die Krankheiten üblicherweise zunehmen. Aus der folgenden Tabelle geht im einzelnen hervor, um wieviel weniger Ausübende der Transzendentalen Meditation die Krankenkassenleistungen nutzten als Personen ohne Meditationserfahrung:

Altersgruppe	Krankenhausaufenthalte	Arztbesuche
0-18 Jahre	–50,2%	–46,8%
19–39 Jahre	–50,1%	–54,7%
40 und mehr	–68,4%	–73,7%

Besonders eindrucksvoll sind die Ergebnisse hinsichtlich der Krankenhausaufenthalte, wenn sie nach Krankheitsbildern aufgeschlüsselt werden. Ausübende der Transzendentalen Meditation halten sich in Krankenhäusern weniger lang auf.

- bei Krebs um 55%,
- bei Herzerkrankungen um 87%,
- bei Erkrankungen des Nervensystems um 87% und
- bei Lungen-, Hals- und Nasenerkrankungen um 73%.

Die Ergebnisse dieser Arbeit haben mittlerweile die größte private holländische Krankenversicherung dazu veranlaßt, Ausübenden der Transzendentalen Meditation 30 Prozent Beitragsermäßigung zu gewähren.

Die Ursachen für gesundheitsschädliches Verhalten sind, wie wir Ihnen zu Beginn dieses Abschnitts erklärt haben, komplex. Die vorliegenden Untersuchungsergebnisse verdeutlichen die vorteilhaften Wirkungen der Meditationspraxis auf unterschiedlichste körperliche und seelisch-geistige Beschwerden. Da Meditierende die Leistungen ihrer Krankenkasse in sehr viel geringerem Maße in Anspruch nehmen, steht außer Zweifel, daß sich die regelmäßige zusätzliche Ruhe, die Meditierende erfahren, gesundheitsfördernd auswirkt.

5. Angstüberwindung und Bewältigung anderer psychischer Probleme durch meditative Entspannung

Psychotherapeutische Methoden und Psychopharmaka sind heute nach wie vor die hauptsächlichen Behandlungsverfahren bei seelischen Problemen. Wenn Sie sich vor Augen führen, daß heute etwa 10 – 12 Prozent der Bundesbürger wegen psychischer Erkrankungen psychotherapeutische Betreuung in Anspruch nehmen müßten und jährlich ungefähr acht Millionen Deutsche einen Arzt wegen psychischer oder psychosomatischer Beschwerden aufsuchen, so zeigt Ihnen dies, wie groß die Zahl derjenigen Personen ist, die eigentlich einer Psychotherapie bedürften. Allerdings gibt es in unserer Gesellschaft gegenwärtig viel zu wenig Therapeuten, die Kosten für viele Therapien sind hoch und lediglich ein kleiner Teil der Behandlungsbedürftigen kann sich einer Therapie unterziehen. Hinzu kommt, daß in den letzten Jahren vermehrt über die mangelnde Wirksamkeit einiger Psychotherapieformen diskutiert wird.

Berichte über positive Persönlichkeitsveränderungen durch Meditation bei psychisch gestörten Personen, die auf Medikamente und Psychotherapie nicht ansprechen, häufen sich. Mehr und mehr Psychologen und Psychiater benutzen Meditationstechniken in ihrer Praxis als Ergänzung zur Psychotherapie.[51] Die Erfahrungen, die mit Meditation als Therapieergänzung oder Therapieersatz bei vielen seelischen Problemen in psychiatrischen Kliniken und psychotherapeutischen Praxen gemacht wurden, wollen wir Ihnen in diesem Kapitel näher erläutern.

Meditation und Psychotherapie

Viele Psychotherapeuten gehen davon aus, daß sich psychotherapeutische Methoden und Meditationsverfahren ergänzen: die Meditation beschleunigt und unterstützt den Therapieverlauf. So kann durch die zusätzliche Anwendung von Meditation der unter psychischen Problemen Leidende leichter mit angstvollen Inhalten konfrontiert werden. Und er ist darüber hinaus eher in der Lage, bisher abgelehnte Teile der eigenen Person anzunehmen.

Der amerikanische Psychiater GLUECK hat die Transzendentale Meditation in seiner Klinik eingesetzt und faßt seine Erfahrungen so zusammen:

„Wenn man mit meditierenden Patienten Psychotherapie betreibt, kann der Inhalt der Gedanken, der in der Meditation auftaucht, äußerst feindselig und aggressiv sein, aber das hat nur eine geringe oder gar keine Wirkung – d.h., die Idee ist vorhanden, aber die Gefühle, die gewöhnlich mit ihr einhergehen, sind wenig ausgeprägt. Das unterscheidet sich von dem, was wir gewöhnlich in der Psychotherapie sehen. Die meditierenden Patienten können in der Therapie die Gedanken, die bei der Meditation auftauchen, sehr viel leichter ansprechen. Sowohl Patienten als auch Therapeuten freuen sich über die dadurch entstehende Erleichterung. Einige Patienten verarbeiten Material in zwei bis drei Monaten, was gewöhnlich sechs Monate bis ein Jahr gedauert hätte. Meditation scheint einen positiven Beschleunigungseffekt auf die Psychotherapie zu haben. Dies könnte sich als einer der wichtigsten Aspekte der Meditation bei ihrer Anwendung auf psychisch Gestörte erweisen.“[52]

Während der Meditationsausübung wird ein Zustand der Tiefenentspannung hervorgerufen, der therapeutisch besonders wertvoll ist; denn er dient dazu, unangenehme und belastende Erfahrungen zu verarbeiten, die der einzelne nicht oder nur teilweise bewältigt hat. Nicht verarbeitete Situationen üben einen ungünstigen Einfluß aus, indem sie seelische Energien binden und psychische Prozesse blockieren. Alle Impulse, Gefühle und Bedürfnisse, die nicht „abgeschlossen“ sind, bestehen unterschwellig weiter und ziehen die Aufmerksamkeit auf sich. In Experimenten bei Gehirnoperationen konnte gezeigt werden, daß sich durch elektrische Reizung bestimmter Gehirnbereiche lebendige Erinnerungen an Situationen auslösen ließen, die die Patienten früher einmal erlebt hatten. Das heißt, alles, was der Mensch in seinem Leben von Geburt an erfährt, wird in seinem Gehirn gespeichert. Um ein Bild zu gebrauchen: das Gehirn läßt sich vergleichen mit einem Tonbandgerät, das alles Erfahrene aufzeichnet. Belastende, unverarbeitete Situationen entsprechen undeutlichen und verzerrten Aufnahmen, die man immer wieder vorgespielt bekommt und die das ganze Lebensgefühl „übertönen". In psychotherapeutischen Sitzungen hört man sich die „alten Bänder" noch einmal an, sie werden nicht gelöscht, sondern es wird ihnen lediglich der gefühlsmäßige Druck genommen und energiemäßige Blockaden abgebaut. Danach können die Bänder beruhigt zur Seite gelegt werden. Während der Meditation geschieht zwar etwas Ähnliches, nur ist es meist so, daß der Meditierende „Tonbandschnipsel" und „alten Bandsalat" wahrnimmt. Er muß sich selten „ganze Sendungen" anhören.

Dieser „Bandsalat" kann dann in der Psychotherapie durchgesprochen und verarbeitet werden. Da Selbstwahrnehmung und -erforschung durch Meditation gefördert werden, sind die Psychotherapiestunden intensiver und gewinnbringender. Meditierende profitieren deutlich mehr von der Therapie. Anfangs ist Meditation eine Stütze für die Psychotherapie. Im Laufe einer Therapie kann sich das Verhältnis umkehren: Meditation steht dann im Zentrum und die Therapie hat lediglich begleitende Aufgaben, zum Beispiel bei der Aufarbeitung von Veränderungen im Alltag, die durch Meditation ausgelöst wurden.

Meditation stellt, wie es der Psychologe TART ausdrückt, ein „seelisches Schmiermittel" dar.[53] Sie hilft, belastende Erfahrungen auch ohne Therapeuten zu verarbeiten. Dabei wird allerdings – im Gegensatz zu den meisten Formen der Psychotherapie – kein Wert auf die Analyse von Problemen und Konflikten gelegt. Meditation regt vielmehr die „gesunden Heiltendenzen der Seele" an, sie geht ganzheitlich vor. Die Zielsetzung von Meditation übersteigt die einer Therapie, da sie sich nicht im Abbau psychischer Beeinträchtigungen erschöpft, sondern die Entwicklung der Gesamtheit geistig-kreativer Fähigkeiten anstrebt.

Meditation als Angsttherapie

Auch wenn das Ziel von Meditation weiter gesteckt ist als bei Psychotherapien, so liegt doch einer ihrer therapeutischen Schwerpunkte im *Abbau von Angst.*

Angst ist Ausgangspunkt der meisten psychischen Schwierigkeiten. Zu keiner Zeit dachte man soviel über Angst nach und ergriff mehr Maßnahmen gegen sie als heutzutage. Angst kann geradezu als das „Lebensgefühl der Gegenwart“ bezeichnet werden. Mit genauen Zahlen läßt sich diese Behauptung zwar nicht beweisen. Die Therapiebedürftigkeit, die Zunahme von Alkohol- und Drogenmißbrauch und die Bilanzen der Versicherungsunternehmen liefern jedoch deutliche Hinweise auf die wachsende Angst.

Laut Umfragen leiden die Bundesbürger heute vor allem unter vier Formen der Angst: Zwei von drei Deutschen quält die Angst, schwer zu erkranken. 40 Prozent haben Angst vor der Einsamkeit im Alter, ähnlich ausgeprägt ist die Angst vor Arbeitslosigkeit und immerhin jeder dritte äußerte Angst davor, den beruflichen Anforderungen nicht mehr gewachsen zu sein.

Versuchen Sie einmal, sich selbst an Angsterlebnisse zu erinnern, die Sie vor kurzem hatten. Welche Situationen sind für Sie zu Hause oder im Beruf angstauslösend, welche im zwischenmenschlichen Kontakt und welche in der Freizeit? Sie werden dabei feststellen, daß es unterschiedliche Formen von Angst gibt: Ängste, die sich auf bestimmte Gegenstände, Personen oder Situationen beziehen, wie die Angst vor Spinnen oder vor Prüfungen, sogenannte Phobien; andere Ängste sind dagegen eher allgemein, wie beispielsweise die Angst vor der Zukunft.

Beide Formen von Angst können sich bei Ihnen unterschiedlich ausdrücken. Körperlich äußert sich Angst in einer Anregung des Teils Ihres nicht bewußt steuerbaren Nervensystems, der Sie auf Belastungssituationen vorbereitet (Sympathikus). Sie fühlen sich *körperlich* erregt, angespannt, nervös und unwohl. *Geistig* drückt sich Angst in sich wiederholendem Grübeln und Nachdenken aus, in einer Unordnung des Denkens, in Selbstbeschuldigungen und in Gedanken an Versagen. In *gefühlsmäßiger* Hinsicht treten Panik,

Hilflosigkeit, Bedrohung, Unruhe und Bestürzung auf. Im *Verhalten* schließlich spiegeln sich Angstsymptome in Flucht- und Vermeidungsreaktionen wider.

Da Angst offenbar sehr vielschichtig ist, hat man versucht, Angstphänomene auf diesen vier unterschiedlichen Wirkebenen zu erfassen. CATTELL und SCHEIER, zwei amerikanische Psychologen, führen über dreihundert verschiedene Definitionsmöglichkeiten von Angst auf. Dies zeigt, wie schwierig es ist, Angst wissenschaftlich zu verstehen. Aber auch persönlich ist es meist recht schwer, seine Ängste in Worte zu fassen, weil Ängste tiefe Wurzeln haben.

Die moderne Psychologie geht davon aus, daß die meisten Ängste erlernt sind und auch wieder verlernt werden können. Hier setzen verschiedene der gängigen Angsttherapien an.

Abbau von Phobien

Das bekannteste psychologische Therapieverfahren zur Behandlung spezifischer Ängste *(Phobien)* wird ,,systematische Desensibilisierung" genannt. Sie verringert schrittweise die Empfindsamkeit gegenüber einem angstauslösenden Objekt oder einer ängstigenden Situation, indem die Vorstellung davon mit Entspannung gekoppelt wird. Dadurch verliert der Angstauslöser allmählich seinen bedrohlichen Charakter.

Angst ist also mit Entspannung unvereinbar und Entspannung hemmt das Auftreten von Angst. Der durch die Meditationspraxis eingeleitete besondere Versenkungszustand hat zur Folge, daß Angst abgebaut wird. Meditation hat gegenüber systematischer Desensibilisierung den Vorteil, natürlich und umfassend zu sein und ohne die bewußte Vorstellung von Angstauslösern auszukommen.

Ungefähr einen Monat nach einem Seminarbesuch bei uns rief uns eine 47jährige ehemalige Chefsekretärin an und faßte ihre Meditationserfahrungen zusammen: Sie hatte lange Jahre unter allgemeiner Ängstlichkeit gelitten und sich vor allem vor Fahrten mit dem Auto, dem Bus und anderen öffentlichen Verkehrsmitteln gefürchtet. Innerhalb der letzten sechs Jahre sah sie sich außerstande, sich von ihrem Wohnort zu entfernen. Sie hatte eine Vielzahl von Therapien hinter sich. In unser Seminar war sie auf Anraten eines Arztes gekommen. Über ihre Erfahrungen mit Transzendentaler Meditation war sie so überrascht, daß sie kaum glauben konnte, was passiert war. Die Angst, die sie so lange gequält hatte, begann wenige Tage nach Meditationsbeginn zu schwinden. Ihre Nervosität ging zurück, und sie besuchte bereits am nächsten Wochenende per Bahn ihren Vater in einer Stadt, die 240 Kilometer entfernt lag. Ihre Freundin bescheinigte ihr schon nach kurzer Zeit ein entspannteres Aussehen und ein offeneres, angstfreieres Auftreten. Sie selbst verspürte außerdem ein größeres Bedürfnis nach zwischenmenschlichem Kontakt.

So sehr wir uns persönlich über diese positive Entwicklung freuten, waren wir dennoch nicht überrascht, da wir aus medizinischen und psychologischen Untersuchungen zur Angst wissen, daß bei den meisten die Angst abnimmt, wenn sie regelmäßig meditieren. Wissenschaftler fanden bei Meditierenden weniger Spontanschwankungen des elektrischen Hautwiderstandes und auch einen niedrigeren Milchsäuregehalt im Blut. Dies weist auf einen der Angst entgegengesetzten Zustand hin. Körperlich gesehen geht Meditation an die Wurzeln der Angst, indem sie die Funktionsweise des Körpers ordnet, ihn beruhigt und damit der Angst den Nährboden entzieht.

Verringerung allgemeiner Ängste

Bei dieser zweiten Hauptform der Angst, der durchdringenden Angst, fühlt sich die betreffende Person täglich längere Zeit ängstlich und es fällt oft schwer, die angstauslösenden Reize zu bestimmen. Personen mit *unspezifischen, umfassenden Ängsten* (z.B. Zukunftsängsten) sind körperlich meist stark erregt. Sie haben keine ausreichende Gelegenheit, sich zu erholen und befinden sich in einem Zustand der Dauerspannung. Das entscheidende Problem, das sich bei der Therapie allgemeiner Ängste stellt, liegt darin, den Körper dauerhaft zur Ruhe zu bringen. Oft reicht nämlich bereits eine einzige Angstattacke aus, um den Erfolg einer monatelangen psychotherapeutischen Behandlung zunichte zu machen.

Forscher haben ermittelt, daß Meditationstechniken nicht nur während ihrer Anwendung zu einer ausgeprägten körperlichen Beruhigung führen, sondern darüber hinaus diese Meditationswirkungen auch im Alltag mehr und mehr bestehen bleiben: Der Meditierende fühlt sich auch während der Tagesaktivität ruhiger und entspannter. Das Auftreten eines „kritischen" körperlichen Erregungszustandes, der Angstanfälle zur Folge haben könnte, ist daher weniger wahrscheinlich.

Anschaulich beschreibt der Psychologe KORY, wie sich die Meditationspraxis bei einer unter allgemeinen Ängsten leidenden 23jährigen Verkäuferin ausgewirkt hat:[13]

„Sie kam in einer Notlage zu mir in die Praxis: Sie sagte, sie könne es einfach nicht mehr aushalten und würde bald ausflippen. Sie litt unter chronischer Angst und war sehr zurückhaltend und unsicher. Häufig erlebte sie – anscheinend grundlos – Panikzustände, mußte heftig atmen, es wurde ihr schwindlig, und sie war gezwungen, sich hinzulegen, um die Selbstkontrolle wiederzugewinnen. Eine Woche nach ihrer Unterweisung in Transzendentaler Meditation suchte sie mich erneut auf und berichtete, sie empfinde die Meditation als außerordentlich hilfreich. Sie merke, wie ihre Spannung und Besorgnis abnähmen, die panischen Angstattacken weniger aufträten. Nach einem Monat brauchte sie keine Hilfe mehr. Eine Nachuntersuchung nach 14 Monaten zeigte, daß sich ihr Selbstvertrauen merklich verbessert hatte. Sie meditierte regelmäßig und litt unter keinen Angstanfällen mehr."

Dieses Fallbeispiel verdeutlicht die Wirkungen von Meditation bei allgemeinen Ängsten. Meditation führt vor allem dazu, daß sich die körperliche Reaktion auf äußere (angstbesetzte) Reize verändert, der Körper weniger streßanfällig wird und Denk- und Verhaltensmuster aufgebaut werden, die Angstanfällen vorbeugen.

Meditation als Hilfe bei Depressionen

Niedergeschlagenheit, Hilflosigkeit und eine schlechte oder traurige Stimmung erleben Sie dann und wann bei sich oder Ihrer Familie. Vielleicht vermuten Sie, daß dies zum Leben dazugehört. Und in der Tat, „normale" depressive Verstimmungen hat wohl jeder ab und zu, schwerere Depressionen jedoch nicht.

In der heutigen Gesellschaft sind depressive Verstimmungen und Depressionen weit verbreitet. Mediziner und Psychologen schätzen, daß jeder dritte Erwachsene im Laufe seines Lebens über einen kürzeren Zeitraum an einem depressiven Zustand leidet. Nach Angaben der Weltgesundheitsorganisation sind heute drei bis fünf Prozent von länger andauernden Depressionen betroffen, wobei der Prozentsatz von depressiven Frauen deutlich über dem von Männern liegt. Jährlich erkranken zwischen 100 und 150 Millionen Menschen weltweit an einer Depression. Die Häufigkeit depressiver Erkrankungen nimmt weiter zu. Als Ursachen hierfür werden unter anderem genannt:

- der schnelle gesellschaftliche Wandel;
- plötzliche Veränderungen im persönlichen Leben, etwa durch den Verlust einer nahestehenden Person;
- Überalterung (altersbedingte Depression);
- „Existenzkampf" in Schule, Ausbildung und Beruf.

Depressionen umfassen ein Spektrum von Stimmungen, Verhaltensweisen und körperlichen Zuständen wie Traurigkeit, Enttäuschung, Pessimismus und Gleichgültigkeit, ein negatives Selbstbild (Selbsttadel, Selbstvorwürfe), Apathie, Rückzug und Veränderungen in der täglichen Aktivität (Lethargie und Selbstaufgabe), Schlafstörungen und Appetitmangel, morgendliche Abgeschlagenheit.

Die unterschiedlichen Depressionstherapien zielen auf die Förderung einer aktiven, positiven Auseinandersetzung mit der Umwelt ab. Vielleicht haben Sie in einer Beziehung zu einer depressiven Person spontan das getan, was auch jeder Therapeut tun würde: Sie haben versucht, die Bedingungen zu ändern, die zur

Depression führten. Der Therapeut geht dabei meist in zwei Hauptschritten vor: Zunächst einmal beabsichtigt er, den vorhandenen Leidensdruck zu lindern, indem er sein Mitgefühl zum Ausdruck bringt und den Patienten beruhigt. Auch hilft er dem Patienten bei der Strukturierung seines Tagesablaufs. Der zweite Schritt besteht dann in einer gemeinsamen, aktiven Beseitigung der depressionsfördernden inneren und äußeren Bedingungen. Dabei wird insbesondere auf den Aufbau eines aktiven Verhaltens geachtet, mit dem der einzelne sein Leben steuern lernt. Ferner sollen soziale Fähigkeiten entwickelt werden, die den Patienten aus seiner Isolation herausführen und ihm erlauben, befriedigendere zwischenmenschliche Beziehungen zu haben, zum Beispiel das Zuhörenkönnen. Des weiteren geht es um die Beseitigung von Situationen, die zu einer chronischen Überforderung führen. Schließlich sollen positive Denk- und Einstellungsmuster aufgebaut werden, da ja gerade Depressive dazu neigen, sich selbst und ihre eigenen Lebenserfahrungen durch eine „dunkle Brille" zu sehen.

Die Therapeuten BLOOMFIELD und KORY beschreiben am Beispiel einer 26jährigen Lehrerin, die so verzweifelt war, daß sie eine Überdosis Aspirin nahm, um ihrem Leben ein Ende zu bereiten, wie sich Meditation auf Depressionen auswirken kann:[13]

„Sie hatte bereits zwei intensive Psychotherapien hinter sich; diese zeigten nur wenige bzw. keine Effekte. Auch Antidepressiva hatten sich als wirkungslos erwiesen . . . Alle Anzeichen deuteten darauf hin, daß sie wahrscheinlich kaum auf psychotherapeutische Bemühungen reagieren würde, und daß sich ihre Lebensbedingungen im Laufe der Jahre nur noch verschlimmern würden . . . Da Psychotherapie nur geringe Erfolgsaussichten hatte, und die antidepressiven Psychopharmaka nur ein Mittel für einen weiteren Selbstmordversuch waren, empfahlen wir ihr Meditation.

In den nächsten sechs Monaten erholte sie sich nicht nur von ihrer schweren Depression; sie stellte fest: 'Dank der Meditation weiß ich zum ersten Mal in meinem Leben, was Glück wirklich ist.' Sie spürte, daß sie als Lehrerin wesentlich effektiver geworden war, denn sie konnte ihre Schüler spannungsfreier unterrichten. . . Ihr gefiel die Meditation sehr gut, da sie etwas ist, was sie für sich selbst tun kann."

Die beiden Psychotherapeuten führen weiter aus: „Die Verbesserung nach nur sechs Monaten Meditationspraxis war unerwartet. Die Transzendentale Meditation hatte ihre chronischen Ängste besänftigt, die den depressiven Phasen vorausgingen, und löste allmählich ihre aufgestaute Wut und Feindseligkeit auf. In den ersten sechs Monaten der Meditation verlor sie ihre ängstlichen und haßerfüllten Einstellungen und wurde zu einer freundlichen und liebevollen Persönlichkeit. Durch die Reduktion ihres Spannungsniveaus eröffnete ihr die Meditation neue Energiequellen und erweiterte ihre Glücksfähigkeit."

Diese erstaunlichen Wirkungen von Meditation auf Depressionen bedürfen einer näheren Erläuterung. Auf *körperlicher Ebene* werden durch Meditation Streßhormone abgebaut, die in depressiven Zuständen produziert werden. Der Körper gelangt hormonell in einen ausgewogenen Zustand. Darüber hinaus stellt der Körper während der Meditation Hormone her, z.B. Endorphine, die mit innerer Zufriedenheit einhergehen. Ferner baut Meditation Müdigkeit ab und wirkt erfrischend und schafft damit Voraussetzungen, die eine Depression verhindern.

Auf *geistiger Ebene* hat Meditation eine allmähliche Auflösung tieferliegender Konflikte zur Folge, die sich u.a. in Ärger, Feindseligkeit und chronischen Angstzuständen ausdrücken können. Diese Konfliktverarbeitung erlaubt dem Meditierenden allmählich eine positivere Selbsteinschätzung. Er sieht manche seiner Lebensumstände in einem günstigeren Licht und baut nach und nach eine positive Zukunftserwartung auf.

Die depressionsabbauenden Wirkungen der Meditation sind in einigen Dutzend psychologischen Untersuchungen an „normal" gesunden Menschen bestätigt worden. Meist benutzten Wissenschaftler in diesen Studien psychologische Fragebogen, um Angsttendenzen sowie die Neigung zu Depressivität und einer Reihe anderer negativer Persönlichkeitsmerkmale zu erfassen. Anhand einer amerikanischen Untersuchung von FERGUSON und

GOWAN möchten wir Ihnen die ermittelten Ergebnisse näher ausführen.[54]

Versuchspersonen dieser Untersuchung waren 19 nichtmeditierende Studenten (Kontrollgruppe), eine Gruppe von Meditationsanfängern (33 Personen) und eine zweite Meditationsgruppe, die aus 16 fortgeschrittenen Meditierenden bestand, die im Durchschnitt 43 Monate Transzendentale Meditation ausgeübt hatten. Als Fragebogen wurden zwei bekannte Angsttests eingesetzt („CATTELL-Anxiety-Scale" und „SPIELBERGER-State-Trait-Anxiety Inventory") und ein Fragebogen, der unter anderem Depressivität und Aggressivität erfaßt („Northridge-Developmental-Scale"). Die Gruppe der Nichtmeditierenden und der Meditationsanfänger bekam die Tests zweimal vorgelegt. Zwischen der ersten und der zweiten Messung lagen sechseinhalb Wochen. Die Gruppe fortgeschrittener Meditierender untersuchte man nur einmal nach 43 Monaten Meditationspraxis.

Im Gegensatz zu den Nichtmeditierenden verbesserten sich die Testwerte der Meditationsneulinge nach sechseinhalb Wochen Meditationsausübung in allen Fragebogen deutlich; sie hatten weniger Angst, Aggressionen und Depressionen. Die Gruppe der fortgeschrittenen Meditierenden wies in allen drei Tests Werte auf, die noch deutlicher psychische Gesundung belegten, als dies bei der Gruppe der Meditationsanfänger der Fall war. Die Kontrollgruppe zeigte keinerlei Persönlichkeitsveränderungen.

Von allen Persönlichkeitsveränderungen sind die positiven Wirkungen der Transzendentalen Meditation auf Angst am besten dokumentiert. Über 60 psychologische Untersuchungen liegen vor, um sich von den vorteilhaften Veränderungen im Hinblick auf den Abbau von Angst und Depressivität zu überzeugen.[55]

Weitere therapeutische Anwendungsbereiche der Meditation

Hypochondrie

Haben Sie es schon einmal erlebt, daß Sie körperlich irgendwo Schmerzen hatten und sofort daran dachten, eine schwere Krankheit zu bekommen? Solche Vermutungen können ausgelöst werden durch Herzrhythmusstörungen, ständige Müdigkeit, Unterleibschmerzen und häufige Kopfschmerzen. Wenn sich eine solche Besorgnis um die eigene Gesundheit oft einstellt, hilft es in der Regel nicht viel, wenn ein Arzt Ihnen bescheinigt, daß Sie körperlich, trotz aller Symptome gesund seien. Das übersteigerte Besorgtsein um die eigene Gesundheit wird *Hypochondrie* genannt.

Die heute gängige Behandlungsmethode der Hypochondrie besteht darin, Beruhigungsmittel zu verabreichen, die oft unangenehme Nebenwirkungen haben wie Energiemangel und geistige Dumpfheit.

Gegenüber einer Therapie mit beruhigenden Medikamenten wie Valium und Librium bietet Meditation die Vorteile, daß sie keine der angedeuteten Nebenwirkungen hat und nicht abhängig macht. Darüber hinaus baut sie tiefliegende Verspannungen ab, die hypochondrisches Verhalten begünstigen.

Der Fall eines 24jährigen Jurastudenten, den uns ein befreundeter Psychiater schilderte, verdeutlicht, wie sich Meditation bei Hypochondrie auswirken kann. Seit seinem 17. Lebensjahr litt dieser Student an „eingebildeten“ Beschwerden wie Brustschmerzen und der Furcht, in bestimmten Räumen einen Herzanfall zu bekommen. Er hatte verschiedene psychotherapeutische und medizinische Behandlungen hinter sich, die sich im großen und ganzen als unwirksam erwiesen hatten. Nachdem er Transzendentale Meditation erlernt hatte, nahmen in den ersten drei Monaten seine Angstattacken ab, danach traten sie aber wieder mit größerer Intensität auf. Es wurde vermutet, daß dies mit verstärkten Spannungslösungen zusammenhing. Mit Unterstützung des Psychiaters und eines Meditationslehrers konnte der Student in dieser kritischen Phase motiviert werden, weiter zu meditieren. Nach etwa drei weiteren Monaten zeigten sich stetige positive Veränderungen, die dazu führten, daß er ohne Beruhigungsmittel auskam. Die Psychotherapie stellte der Therapeut nach weiteren fünf Monaten ein.

Ein Jahr danach faßte der Student seine Erfahrungen mit Meditation wie folgt zusammen:

„Vor meinem Erlernen der Meditation ging ich davon aus, ein

Musterfall für ein Krankenhaus zu sein. Ich sah einfach keinen Ausweg mehr. Keine Medikamente und kein Arzt waren imstande, mir zu helfen. Anfangs war ich mir nicht sicher, ob Meditation mir helfen könne; dennoch machte ich weiter. Rückblickend sehe ich die Meditation als wirkliche Hilfe an. Die Angst ist verschwunden, ebenso die ständige Müdigkeit und meine Schlaflosigkeit. Ich leide heute unter keinen hypochondrischen Symptomen mehr. Mein Bewußtsein ist viel klarer geworden, meine Zensuren haben sich verbessert, und ich freue mich auf jeden Tag, wenn ich morgens aufstehe."

Schizophrenie

Vermutlich haben Sie schon einmal den Begriff *„Schizophrenie"* gehört. Darunter wird die häufigste Form der Psychose verstanden. Mit ihr geht eine starke und grundlegende Beeinträchtigung des Denkens und Handelns einher, die in der Regel ausgeprägter ist als bei allen anderen psychischen Störungen. Bei der Schizophrenie ist vor allem der Bezug zur Umwelt und zu anderen Menschen gestört. Es herrscht ein ungeordnetes und wahnhaftes Denken vor; ferner wird der einzelne von Ängsten gepeinigt, zeigt aggressive Verhaltensweisen, gelegentlich hat er keinerlei Gefühle, ist gefühlsleer. Verbunden mit der Schizophrenie ist ein Verlust des Selbstgefühls, die Auflösung von Ich-Grenzen, so daß die Unterschiede zwischen der Person und ihrer Umwelt verschwinden und Wahnvorstellungen und Phantasien auftreten. Typische wahnhafte Vorstellungen sind beispielsweise das Gefühl, die Handlungen anderer gedanklich steuern zu können, oder der Eindruck, als einziger Mensch auf der Welt von einer dunklen Verschwörung zur Zerstörung der Menschheit zu wissen. Der Schizophrene fällt manchmal in Verhaltensweisen der frühen Kindheit zurück und fühlt sich von Umweltreizen geradezu überflutet.

In Fachzeitschriften haben Psychiater in den letzten Jahren verschiedentlich über die Nützlichkeit von Meditation als unterstützende Therapiemaßnahme bei Schizophrenie berichtet.[56] Dies wird Sie nicht erstaunen, da Ihnen inzwischen bekannt ist, daß die Meditationsausübung einen Zustand körperlicher und seelisch-geistiger Ordnung bewirkt, der das Gegenteil schizophrener Zustände darstellt. Der folgende Fall eines 20jährigen Automechanikers offenbart, welche Wirkungen Meditation als ergänzende Therapiemaßnahme bei Schizophrenie haben kann: Der Mechaniker wurde, nachdem er unter Drogeneinfluß eine Fensterscheibe zerstört hatte, in eine psychiatrische Klinik eingewiesen. Bei seiner Einlieferung gab er Sätze von sich wie: „Ich war jemand sehr Wichtiges, der heilige Johannes, Planet der Affen, Vater Zeit." Trotz längerer stationärer und medikamentöser Behandlung blieben die schizophrenen Symptome bestehen, und der Kfz-Mechaniker entwickelte unterschiedlichste Wahnvorstellungen, etwa er könne mit Hunden sprechen, und er verstehe, was Menschen in vorbeifahrenden Autos redeten, wenn er auf die Abgase achte.

Der Psychiater, der ihn behandelte, schildert, wie sich die Meditationsausübung auf diese Symptome ausgewirkt hat:

„Anfänglich leistete er starken Widerstand gegen die Therapie und behauptete, ich sei kein Arzt, sondern ein Freund aus Frankreich. Im nächsten Monat konnte seine Psychose jedoch durch eine Kombination geeigneter Medikamente mit unterstützender Psychotherapie unter Kontrolle gebracht werden. Er war ausreichend stabil zum Erlernen der Transzendentalen Meditation, interessierte sich selbst für diese Technik und nahm kurz vor seiner Entlassung aus der Klinik an einem Meditationskurs teil. Zwei Wochen später wurde er aus dem Krankenhaus entlassen; seine medikamentöse Behandlung und die Einzelpsychotherapien wurden fortgesetzt. Im Verlauf des nächsten Monats verbesserte sich die Lebensführung des Automechanikers stetig. Obwohl er immer noch stark gestört war, zog er sich nicht mehr so sehr zurück. Vier Monate lang sah ich ihn nicht mehr; in dieser Zeit nahm er seine Medikamente vorschriftsmäßig ein, meditierte aber nicht mehr. Seine Psychose verschlechterte sich beträchtlich. Als ich ihn wiedersah, ermutigte ich ihn zur regelmäßigen Meditation. Er begann wieder zu meditieren. Seit dieser Zeit hat er einen langsamen, aber stetigen Fortschritt gemacht. Er ist heute sicher, auf halluzinogene

Drogen verzichten zu können. Er spürt auch, daß er besser dazu in der Lage sein wird, den äußeren Zwängen des Lebens zu begegnen, die seinen ersten psychotischen Schub ausgelöst hatten. Sein Bedürfnis nach Medikamenten hat sich auf ein durchschnittliches Maß reduziert, und durch die Psychotherapie hat er Fortschritte erzielt. Obwohl die Meditation sicherlich kein Wunderheilmittel für seine Psychose war, stellte sie dennoch einen wichtigen stabilisierenden Faktor in seinem Alltagsleben und für sein körperlich-geistiges Wohlbefinden dar."

Der Fall dieses Schizophrenen macht deutlich, wie Meditation in Kombination mit gängigen psychotherapeutischen Methoden und Medikamenten selbst bei Schwergestörten eingesetzt werden kann. In einem solchen Fall ist allerdings eine gewissenhafte Betreuung sowohl seitens des Psychiaters als auch des jeweiligen Meditationslehrers entscheidend.

Nicht alle Schizophrenen, vor allem nicht solche mit einer schweren Schizophrenie, sind jedoch zum Meditieren fähig.[57] Hier bringt es aber bereits eine Erleichterung für den Psychotiker mit sich, wenn der Therapeut in seiner Anwesenheit meditiert. Die dadurch vermittelte Atmosphäre von Ruhe und Stille gibt dem Kranken nämlich das Gefühl von Geborgenheit. Schon allein hierdurch kann er neue Kräfte sammeln und fühlt sich den „Bedrohungen" der Welt besser gewachsen.

Körperliche und geistige Behinderung

Die Ausübung von Meditation ist, wie Sie bereits gelesen haben, nahezu voraussetzungslos. Deshalb ist es selbst bei stärkerer *körperlicher* und *geistiger Behinderung* möglich zu meditieren. Dies verdeutlicht eine Fallstudie des amerikanischen Psychiaters EYERMAN.[58] Er untersuchte eine mehrfach geistig und körperlich behinderte junge Frau. Sie hatte einen ausgesprochen niedrigen Intelligenzquotienten, konnte bis zum Alter von vier Jahren nicht ohne Unterstützung laufen und war selbst als 23jährige lediglich zu Ein- bis Zwei-Wort-Sätzen fähig. Körperlich war sie behindert durch niedrigen Blutdruck, eine Beeinträchtigung muskulärer

Funktionen im Rachenraum sowie im Zungen- und Gesichtsbereich. Sie zeigte auch keine eindeutigen Fußsohlenreflexe. Ihre Körperkoordination war schlecht entwickelt: Sie konnte nicht auf den Zehen balancieren, im Schnee gehen, einige Kleidungsstücke ohne fremde Hilfe anziehen, sich die Zähne putzen. Sie hatte Schwierigkeiten beim Essen, wenn dieses nicht speziell zubereitet war, wies chronische Verstopfung auf und zeigte zeitweise Bettnässen. Sie neigte außerdem seit ihrem vierten Lebensjahr zu epileptischen Anfällen. Vor Meditationsbeginn arbeitete die Behinderte fünf Jahre lang in einer Behindertenwerkstatt. Aus dieser Zeit ist bekannt, daß sie sehr kontaktarm war und nie eine eigene Meinung äußerte oder sich sozial engagierte. Zeitweilig erlebte sie Depressionen und wurde zwei- bis dreimal monatlich tätlich gegen das Werkstattpersonal und ihre Mitarbeiter.

Eine besonders ausgebildete Sonderschullehrerin wies die Behinderte in die Transzendentale Meditation ein. Sie bekam die Anweisung, zunächst nur zweimal täglich für drei Minuten zu meditieren. Die Meditation übte sie in einem vollständig dunklen Raum aus, sonst wäre sie nicht imstande gewesen, ihre Augen zu schließen. Unter intensiver Betreuung erhöhte sie ihre Meditationszeit innerhalb von vierzehn Monaten auf schließlich jeweils 15 Minuten. Nach etwa zwei Monaten regelmäßiger Meditationspraxis, so berichteten ihre Eltern, ergaben sich erste deutliche Verbesserungen im Verhalten der jungen Frau und auch bezüglich ihrer körperlichen Behinderung. Im einzelnen verschwand ihre chronische Verstopfung, sie zeigte erstmals deutliche Gefühlsregungen, indem sie lächelte, fing an, neue Worte zu benutzen, also ihren Wortschatz zu erweitern, und beteiligte sich auch an Gesprächen mit weitläufig Verwandten. Im Verlauf der nächsten zwölf Monate verbesserten sich ihre sprachlichen Fähigkeiten nachhaltig. So begann sie, zukunftsbezogen zu sprechen und ihre Meinung zu Kleidung und Umgebung zu äußern. Die Sprachtherapie, die Jahre zuvor ohne Erfolg abgebrochen worden war, nahm sie wieder auf. Die geistigen Fähigkeiten der Patientin entwickelten sich ebenfalls deutlich. Sie konnte statt von eins bis zehn nun von eins bis hundert zählen. Sie war in der Lage, körperliche Empfindungen genauer wahrzunehmen und zu beschreiben. Ihre Körperkoordination verbesserte sich soweit, daß es ihr gelang, auf Schnee und Eis zu gehen und gefüllte Gläser zu tragen, ohne etwas zu verschütten. Feststellbar war weiterhin eine Zunahme ihrer Belastungsfähigkeit. Sie zeigte weniger Wutausbrüche und Aggressivität, und in ihren zwischenmenschlichen Beziehungen war sie offener, bewußter und eher bereit, sich auf andere Menschen einzulassen. Das Personal in der Behindertenwerkstatt äußerte sich gegenüber EYERMAN extrem optimistisch bezüglich der weiteren körperlichen und geistigen Entwicklung der Patientin.

Diese Einzelfallstudie belegt, daß das Entwicklungsvermögen bei geistig und körperlich Behinderten größer ist, als allgemein angenommen wird. Das brachliegende Potential läßt sich anscheinend durch den Einsatz von Meditation aktivieren.

Zusätzlich zu den hier erläuterten psychotherapeutischen Anwendungsbereichen liegen auch positive Erfahrungen mit Meditationstechniken bei Zwängen, sexuellen Störungen, einer Reihe von psychosomatischen Beschwerden, Hirnschäden und Epilepsie vor.

Modellbeispiel: Einsatz von Meditation in einer psychiatrischen Klinik

Das bisher umfassendste Forschungsvorhaben über die Anwendungsmöglichkeiten von Meditation im psychotherapeutischen Rahmen ist zweifelsohne am „Institute of Living" in Hartford, USA, einer bekannten psychiatrischen Klinik, durchgeführt worden.[52] Bei diesem Projekt von GLUECK und STROEBEL erlernten 187 stationäre Patienten die Transzendentale Meditation. Eine weitere Patientengruppe begann, eine Muskelentspannungstechnik auszuüben, die JACOBSON-Technik, und eine dritte unterwies man in Alpha-Biofeedback, einem Verfahren zur Erzeugung und Kontrolle von entspannterer körperlicher Aktivität.

Das Behandlungspersonal führte genau Buch über die körperlichen Veränderungen der drei Versuchsgruppen, ihre Fortschritte in der Psychotherapie, ihr Verhalten in der Klinikgemeinschaft, ihre Gefühle bei der Behandlung und über das, was mit ihnen nach ihrer Entlassung geschah. Der Zustand der Patienten wurde anhand täglicher Notizen wie über Wohlbefinden, Ängste, Depressionen und gemeinschaftsschädigendes Verhalten von Psychiater und Pflegepersonal festgehalten. Darüber hinaus beschrieben die Untersuchten ihr Befinden mit eigenen Worten. Außerdem legte man ihnen Persönlichkeitstests vor. Die körperlichen Veränderungen im Entspannungszustand wurden auch durch EEG-Aufzeichnungen, Hautwiderstandsmessungen und Atemuntersuchungen erfaßt.

Die Muskelentspannungsgruppe stellte die Ausübung ihrer Technik nach vier Wochen ein, da die Patienten keine positiven Veränderungen bemerkten und auch von Gefühlen der Langeweile während der Übungen berichteten. Mit den Teilnehmern am Biofeedback-Programm kamen die Untersuchungsleiter darin überein, dieses Verfahren nicht weiter auszuüben, weil die Patienten verunsichert waren, ob das verstärkte Erzeugen von Alpha-Gehirnwellen ihnen wirklich etwas brächte. Statt Entspannung und Ruhe nahmen bei diesen Versuchspersonen nämlich Spannungen und Angst zu.

Die Gruppe der Transzendentalen Meditation erfuhr ebenso wie die anderen Entspannungsgruppen eine intensive Betreuung, etwa durch oftmalige Meditationsberatung und -überprüfung und durch gemeinschaftliche Meditationen. Nach vier Monaten – solange war die durchschnittliche Aufenthaltsdauer eines Patienten in der Klinik – zeigte sich, daß von den 187 Personen zwölf mit der Meditation aufgehört hatten, 33 unregelmäßig meditierten und 142 in der Meditationsausübung regelmäßig geblieben waren.

Im Vergleich mit allen anderen Patienten stellte sich heraus: bei meditierenden Patienten konnte ein vermindertes Bedürfnis nach Medikamenten beobachtet werden; Personen, die unter chronischen Schlafstörungen gelitten hatten, berichteten selbst in schweren Fällen von einer Abnahme ihrer Beeinträchtigung nach zwei bis drei Monaten Meditation; überaktive und impulsive Verhaltensweisen nahmen ab; Angst ging stetig zurück. Patienten mit den unterschiedlichsten psychischen und körperlichen Beschwerden profitierten gleichermaßen von der Meditationsausübung und waren alle imstande, die Meditation anzuwenden. Selbst Psychotikern gelang es, gewinnbringend zu meditieren.

Die therapeutischen Erfahrungen mit Transzendentaler Meditation in dieser psychiatrischen Klinik verdeutlichen, daß Meditation selbst bei Schwergestörten einsetzbar ist, wenn sie im Rahmen eines sorgfältig ausgearbeiteten Programms mit entsprechender Betreuung angewandt wird.

Nachdem wir Ihnen in diesem Kapitel die günstigen psychotherapeutischen Wirkungen von Meditation beschrieben haben, wollen wir Sie abschließend auch auf einige *mögliche Schwierigkeiten* hinweisen, die sich bei der Anwendung von Meditation ergeben können.[59] Zunächst einmal ist von ausschlaggebender Bedeutung, wie lange die entsprechende Person jeweils meditiert. Gerade bei psychisch stark Beeinträchtigten muß die Meditationszeit genau auf die Symptome abgestimmt sein, da sich sonst körperliche und psychische Verspannungen zu schnell lösen. Es kann dann in Einzelfällen vorkommen, daß sich die Beschwerden plötzlich schubartig verstärken. Auch sind uns Fälle bekannt, in denen Patienten auf das Verschwinden von Krankheitssymptomen negativ reagierten, wenn ihnen z.B. diese grundlegende Veränderung nicht verständlich war und sie sie deshalb nicht annehmen konnten. Daher ist es ratsam, über diesen Punkt mit den jeweiligen Patienten eingehend zu sprechen. Besondere Aufmerksamkeit erfordert schließlich die Unterweisung von Patienten. Anweisungen können unter Umständen von Schwergestörten falsch verstanden werden, was dazu führt, daß sie die Meditationstechnik nicht richtig anwenden. Am besten ist, wenn auch der Therapeut über eigene Erfahrungen mit Meditation verfügt, da er dann auf auftretende Probleme angemessener einzugehen vermag.

Wenn wir unsere Beobachtungen und die Erfahrungen befreundeter Psychologen und Ärzte zusammenfassen, so können wir festhalten: durch die Meditationspraxis wächst auch beim psychisch Gestörten die Selbständigkeit und Unabhängigkeit; sein Bedürfnis nach äußerer Unterstützung, sei es durch Medikamente oder durch einen Therapeuten, nimmt ab. Meditation wirkt sich günstig auf den Therapieverlauf aus, indem sie ihn beschleunigt. Bereits kurze Zeit nach Erlernen spürt der Meditierende körperliche und seelisch-geistige Veränderungen. Diese regen ihn dazu an, regelmäßig zu meditieren, was insbesondere dann wichtig ist, wenn er in einer persönlichen Krisensituation mit der Meditation beginnt. Durch Meditation lernt der psychisch Beeinträchtigte, sich selbst so anzunehmen, wie er ist. Er beginnt, stärker in sich zu ruhen. Auf dieser Grundlage kann er persönliche Schwierigkeiten angstfreier mit einer neuen geistigen Einstellung angehen. Selbst tiefgreifende geistige und gefühlsmäßige Veränderungen läßt der Meditierende nach einer Weile zu. Die regelmäßige Meditationspraxis gewährleistet insgesamt schrittweise und anhaltende Persönlichkeitsveränderungen. Meditierende Patienten werden allmählich daran gewöhnt, ständig Verantwortung für ihren eigenen Zustand zu übernehmen und erlangen wieder Vertrauen in die eigene Fähigkeit, „normale“ Denk- und Verhaltensweisen aufzubauen.

6. Persönlichkeitsentwicklung durch Meditation

Meditationstechniken dienen nicht nur der Beseitigung seelischer Beeinträchtigungen, sondern ihr hauptsächlicher Wert liegt darin, eine ganzheitliche, alle Aspekte umfassende Entfaltung der Persönlichkeit einzuleiten. Mit dieser positiven Beeinflussung der Persönlichkeit geht einher, daß sich der Meditationsausübende insgesamt wohler fühlt und allmählich ein anderes Lebensgefühl entwickelt. Er lernt, sich selbst in einem günstigeren Licht zu sehen, aber auch negative Aspekte seiner Person vermehrt anzunehmen. Darüber hinaus zeigen Meditierende positivere Lebenseinstellungen, die auf Veränderungen grundlegender Denkmuster zurückzuführen sind. Meditation führt jedoch nicht nur zu einem Wachstum von verstandesmäßigen Fertigkeiten, sondern bewirkt auch eine Förderung von nichtsprachlichen Fähigkeiten wie die der Intuition, und von solchen, die für zwischenmenschliche Beziehungen bedeutsam sind wie Offenheit, Kontaktfreudigkeit und Spontaneität. Insgesamt unterstützt die Meditationsausübung die Harmonisierung aller Teile der Persönlichkeit und fördert Qualitäten des „neuen Menschen" (ROGERS). In diesem Kapitel möchten wir Ihnen die unterschiedlichen Bereiche der Persönlichkeit, in denen sich die Meditationspraxis entwicklungsfördernd auswirkt, näher vorstellen.

Wohlbefinden als Grundlage der Persönlichkeitsentfaltung

Wohlbefinden – was ist das eigentlich? Ist es eine Stimmung, die auftritt, wenn Sie gut gelaunt sind? Ist es ein besonderes Gefühl von Zufriedensein, wie Sie es manchmal nach einem guten Essen verspüren? Ist es das angenehme Gefühl des Ausgeruhtseins am Morgen nach einem wirklich erholsamen tiefen Schlaf? Wahrscheinlich könnte jeder von Ihnen noch das eine oder andere Beispiel für Situationen finden, in denen er sich besonders wohl gefühlt hat.

Die asiatischen wie europäischen Lebensphilosophien sind den Gründen für Wohlbefinden genau nachgegangen. Sie kommen alle zu einem ähnlichen Ergebnis: Der Mensch fühlt sich wohl, wenn

- eine gewisse innere Ruhe in ihm herrscht,
- er im Zusammensein mit anderen und im Umgang mit seiner materiellen Umwelt etwas genießen kann und
- eine gewisse Unabhängigkeit von äußeren Bedürfnissen gegeben ist, eine innere Freiheit, so daß nicht jeder kleine Mangel zu einer negativen Beeinflussung der Stimmung führt.

Wohlbefinden geht hier also mit innerer Ruhe, Genußfähigkeit und Ungebundensein an Bedürfnisse einher. Diese Definition von Wohlbefinden deckt sich mit Erfahrungen von Menschen, die sich in ihrem Leben, zu Hause wie im Beruf, rundum wohl fühlen. Immer wieder begegnen wir auf unseren Seminaren auch solchen Menschen. Sie zeichnen sich durch Gelassenheit auch in angespannten Gruppenübungen bei unseren Kursen aus, können sich an vielem freuen und verlieren auch in nicht gerade genußvollen Situationen, etwa wenn andere an ihnen Kritik üben, ihre ruhige, ausgeglichene Grundstimmung nicht. Wohlbefinden stellt bei ihnen einen Grundzug der Persönlichkeit dar.

Wohlbefinden spielt eine bedeutsame Rolle für die Persönlichkeitsentwicklung: ohne positive Grundstimmung ist eine dauerhafte Persönlichkeitsentfaltung undenkbar. Wer kann schon an seiner Persönlichkeit arbeiten, wenn er unter Frustrationen leidet oder aber erst einmal für sein Überleben Sorge tragen muß. Zwar prägt auch der Kampf ums Dasein die Persönlichkeit, doch eine umfassende Entwicklung beginnt erst, wenn ein gewisser Grad an materieller Zufriedenheit und ein entsprechendes Wohlbefinden erreicht ist.

Veränderungen des Selbstbildes

Häufiger haben Sie vermutlich schon bemerkt, daß Sie mit sich selbst oft alles andere als zufriedenstellend umgehen. Dies ist z.B.

dann der Fall, wenn Sie an Ihren eigenen Fähigkeiten zweifeln, unsicher sind und kein oder nur ein geringes Selbstvertrauen haben oder mit sich selbst unzufrieden sind. Die Einstellungen, die Sie sich selbst gegenüber haben, sind das Ergebnis von Lebenserfahrungen und von Lernprozessen. So kann es vorkommen, daß jemand lernt, sich als dumm und unfähig anzusehen, weil ihm die Eltern durch ihr Verhalten dies immer wieder zu verstehen gegeben haben. Allmählich übernimmt der Betreffende dann diese Einstellung in sein eigenes Selbstbild, d.h. er fängt an, sich als wenig intelligent und unfähig zu betrachten. Er erlebt im Alltag in zunehmendem Maße, daß er sich häufig ängstlich und unsicher fühlt. Aus diesem Beispiel wird deutlich, daß das Bild, das Sie von sich selbst haben, Ihr Verhalten entscheidend beeinflußt. Wenn Sie mit sich selbst im Einklang sind, dann benehmen Sie sich anders, als wenn Sie nervös und ängstlich sind. Ihre Einstellung zu sich selbst steuert aber nicht nur Ihre Stimmung und Ihr Handeln, sie ist auch maßgeblich dafür verantwortlich, wie andere Menschen auf Sie zugehen und Sie behandeln. Denn in Ihrem Verhalten, etwa in Gestik und Mimik, spiegelt sich mehr oder weniger deutlich wider, was Sie von sich selbst halten. Deshalb ist es gerechtfertigt zu sagen: Andere Menschen behandeln Sie entsprechend Ihrer Selbsteinschätzung. Abnorme Persönlichkeitsentwicklungen kommen immer dann zustande, wenn jemand nicht gelernt hat, in der richtigen Weise mit sich selbst umzugehen.

Sich selbst mehr akzeptieren

Wenn Sie sich in Ihrer Haut wohl fühlen und mit sich besser auskommen möchten, ist es zunächst einmal erforderlich zu lernen, sich selbst mehr anzunehmen und zu akzeptieren. Viele Menschen sind wahre Verstellungskünstler: Sie schlüpfen im Alltag – ähnlich wie Schauspieler – in unterschiedlichste Rollen. Sie verhalten sich anders, als sie eigentlich sind oder spielen sich und anderen etwas vor. Sie trachten danach, durch ihr Verhalten zu beweisen, daß sie selbstsicher, erfolgreich und ohne inneren Zweifel sind, obwohl sie sich in ihrem Innersten eigentlich gar nicht so fühlen.

Durch dieses „Schauspielern“ wird eine Menge unnötiger Energie verbraucht: spontane Neigungen werden unterdrückt, indem sich der einzelne häufig bewußt kontrolliert. Grundsätzlich gilt: Personen, die ihr wahres Ich ständig hintanstellen und verleugnen, sind nicht in der Lage, ein befriedigendes Leben zu führen. Zweifelsohne ist es im Zusammenleben mit anderen häufig schwierig, sich so zu verhalten, wie man will oder ganz nach den persönlichen Bedürfnissen zu leben. Im Alltag sind Kompromisse, Rücksichtsnahme oder Einschränkungen nicht zu umgehen. Fest steht jedoch folgendes: Wenn sich jemand beispielsweise während seiner beruflichen Tätigkeit über einen längeren Zeitraum „verstellt“, so ist dies ungesund. Wenn Sie Ihren Ärger verdrängen, Ihren eigenen Gefühlen keinen Ausdruck verleihen, so können sich als Folge dieser Unterdrückung die verschiedensten psychosomatischen Beschwerden entwickeln. So ist beispielsweise aus der Psychosomatik bekannt, daß unterdrückte Wut und Ärger mit Arthritis in Zusammenhang stehen.

Viele Menschen machen ihr eigenes Bild von sich selbst stark abhängig von den Meinungen und Erwartungen ihrer Mitmenschen. Sie leben im Extremfall nicht ihr eigenes Leben, sondern richten sich mehr oder weniger ausschließlich nach dem, was andere für sie für gut befinden. Diese Unsicherheit und Unfähigkeit, das eigene Leben zu steuern, sich auf sich selbst zu verlassen, hängen u.a. damit zusammen, daß der betreffende Mensch in seinem bisherigen Leben wenig Lob und Anerkennung erfahren hat. Ohne ein gewisses Maß an Lob ist ein befriedigendes Leben unmöglich, da Lob und Anerkennung mit Erfolgserlebnissen einhergehen. Immer mehr Menschen lechzen heute förmlich nach Lob. Dies ist nicht weiter erstaunlich, wenn man sich vor Augen führt, wie es im Normalfall in bundesdeutschen Familien aussieht: Schätzungen zufolge kommt dort auf neun tadelnde, abwertende Bemerkungen lediglich ein Lob! Daß dies nicht spurlos am Heranwachsenden vorbeigeht, ist offensichtlich.

Erfolgserlebnisse sind von grundlegender Bedeutung für das Selbstwertgefühl eines Menschen. Dazu zählen Erfolge im beruflichen Alltag, deren Anerkennung sich nicht nur in Form eines guten Gehaltes zeigen sollte, aber auch lobende Worte des Ehemanns, wenn ihm seine Frau eine wohlschmeckende Mahlzeit zubereitet hat. Ob sich jemand selbst wirklich annehmen kann, sich selbst vielleicht sogar im positiven Sinne liebt, hängt stark davon ab, ob er bisher genügend Erfolgserlebnisse hatte. Solche Erlebnisse wirken sich vor allem dann nachhaltig auf die Selbstannahme aus, wenn sie in Situationen auftreten, in denen Sie sich selbst treu geblieben sind. Dabei haben Sie Ihre eigene Person bejaht und sich anderen Menschen nicht ausgeliefert.

Sich selbst mehr akzeptieren heißt zu erkennen, inwiefern Sie sich bislang etwas vorgemacht haben und die Selbsteinschätzung zu verändern oder auch zuvor abgewehrte und unterdrückte Teile Ihrer eigenen Persönlichkeit zu bejahen und anzunehmen. Selbstannahme bedeutet demnach nicht, daß Sie bei sich selbst nur „Gutes" erkennen oder aber „Schlechtes" in den Mittelpunkt rücken. Vielmehr geht es in erster Linie darum, sich *ohne jegliche Bewertung* so zu sehen, wie man ist. Meditation leistet Ihnen in dieser Hinsicht einen wertvollen Dienst: Sie ermöglicht es Ihnen, sensibler für Ihre eigene Person zu werden. Ihr Bewußtsein im Alltag nimmt zu, Sie erkennen mehr, sowohl bei sich selbst als auch bei Ihren Mitmenschen. Mit anderen Worten, Sie werden fähiger, Sie selbst zu sein und zu spüren, was Sie wirklich wollen. Sie sind dann stärker im Einklang mit sich selbst, können ehrlicher sich selbst und anderen gegenüber sein und wirken deshalb in Ihrem Verhalten natürlicher und spontaner. Andere Menschen, mit denen Sie Umgang haben, spüren dann, daß Sie mit sich selbst eins und in Ihrer Mitte sind. Auch erlebt Ihre Umwelt, wie Ihr eigentliches Wesen in Ihrem Handeln deutlicher zum Ausdruck kommt.

Während der Meditationsausübung lernen Sie, den auftretenden Erfahrungen gegenüber einfach offen zu sein, eine Haltung des Geschehenlassens und des Annehmens zu üben. Diese Haltung wird nach der Meditation dann mehr und mehr auch im Alltag aufrechterhalten. Sie sind imstande, sich selbst und anderen offener gegenüberzutreten: Vielleicht gelingt es Ihnen dann, vormals abgelehnte Teile Ihrer Person oder angstverursachende Inhalte vermehrt anzunehmen.

Meditation wirkt der Selbstentfremdung, der zunehmenden Entfernung des einzelnen von sich selbst, entgegen.[60] Durch die intensive Erfahrung des eigenen Selbst während der Meditation wird ein stabiler innerer Bezugspunkt erfahren. Der Meditierende lernt, sich mehr auf sich selbst zu verlassen und festigt seine eigene Identitätsgrundlage. Durch die Erfahrung von innerer Stille und durch die vertiefte Selbst-Bewußtheit wird der Meditationsausübende ruhiger, gelassener, lebt mehr aus sich selbst heraus und ist damit weniger abhängig von äußeren Lebensumständen.

Stärkeres Selbstvertrauen entwickeln

Sie haben im vorherigen Abschnitt bereits gehört, daß heute der Erziehungs- und Verhaltensstil von nahezu 90 Prozent der Eltern, Lehrer, Chefs usw. autoritär ist. Viele sind grundsätzlich eher geneigt, zu strafen als zu loben. Daß dies nicht ohne Folgen für die ,,Untergebenen" bleibt, bedarf wohl keiner näheren Erläuterung. Laut Umfrageergebnissen möchten 70 Prozent der erwachsenen Bundesbürger selbstsicherer sein. Untersuchungen in verschiedenen Kulturkreisen haben gezeigt, daß ein zu geringes Selbstvertrauen oder Schüchternheit ein Problem der allermeisten Menschen ist: So bezeichneten in einer umfangreichen Studie mit Jugendlichen zwischen 18 und 21 Jahren in den USA 60 Prozent Schüchternheit als persönliches Problem, in der Bundesrepublik Deutschland waren es 91 und in Israel lediglich 42 Prozent.

Jeder von Ihnen wird Situationen kennen, in denen es ihm lieb wäre, sich besser durchzusetzen und stärker zu behaupten: z.B. wenn sich jemand in einem Geschäft vordrängt, um vor Ihnen an die Kasse zu kommen oder wenn Sie beim Verlassen eines Geschäfts plötzlich feststellen, daß Ihnen die Verkäuferin nicht genügend Geld zurückgegeben hat. Ein Mensch mit einem gesunden Maß an Selbstvertrauen und Durchsetzungsvermögen würde in solchen Situationen diejenige Person, die sich vordrängt, darauf aufmerksam machen, daß er vor ihr an der Kasse gewartet habe oder das nicht zurückgegebene Geld von der Verkäuferin fordern. Viele Bundesbürger werden durch Hemmungen und Selbstunsicherheit daran gehindert, ihre eigenen Interessen zu wahren, bestimmte Forderungen zu stellen, zwischenmenschliche Kontakte zu knüpfen oder auch einfach einmal „nein“ zu sagen. Mangelndes Selbstvertrauen kann sich verschieden äußern: als Angst vor Mißerfolg und Kritik, als Unfähigkeit, eigene Rechte wahrnehmen zu können, in Ängsten, Bekanntschaften zu schließen oder in dem Unvermögen, übertriebene Forderungen von anderen abzulehnen. Es sind also vor allem das Zwischenmenschliche und der Leistungsbereich, in denen sich Selbstunsicherheit zeigt.

Wenn wir hier über Selbstvertrauen sprechen, so verstehen wir darunter „richtiges“, vor allem gesundes und natürliches Selbstvertrauen. Darunter fällt die Fähigkeit, eigene Rechte und Bedürfnisse angemessen durchzusetzen und so zu befriedigen, daß diese für Sie selbst und Ihre Mitmenschen von größtem Nutzen sind. Es geht vor allem darum, sein Licht nicht unnötig unter den Scheffel zu stellen oder sich in die Ecke drängen zu lassen, da sich diese Einengung ungünstig auf das Befinden auswirkt. Vielleicht kennen Sie Menschen, die in ihrem Verhalten ein „falsches“ Selbstbewußtsein zum Ausdruck bringen, indem sie rücksichtslos oder arrogant sind und ein starkes Imponiergehabe an den Tag legen. Bei diesen Personen können Sie häufig recht schnell erkennen, daß sie in ihrem Inneren eigentlich unsicher und ängstlich sind, ihre nach außen zur Schau gestellte Sicherheit nur Fassade ist und etwas Angeberisches hat.

Selbstsicherheit ist keine Eigenschaft, die Ihnen in die Wiege gelegt wird. Sie beruht auf Lernprozessen. Die Erfahrungen in Ihrem Leben, besonders diejenigen der Kindheit, beeinflussen Ihr Selbstbewußtsein sehr stark. Die Erziehung spielt hier eine Rolle, insbesondere eine, die den natürlichen Entfaltungsdrang unterdrückt, zu Anpassung, Leistungsehrgeiz und Konkurrenzdenken erzieht. Auch der bereits genannte chronische Mangel an Lob trägt maßgeblich zu einem wenig ausgeprägten Selbstbewußtsein bei. Dazu kommen als weitere Ursachen die Hemmung sexueller Strebungen beim Kind, die Wohnsituation, die für viele eine starke Einengung bedeutet, sowie die Arbeitssituation, die es allzu häufig mit sich bringt, daß Anerkennung für die geleistete Arbeit fehlt. Die „Verschmutzung“ und „Vergiftung“ der menschlichen Psyche durch Fernsehen und Tagespresse trägt zusätzlich zur Entwicklung von Minderwertigkeitsgefühlen bei, denn ein bestimmter Optimismus und der Glaube an das Positive gehören unabdingbar zu einem gesunden Selbstbewußtsein. Ein weiterer Grund für geringes Selbstvertrauen sind negative Erfahrungen im Umgang mit anderen Menschen. Wer über Selbstbewußtsein verfügt, hat im Kontakt mit anderen mehr Erfolg, er kann sich besser behaupten und durchsetzen, und die Mitmenschen reagieren positiver auf ihn. Der Selbstunsichere jedoch gerät häufig in einen Teufelskreis: Die anderen nehmen ihn nicht für voll, was er deutlich merkt, und dies führt zu einer weiteren Verstärkung seiner Minderwertigkeitsgefühle.

Selbstsicherheit geht mit dem Gefühl einher, die Umwelt gestalten zu können. Dies bedeutet zugleich, das eigene Leben verantwortlich zu bestimmen, und zwar so weit, wie es die jeweiligen äußeren Lebensumstände zulassen. Personen mit einer gesunden Selbstachtung schätzen ihre Umgebung häufiger richtig ein als Unsichere, und sie sind insgesamt feldunabhängiger, also weniger abhängig von der Meinung und den Erwartungen anderer.

Einer unserer Meditationskursteilnehmer, ein 25jähriger Theologiestudent, schilderte nach zweijähriger Meditationspraxis, wie Meditation zur Steigerung des persönlichen Wertgefühls geführt hat:

„Während der Meditation versenke ich mich in mich selbst. Ich komme gewissermaßen zu mir selbst. Ich erkenne mich als ein Wesen, das von jedem anderen Wesen und Ding getrennt ist. Ich selbst bin nicht meine Wohnung, mein Auto oder meine Kleidungsstücke, die ich trage. Ich bin ich selbst! Es ist äußerst angenehm, ich selbst zu sein. Ich erfahre im Alltag immer stärker, wie ein ‚Zentrum‘ in mir wächst. Es ist ein innerer Ort in mir, der es mir ermöglicht, Kräfte freizusetzen und der mir häufig meinen Weg zeigt. Ich spüre, vor allem bei der Kontaktaufnahme mit mir fremden Menschen, mehr Sicherheit, mehr ‚Rückgrat‘. Das Leben ist insgesamt viel schöner, seit ich mir mehr zutraue, und ich werde von meinen Mitmenschen zusehends stärker akzeptiert.“

So werden, wie Sie sein möchten

Durch die vielfältigen Einflüsse, denen ein Mensch im Laufe seines Lebens ausgesetzt ist, entwickelt er ein Bild von sich selbst, ein sogenanntes *Selbstbild*. Dieses Bild umfaßt die Art und Weise, wie sich der einzelne sieht oder einschätzt. Es bezieht sich also auf diejenigen Eigenschaften und Fähigkeiten, die jemand bei sich selbst wahrnimmt. In diese Selbsteinschätzung fließen aber auch Bewertungen durch die Mitmenschen ein. Viele werden es als schwierig empfinden, herauszubekommen, wie sie eigentlich sind. Bei äußeren Merkmalen ist dies ja noch einfach, komplizierter aber ist diese Beurteilung bei verschiedenen Persönlichkeitseigenschaften.

Die meisten haben neben dem Selbstbild auch eine Vorstellung davon, wie sie am liebsten sein möchten. Sie haben ein Ideal, das all diejenigen Eigenschaften und Fähigkeiten beinhaltet, die sie sich wünschen. Dieses sogenannte *Wunschbild* sollte jeder kennen, um sich selber gerecht zu werden, um persönliche Bedürfnisse nicht ständig zu unterdrücken oder zu verdrängen. In der frühen Entwicklung eines Menschen sind Selbst- und Wunschbild nicht sehr weit voneinander entfernt. Einem Kind gelingt es z.B. meist problemlos, in Wunsch-Rollen zu schlüpfen, es weiß oft recht genau, wie es gerne sein möchte. Erwachsene sind dagegen durch die Erziehungseinflüsse häufig nicht mehr imstande, ihr Wunschbild zu sehen und ihm zu entsprechen. Bei der überwiegenden Zahl der Bundesbürger gibt es keine Übereinstimmung zwischen dem Selbst- und dem Wunschbild: Sie schätzen sich anders ein, als sie wirklich sein möchten. Diese Kluft zwischen dem Selbst- und dem Wunschbild ist ein Grund für Unzufriedenheit, Spannungen und Unausgeglichenheit. Je stärker Selbst- und Idealeinschätzung voneinander abweichen, um so weniger zufrieden ist man mit sich selbst. Diese Erkenntnis konnte bei Patienten, die sich einer Psychotherapie unterzogen, gewonnen werden. Zu Therapiebeginn war die Selbst-Wunschbild-Übereinstimmung sehr gering. Nach einer Reihe von Therapiesitzungen zeigte sich dann eine gewisse Annäherung.

Besonders deutlich ist die *Zunahme der Übereinstimmung zwischen dem Selbst- und Idealbild* bei Meditierenden.[61] Wenn Personen meditieren, gleichen sich die Einschätzung, die der Meditationsausübende von sich hat, und seine Wunschvorstellung allmählich an: Er wird mehr und mehr zu demjenigen, der er eigentlich gerne sein möchte. Worauf diese Annäherung zurückzuführen ist, konnte in psychologischen Untersuchungen noch nicht restlos geklärt werden. Es gibt dafür letztlich drei Erklärungsmöglichkeiten: Erstens kann es sein, daß Meditierende nach und nach lernen, manches an sich selbst in einem positiveren Licht zu sehen, d.h. sie entwickeln ein positiveres Selbstbild. Zweitens: sie werden realistischer in ihrer Idealvorstellung. Drittens: sie verwirklichen ihre Ideale mehr und mehr. Die bisherigen Studien, in denen man Selbst- und Wunschbilder bei Meditierenden untersucht hat, weisen eher darauf hin, daß die Kluft zwischen dem Selbst- und Wunschbild durch Meditation deshalb geringer wird, weil Meditierende sich selbst mehr annehmen und positiver einschätzen. Insbesondere die Fähigkeit, sich selbst auf nichtwertende Weise „zuzuhören", sich so zu akzeptieren, wie man ist, ohne sich ständig zu bewerten, wird während der Meditation trainiert. Sie ist die Grundvoraussetzung, um mit sich selbst angemessen umzugehen.

Positiv mit sich selbst umgehen

Bestimmte Situationen oder Menschen sind nicht an und für sich schlecht, erst die Gedanken des Beurteilenden machen sie dazu. Erst die Art, wie jemand damit umgeht, wie er es erlebt und bewertet, entscheidet darüber, ob ein bestimmtes Ereignis als belastend empfunden wird oder nicht. Negative Gefühle sind demnach nicht vorrangig eine Folge von irgendwelchen Ereignissen, sondern sie sind auf *Selbstgespräche* zurückzuführen, in denen der Betreffende bestimmte Vorkommnisse verarbeitet.

Stellen Sie sich folgende Situation vor: Es ist Mitternacht. Der Ehemann ist bislang nicht von der Arbeit zurückgekehrt. Seine Frau ist bereits ins Bett gegangen, liegt aber noch wach. Auf diese Situation kann sie nun gefühls- und gedankenmäßig sehr unterschiedlich reagieren. Sie könnte wütend werden und zu sich selbst sagen: ,,Dieser unzuverlässige Kerl! Er denkt wahrscheinlich gar nicht darüber nach, daß ich zu Hause rumsitze, während er Spaß mit seinen Kollegen hat. Der wird morgen aber etwas erleben!" Oder sie fühlt sich traurig und denkt: ,,Immer häufiger läßt er mich allein. An mir scheint er kein Interesse mehr zu haben. Ich habe Angst, daß unsere Ehe gefährdet ist. Was kann ich nur tun, um sie zu retten?" Vielleicht ist die Ehefrau aber auch ganz zufrieden und ihr gehen folgende Gedanken durch den Kopf: ,,Wie angenehm ist das, wieder einmal allein zu sein und in aller Ruhe ein Buch lesen zu können. Mal sehen, was Karl (der Ehemann) heute abend wieder gemacht hat. Wahrscheinlich hat er Spaß gehabt, da er immer noch nicht nach Hause gekommen ist." Aus diesen Selbstgesprächen wird deutlich, daß die Gefühle der Ehefrau nicht in erster Linie durch die Situation bestimmt werden, sondern davon abhängen, wie sie mit sich selbst umgeht.

Bevor es nach einem bestimmten Ereignis zu irgendwelchen Gefühlen oder Verhaltensweisen kommt, finden innere Gespräche oder Dialoge statt. Diese Selbstgespräche laufen oft in Sekundenbruchteilen ab und sind reflexhaft auftretende Ketten von Gedanken und Schlußfolgerungen. Viele Menschen sind sich ihrer gar nicht bewußt. Der überwiegende Teil geht negativ mit sich selbst um, indem er sich mit Selbstvorwürfen, Selbstbestrafung, Selbstgeringschätzung oder Selbstablehnung begegnet. Da heißt es: ,,Mich mag keiner", ,,Ich bin es nicht wert, geliebt zu werden", ,,Alles, was ich mache, ist verkehrt", ,,Ich bin ein Versager." Ein positiver Umgang mit sich selbst kommt dagegen in selbstvertrauenden, bestätigenden oder selbstermutigenden Äußerungen zum Ausdruck wie: ,,Das werde ich schon schaffen", ,,Ich fühle mich richtig gut" oder ,,Das habe ich aber schön gemacht!" Bezogen auf die Art der Selbstgespräche spielt eine große Rolle, was jemand in früheren, ähnlichen Situationen erlebt hat, wie er sich dabei zu verhalten gelernt hat, wie er diesbezüglich ,,programmiert" worden ist.

Wie ein Mensch sich selbst in Selbstgesprächen anspricht, wie er mit sich selbst umgeht, hat also offenkundig einen Einfluß auf seine Gefühle und Verhaltensweisen, auf sein seelisch-körperliches Befinden insgesamt. Dem Verhalten gehen in vielen Situationen des Alltags – ob bewußt oder unbewußt – Selbstgespräche voraus. Da diese inneren Dialoge oder Selbstansprachen so häufig auftreten, liegt es nahe zu untersuchen, ob sich die Ausübung von Meditationstechniken positiv auf den Umgang mit sich selbst, auf die *Selbstkommunikation* auswirkt. Dies ist kürzlich in einer psychologischen Untersuchung an der Universität Hamburg analysiert worden.[62] 52 Personen, die Transzendentale Meditation erlernten, wurde vor Erlernen dieser Meditationsform und nach sechs bzw. zwölf Wochen ein Fragebogen zur Erfassung der Selbstkommunikation vorgelegt. Dieses Testverfahren geht der Art und dem Umfang nach, wie Menschen sich selbst ansprechen und in Selbstgesprächen behandeln. Nach sechs und in noch ausgeprägterem Maße nach zwölf Wochen Meditationspraxis zeigten die Ausübenden der Transzendentalen Meditation u.a. eine größere Selbstzufriedenheit, sie ermutigten sich selbst mehr, führten vermehrt positive und weniger negative Selbstgespräche, übten weniger Selbstkritik und schätzten ihre eigene Person positiver ein. Verglichen mit Personen, die das Autogene Training erlernt hatten, erwiesen sich die Meditierenden als selbstzufriedener, brachten anderen mehr Wertschätzung entgegen und ermutigten sich selbst häufiger. Eine Gruppe von 170 langjährig Meditierenden ging im Vergleich zu den Kurzzeitmeditierenden und den autogen Trainierenden laut Fragebogendaten noch günstiger und positiver mit sich selbst um.

Die Ergebnisse dieser Untersuchung weisen also darauf hin, daß Meditation dazu beitragen kann, mit sich selbst positiver umzugehen. In belastenden und unangenehmen Situationen bauen sich Meditierende nicht durch negative innere Dialoge zusätzlich Hürden auf. Sie sind deshalb oft imstande, die jeweilige Situation mit anderen Augen zu bewerten und angemessener zu bewältigen.

Einstellungswandel

Die Persönlichkeit wird nicht nur durch das eben behandelte Selbstbild geprägt. Auch die Erwartungen und Einstellungen dem Leben als Ganzem gegenüber beeinflussen die Persönlichkeit. Jeder weiß, was ein „Miesmacher", ein „notorischer Nörgler", aber auch, was ein „unerschütterlicher Optimist" ist. In diesen Typen drücken sich Lebenseinstellungen aus.

Unter *Einstellungen* versteht man in der Sozialpsychologie dauerhafte Verhaltensbereitschaften der Umwelt, anderen Menschen oder Ideen gegenüber. Ob man bereit ist, z.B. kein Fleisch mehr zu essen, kann von einer bestimmten Lebenseinstellung abhängen, die davon ausgeht, daß Tiere hochrangige Lebewesen sind, die nicht zu Zwecken der Ernährung getötet werden sollten.

Die Lebensführung und Erfüllung bestimmter Aufgaben des Menschen werden durch seine Einstellungen geprägt. Betrachten Sie das Leben als Kampf, so werden Sie Situationen eher auf die in ihnen lauernde Gefahr hin beurteilen und entsprechend kämpferisch angehen; sehen Sie das Leben hingegen als eine Möglichkeit an, Ihre Zufriedenheit zu steigern, so suchen Sie in den verschiedenen Tätigkeitsbereichen danach, Ihre Lebensfreude zu erhöhen. Sie sind in diesem Fall dann eher bereit, etwas Gutes in allem zu entdecken und sich verstärkt so zu verhalten, daß sich Ihr Tun für Sie selbst und Ihre Mitmenschen glücksfördernd auswirkt.

Lebenseinstellungen hängen davon ab, was der einzelne als wertvoll erachtet. Haben Sie sich einmal gefragt, welche Werte Sie persönlich in Ihrem Leben verwirklichen wollen? Sind es materielle Werte wie ein eigenes Haus, sind es Werte der gesellschaftlichen Anerkennung wie Vorsitzender eines Vereins zu werden, oder sind es Werte ideeller Art wie die Entfaltung Ihrer eigenen Anlagen? Die Werte, die Sie anstreben, fließen mit in Ihre Lebenseinstellung ein. Sie lösen ein jeweils unterschiedliches Verhalten aus. Wer materiellen Reichtum erlangen will, muß mit seiner Umwelt anders umgehen als derjenige, der seine Persönlichkeit vervollkommnen will.

Der amerikanische Psychologe MASLOW hat einmal festgestellt, daß der Mensch zwei grundlegende Lebenseinstellungen oder Verhaltensbereitschaften habe: entweder verhält er sich eher reaktiv und empfindet es als wertvoll, Mangelsituationen, auszugleichen; er wird dann von *Mangelbedürfnissen* gesteuert. Oder aber der einzelne verhält sich aktiv und will durch sein Verhalten in verschiedenen Bereichen seines Lebens Wachstum erreichen, schätzt also Wachstum als Lebenswert an sich hoch ein; in diesem Fall wird sein Handeln von *Wachstumsbedürfnissen* geleitet.

Eine sozialpsychologische Studie mit Meditierenden an der Universität Göttingen ergab, daß sich im Laufe regelmäßiger Meditation die Lebenseinstellungen und Werte, die Meditierende in ihrer Lebensführung leiten, wandeln.[63] Viele begannen mit Meditation, um bessere Gesundheit, also einen physischen Wert, zu erreichen, oder aber um erfolgreicher zu sein, bezogen also aus einem Bedürfnis nach Anerkennung ihre Motivation zum Meditieren. Nach einer längeren Zeit der Meditationspraxis änderte sich ihre Grundeinstellung: Das Leben diente immer weniger der Behebung von Mangelsituationen, und die Erhöhung der Lebenszufriedenheit rückte in den Mittelpunkt. Die Lebenseinstellungen werden entsprechend allmählich stärker von Werten wie Liebe, Wahrheit, Befreiung und Frieden bestimmt. Auch lebten die Meditierenden immer vollständiger in der Gegenwart und nahmen Kleinigkeiten des Alltags eher wahr.

Was den sogenannten ,,Primärbereich der Lebenseinstellungen" angeht, also die Einstellungen, die der einzelne sich selbst gegenüber hat, so ist schon im vorherigen Abschnitt gezeigt worden, daß hier als Folge der Meditationsausübung positive Entwicklungen einsetzen. Insbesondere, und das sei hier ergänzt, gehen Meditierende davon aus, daß sie das, was sie sich vornehmen, auch erreichen werden. Die Einstellung ,,Ich schaffe es" gibt Meditierenden einen größeren Bewegungsspielraum. Sie setzen ihre wachsende Kreativität gezielter ein, um das, was sie persönlich als wertvoll erachten, auch praktisch Wirklichkeit werden zu lassen.

Im sogenannten ,,Sekundärbereich der Lebenseinstellungen", etwa in den politischen und weltanschaulichen Einstellungen sowie

Erwartungen, konnten in der Göttinger Untersuchung mehrere Dinge beobachtet werden: Es besteht bei Meditierenden ein klares Bewußtsein der weltweiten Krisen, seien diese nun politischer oder ökologischer Art. Meditation von möglichst vielen Menschen wird als ein universaler Ansatz zur Überwindung der weltumspannenden Krisen insgesamt angesehen. Ein Interesse an nationaler und globaler Politik ist bei knapp der Hälfte aller Meditierenden gegeben. Jedoch scheint ihre Einstellung eher von globalen Fragen bestimmt als von nationalen. Lokale Probleme werden dagegen mit ähnlicher Deutlichkeit erkannt wie die globalen und durchaus auch aktiv an ihrer Überwindung gearbeitet. Bezogen auf die weltanschaulichen Lebenseinstellungen von Meditierenden konnte festgestellt werden, daß sie sich mehrheitlich als religiös im Sinne einer ,,Rückbindung an den Ursprung" bezeichneten. Die religiösen Werte der Befreiung und der Selbstentfaltung dominieren bei Meditationsausübenden über alle anderen Werte. ,,Erleuchtung" wird erhofft, um vollständig im Einklang mit der Natur zu leben und keine weiteren ,,Fehler" mehr zu machen.

Vielleicht am deutlichsten sieht man die Einstellungsänderungen bei Personen, die Drogen konsumierten. Von einem uns bekannten Therapeuten, der im Bereich der Drogenrehabilitation tätig ist und in einem umfangreichen Modellprojekt Meditation einsetzte, haben wir folgenden Bericht bekommen, der das hier Gesagte treffend zusammenfaßt:

,,Ein Großteil der von mir betreuten Drogenabhängigen, die nicht aus reinem Mitmachenwollen zur Droge griffen, kam an die Droge, weil er nach einer einfachen Problemlösung suchte oder aber sich durch bewußtseinsbeeinflussende Drogen eine ,neue Sicht der Wirklichkeit' versprach.

Jedoch wurde die Verwirrtheit bei den meisten nur noch größer. Frustrationen häuften sich, sollten mit härteren Drogen überwunden werden, was nicht gelang, so daß sich ein Teufelskreis bildete. Aus der Suche nach Bewußtseinserweiterung wurde Selbstzerstörung.

Das Leben wurde immer weniger lebenswert, Todeswünsche kamen auf. Mit dem Erlernen der Meditation konnte dieser Trend abrupt verändert werden. Eine neue Stabilität, Lebensmut und Zuversicht entwickelten sich bei den meisten. Für mich am deutlichsten zu beobachten war, daß vor allem mehr körperliche Kraft und geistige Wachheit sowie Klarheit zu spüren waren. Alte Interessen an sinnvollen Tätigkeiten traten wieder auf und nach einem halben Jahr war ein Großteil drogenfrei. Sie konnten in Ausbildungen gehen, ihr Studium wieder aufgreifen oder sich in anderer Weise gesellschaftlich reintegrieren. Ihre Haltung dem Leben gegenüber war offen, weder zu erwartungsvoll noch zu kritisch.

Für mich ist Meditation als Rehabilitationsmaßnahme deshalb so wichtig, weil sie grundlegende Lebenseinstellungen positiv zu beeinflussen vermag."

Neuorientierung des Denkens

Ihnen ist im Alltag vermutlich schon mehrfach aufgefallen, wie unterschiedlich Sie sich selbst und Ihr Leben als Ganzes betrachten. An manchen Tagen tragen Sie eine ,,Brille" mit dunkel getönten Gläsern: eine negativ gefärbte, pessimistische Lebenseinstellung herrscht dann vor. An anderen Tagen wiederum sehen Sie vieles in Ihrem Leben durch eine ,,Brille" mit normalen oder vielleicht sogar rosaroten Gläsern: Sie sind in diesem Fall imstande, den meisten Lebenssituationen und auch sich selbst etwas Positives abzugewinnen, sie haben eine optimistische Sichtweise. Ob jemand grundsätzlich mehr positiv oder negativ eingestellt ist, hängt vorwiegend von seinen Lebenserfahrungen ab.

All Ihre Erfahrungen werden – ob Ihnen dies bewußt ist oder nicht – in Ihrem Unterbewußtsein gespeichert. Das Unterbewußtsein kennt keine ,,Verschnaufpause": Es nimmt Tag und Nacht wahllos alle Informationen auf, die auf es einwirken. Diese im Unterbewußtsein gespeicherten Informationen bilden die Grundlage für Ihre Denkgewohnheiten und Verhaltensmuster. Ihr Denken, Ihre Gefühle, Gesundheit und Leistungsfähigkeit sowie Ihr Verhalten werden damit weitgehend von Prozessen gesteuert, die unterhalb der Ebene des normalen Tagesbewußtseins liegen.

FREUD, der Begründer der Psychoanalyse, hat das Verhältnis des Unterbewußtseins zum Bewußtsein einmal mit dem Bild eines Eisbergs verdeutlicht: Von einem Eisberg liegt nur etwa ein Zehntel oberhalb der Wasseroberfläche, ist also sichtbar, während der Rest unsichtbar bleibt, sich unter Wasser befindet.

Der unterbewußte Bereich ist für die Steuerung sämtlicher, vom Willen unabhängiger Vorgänge im Körper zuständig, was z.B. bewirkt, daß ein Kind, das mit der Hand eine heiße Herdplatte berührt, diese blitzschnell ohne großes Überlegen zurückziehen kann. Dem Unbewußten gehören auch alle dem Menschen nicht vollständig bewußten seelisch-geistigen Vorgänge an wie schöpferische Kräfte, Intuition, plötzliche Einfälle. Das menschliche Bewußtsein umfaßt demgegenüber den Verstand, die Vernunft, den Willen und das Urteilsvermögen. Alle bewußten Prozesse, die vom Gehirn gesteuert werden, wie Denken, Schreiben, Lesen, Sprechen, Lernen, Planen gehören dazu.

Bedingt durch die Vielzahl negativ gefärbter Einflüsse, denen der heutige Mensch im täglichen Leben ausgesetzt ist – denken Sie nur einmal an die Nachrichten der Tagespresse oder die des Fernsehens – leidet ein Großteil an den Folgen einer ,,Innenweltverschmutzung'', wie es ein deutscher Psychologe treffend beschrieben hat. Diese ,,Seelenverschmutzung'' ist die Ursache dafür, daß immer mehr Menschen eher pessimistisch als optimistisch eingestellt sind. Sie haben Denkmuster und Verhaltensweisen entwickelt, die für ,,Verlierer'' kennzeichnend sind, und die sich von denen der ,,Gewinner'' deutlich unterscheiden.

Grundlegend optimistisch Eingestellte, die *Gewinner*, sehen, um ein bekanntes Beispiel zu gebrauchen, ein Glas als halbvoll an und nicht als halb leer, wie dies bei den Pessimisten oder *Verlierern* der Fall ist. Diese beiden extremen Typen, die Gewinner und Verlierer, unterscheiden sich auch darin, daß die einen (Gewinner) imstande sind, sich selbst und andere mit all ihren Stärken und Schwächen anzunehmen, während die Verlierer sich entweder nicht mögen oder sich anderen gegenüber überlegen oder minderwertig fühlen. Oft verbirgt sich bei jemandem hinter einer nach außen arrogant wirkenden Fassade große Unsicherheit. Der Gewinner ist des weiteren fähig, seine Erfolge und Leistungen zu genießen, und er kann sich durchaus auch dafür belohnen. Der Verlierer ist demgegenüber ständig unzufrieden mit dem, was er erreicht hat. Er macht nie etwas gut genug, und er hält sich beispielsweise nach einer besonderen Leistung, die er vollbracht hat, stets das vor, was er noch hätte besser machen können. Aufgrund seiner eigenen Unsicherheit reagiert der Verlierertyp empfindlich auf Kritik und hat große Schwierigkeiten damit, Niederlagen wirklich zu verarbeiten. Der Gewinner verliert im Gegensatz dazu auch bei Rückschlägen nicht den Glauben an sich selbst, weil er ein tief verwurzeltes Vertrauen in seine eigenen Fähigkeiten hat. Er steuert sein Leben größtenteils selbst und hat das Gefühl, Verantwortung dafür zu tragen. Der Verlierer dagegen „wird eher gelebt", ist stark fremdgesteuert und hat entsprechend den Eindruck, er müsse andere für sein Leben haftbar machen. Er fühlt sich oft wie ein Roboter, der lediglich funktioniert, nur auf irgendwelche Anforderungen von außen reagiert. Ein weiteres wichtiges Unterscheidungsmerkmal zwischen Gewinnern und Verlierern, das hier noch erwähnt werden soll, betrifft ihre Beziehung zur Zeit. Der Gewinner lebt bewußt in der Gegenwart, hat seine Vergangenheit verarbeitet und ist darüber hinaus imstande, die Zukunft angemessen zu planen. Er läßt sich also weder von der Vergangenheit noch von der Zukunft „fesseln". Der Verlierer lebt demgegenüber stark in der Erinnerung an die Vergangenheit oder in Ängsten und Träumen von der Zukunft. Er ist stark rückwärts- oder vorwärtsorientiert und daher häufig nicht fähig, den Augenblick als solchen bewußt wahrzunehmen und zu genießen. Gewinner sind durch ein hohes Maß an Selbstannahme, Selbstvertrauen, Selbstbestimmung, Selbstfindung und Selbstverwirklichung gekennzeichnet, während es Verlierern an diesen Fähigkeiten oder Eigenschaften mangelt.

Diese Persönlichkeitsmerkmale eines Gewinners lassen sich, wie wir Ihnen zum Teil schon erläutert haben, durch langfristige Meditationsausübung fördern. Die Anwendung der Meditation geht mit Gefühlen tiefer innerer Befriedigung und einer deutlich gehobenen Stimmung einher, und viele Meditierende berichten von der

Erfahrung ausgeprägter Harmonie während und nach der Meditation. Negative „Programme“, die im Unterbewußtsein verankert sind, werden durch die Meditationsausübung allmählich neutralisiert. Diese Neutralisierung ist darauf zurückzuführen, daß im Meditationszustand unangenehme Lebenserfahrungen verarbeitet werden, die „Innenweltverschmutzung“ also geringer wird. Die Folge sind positivere Denkgewohnheiten und Verhaltensmuster. Meditierende entwickeln sich nach und nach von Verlierern zu Gewinnern, was vor allem bedeutet, daß sie lernen, diejenigen „Brillen“ abzusetzen, durch die sie sich und ihr Leben in einem unangemessenen Licht sehen.

Daß Gedanken Kräfte sind, die entweder positive oder negative Wirkungen nach sich ziehen, ist Ihnen sicher aus eigener Erfahrung bekannt. Es ist dazu nicht nötig, auf außergewöhnliche Erkenntnisse der Parapsychologie zurückzugreifen. Sie alle werden es in Ihrem Alltag erlebt haben, daß Ihnen vor einer für Sie heiklen Situation Gedanken durch den Kopf gingen wie „Das schaffe ich nie, die betreffende Situation sicher und ohne Angst zu überstehen“, oder „Bisher habe ich dies noch nie geschafft, warum soll es diesmal klappen!“ Solche negativen Gedanken programmieren, vor allem wenn sie häufiger auftreten, Ihr Scheitern oder Ihren Mißerfolg geradezu vor! Dies hängt damit zusammen, daß Gedanken die unsichtbare Grundlage, der Motor des Handelns sind.

Viele Menschen unterschätzen allerdings die Wirksamkeit ihrer Gedanken und meinen, es sei egal, welche Art von Gedanken sie hätten. „Gedanken sind“, wie es ein Philosoph einmal ausgedrückt hat, „geflügelte Rosse; ungezügelt stürmen sie mit Dir davon, wohin Du nicht willst. Weißt Du sie aber zu lenken, so wirst Du Deines Schicksals Meister.“ Negative Gedanken fördern das Mißlingen der eigenen Vorhaben und sie stören das seelische und körperliche Gleichgewicht. Positive Gedanken wirken sich gegenteilig aus. Alles, was Sie sich in Ihrem Inneren vorstellen oder was Sie denken, hat die Tendenz, sich zu verwirklichen. Deshalb ist es von entscheidender Bedeutung, was Sie denken, wenn Sie ein erfolgreiches und befriedigendes Leben führen möchten. Die positiven Wirkungen von Gedanken lassen sich anschaulich anhand der sog. Scheinmedikamente (Placebos) verdeutlichen: Hier setzen Ärzte positive Gedankenenergien beim jeweiligen Patienten frei. Dem Patienten wird ein Medikament verabreicht, das keinerlei Wirkstoffe enthält und der Arzt sagt ihm, es handle sich um ein besonders intensives Medikament. In 30 bis 40 Prozent der Fälle wirken diese Scheinmedikamente. Die positive Erwartungshaltung des Kranken hat körperlich eine Abnahme der jeweiligen Beschwerden zur Folge. Aus der Behandlung von Krebskranken ist seit langem bekannt, daß eine positive Einstellung der Heilungschance gegenüber eine Grundvoraussetzung für den Erfolg jeglicher Krebstherapie ist. Es gibt zahlreiche Fälle von Krebspatienten, deren Heilung nicht zuletzt auf ihre positive Erwartungshaltung zurückzuführen war.

Durch die Anwendung von Meditationstechniken gelingt es Ihnen allmählich, mehr Ihrer geistig-kreativen Fähigkeiten zu nutzen, wie wir Ihnen im 8. Kapitel ausführlicher erläutern werden. Da der Durchschnittsbürger lediglich einen verschwindend geringen Teil seiner ihm potentiell zur Verfügung stehenden Fähigkeiten ausnutzt, ist auch die Kraft seiner Gedanken eingeschränkt. Je mehr Gedankenenergien jedoch freigesetzt werden, um so wirkungsvoller und erfolgreicher ist das Handeln. Meditation macht Sie mit Bereichen Ihres Bewußtseins vertraut, zu denen Sie normalerweise nur zufällig oder gar keinen Zugang haben. Sie ermöglicht es Ihnen, in einem Zustand der Tiefenentspannung direkten Zugang zu Ihrem Unterbewußtsein zu erlangen. Der Geist wird darin trainiert, Gedanken bereits zu Beginn ihrer Entstehung in einer wenig oder nicht bewußten Phase wahrzunehmen, wie dies z.B. bei Intuitionen der Fall ist. Die Kraft der jeweiligen Gedanken wird deshalb gestärkt, weil ähnlich wie in der Welt der Materie ,,feinere" Ebenen eines Gedankens mehr ,,Energie" enthalten. Die im Unterbewußtsein verwurzelten negativen ,,Denkprogramme" verwandeln sich schrittweise in positive. Es ist so, als ob Sie während der Meditation ,,Unkraut jäten" würden: Eingefahrene, negative Denkmuster, die Sie im Alltag immer wieder in ,,automatischen", unangemessenen Verhaltensweisen ausdrücken, werden gelockert und abgebaut. Es gelingt Ihnen mehr und mehr, anstelle der negativen Gedanken aufbauende, positive Denkgewohnheiten zu entwickeln. Die Fähigkeit, positiver und geordneter zu denken, wächst vor allem deshalb, weil Meditation Ihnen bei der Verarbeitung belastender Erfahrungen hilft und nach und nach von den Streßfolgen befreit. Ferner beginnt, wie wir Ihnen im 3. Kapitel geschildert haben, das Gehirn kohärenter zu arbeiten, was sich ebenfalls förderlich auf die Ordnung und Positivität des Denkens auswirkt.

Ihr Leben bekommt durch die Freisetzung positiver Gedankenenergien neue Impulse, Sie spüren z.B. mehr Tatkraft, Stärke und Mut. Sie lernen, mit sich selbst und Ihrem Leben besser umzugehen: Sie sind imstande, sich mehr zu akzeptieren, sehen mehr das, was Sie können und was an Ihnen liebenswert ist. Sie tragen im Laufe der Zeit eine andere ,,Brille''. Sie sehen die Welt mit ,,neuen'' Augen, was Sie lebensfroher macht. Nicht zuletzt wirkt sich eine veränderte Denkweise aber auch körperlich aus: Während negative Gedanken, etwa über erlittene Kränkungen, auf Dauer krank machen, unterstützen und stärken aufbauende Denkgewohnheiten den gesundheitlichen Zustand, wie aus der Psychosomatik seit langem bekannt ist.

Eine 79jährige ehemalige Krankenschwester nahm an einem unserer Meditationskurse teil. Sie beschrieb nach einem halben Jahr Meditationsausübung die Wirkungen der Meditation auf ihre Art zu denken wie folgt:

,,Vor Meditationsbeginn war ich mit meinem Leben alles andere als zufrieden. Ich spürte mangelnde Erfüllung und litt häufiger unter Depressionen. Meine Nachbarn schienen dies deutlich mitzubekommen. Sie wollten mir etwas Gutes tun, indem sie mir regelmäßig die verschiedensten Illustrierten schenkten, um mich von meiner unbefriedigenden Lebenssituation, vor allem von meinem Alleinsein, abzulenken. Sie meinten, mir dadurch einen guten Dienst zu erweisen. Ich saß fast den ganzen Nachmittag und Abend vor dem Fernsehapparat, um Kontakt zur Außenwelt zu haben. Nach einigen Wochen Meditationspraxis bemerkte ich zu meinem großen Erstaunen, daß mein Interesse an Illustrierten und dem Fernsehprogramm stetig abnahm. Mir wurde immer deutlicher, wie viele negativ gefärbte und belastende Informationen ich auf diese Weise tagtäglich in mich aufnahm. Heute verbringe ich meine Zeit mit der Lektüre von aufbauender Literatur. Die Fernsehsendungen suche ich mir gezielt aus und achte darauf, daß ich mich nicht zu vielen negativen Einflüssen aussetze. Ich fühle mich im Alltag meist zuversichtlich und positiv. Ich kann viel besser allein sein, habe weniger Herz- und Kreislaufstörungen und freue mich jedesmal auf die Meditation. Durch die Meditation hat sich mein Denken grundlegend in positiver Richtung verändert."

Entfaltung der Intuition

„Woher weißt Du das?", auf diese Frage eines Arbeitskollegen, Freundes oder des Ehepartners hat sicher jeder schon einmal geantwortet: „Ich habe einen Riecher dafür!" Oder: „Ich fühle, daß es so und nicht anders ist bzw. kommen wird!" *Intuition*, das ist die innere Sicht, die Inspiration, die unwiderlegbare Gewißheit. Im intuitiven Erkennen geht ein Licht auf. Intuition zwingt geradezu, in bestimmter Weise zu handeln: man kann dann gar nicht anders.

Intuition ist also ein mächtiger „Führer". Doch, wie schon der bekannte Tiefenpsychologe JUNG festgestellt hat, im normalen Leben innerhalb der üblichen vier Wände und der Routinearbeit nutzen die wenigsten ihre Intuition. Aber es gibt Situationen, meistens die wichtigsten in Ihrem Dasein, da sind Sie auf Ihre Ahnung, Ihre „innere Stimme" wie auf kaum etwas anderes angewiesen, beispielsweise an der Börse oder im Herzen von Afrika. Wenn Sie nicht im voraus rational schließen können, wie sich der Aktienkurs bewegen wird oder ob Sie bei der nächsten Wegbiegung nicht plötzlich einem Rhinozeros gegenüberstehen, dann sind Ihre intuitiven Kräfte herausgefordert.

Jeder Mensch hat ein intuitives Potential. Doch liegt dies, wie so manches andere, größtenteils brach, weil es an der Koordination bestimmter Hirnteile und Reizen mangelt, denen die entwicklungsgeschichtlich älteren Hirnregionen ausgesetzt sind. Zu diesen älteren Hirnbereichen gehört auch derjenige Teil, der für die intuitiven Fähigkeiten verantwortlich ist. Einige Wissenschaftler verbinden die intuitiven Leistungen sogar mit dem Geruchsorgan, das in der Entwicklungsgeschichte vor Augen und Ohren entstand.

Der überwiegende Teil der Menschen vernachlässigt die Intuition, obwohl sie im Alltag häufig spüren können, daß sie vorhanden ist und wie wichtig sie sein kann. Vor kurzem sprachen wir mit dem Geschäftsführer einer größeren Warenhauskette. Er war verunsichert, da ihm wenige Tage zuvor bewußt geworden war, wie wenig sein bislang verstandesgesteuertes Handeln ausreiche, um mit so vielen nichtkalkulierbaren Faktoren fertig zu werden, wie er es jetzt müsse. Wenn aber seine altbewährten Methoden, sich zu informieren und seine Geschäfte zu führen, nicht mehr ausreichten, was solle er dann anwenden? Wir erklärten ihm, daß er es mit einer Situation zu tun habe, die den meisten Menschen irgendwann widerfahren könnte. Die großen und kleinen Entscheidungen, was ich mir nun kaufe, wohin ich ziehe, welchen Beruf ich auswähle, mit wem ich zusammenarbeite, diese Entscheidungen müssen alle aufgrund unvollständiger Informationen getroffen werden. Noch schwieriger ist es, aus einem Überangebot von Informationen die situationsangemessene auszuwählen, diejenige, die weiterhilft. Angesichts dieser Unberechenbarkeit aufgrund des Informationsmangels bzw. -überangebots bleibt letztlich nur der ,,Sprung" in die intuitive Auswahl und Entscheidungsfindung. Mit dem Verstand allein wird man weder dem Mangel noch der Menge der Informationen gerecht, die eigentlich berücksichtigt werden müssen.

Wahrnehmungspsychologen erklären, daß Intuition die ganzheitliche Erfassung einer Situation ermöglicht. Ganzheitlich heißt hier, daß Sinne, Verstand und Gefühl die Eindrücke sowohl bewußt als auch unbewußt, also unterhalb der bewußten Wahrnehmungsschwelle, verarbeiten. Und gerade auf die unterschwelligen Wahrnehmungen kommt es an, wenn die Intuition aktiviert werden soll. Die Intuition speist sich nämlich vornehmlich aus mimischen, gestischen, haltungsbezogenen, geruchsabhängigen und ähnlichen Informationen der Umwelt, deren Wahrnehmung und Sammlung unterhalb der Bewußtseinsschwelle ablaufen.

Damit Sie Ihre Intuition besser nutzen lernen, müssen Sie den Informationsfluß zwischen bewußten und unterschwelligen Wahrnehmungen erleichtern. Meditation ist hier eine gute Hilfe. Zunächst einmal öffnet sie diejenigen „Kanäle", beispielsweise die Nervenbahnen, die für eine Vernetzung von Intuition und Verstand zuständig sind. Dies gelingt deshalb, weil Meditation entspannt und beruhigt. Es sind nämlich „Störimpulse", die mit körperlicher und geistiger Unruhe zusammenhängen, die den Informationsfluß zwischen Intuition und Verstand behindern. Diese „Unruheimpulse" werden durch Meditation abgeschwächt und stellen dann keine Behinderung mehr dar.

Darüber hinaus richtet Meditation die sinnliche und geistige Aktivität verstärkt nach innen. Wenn jemand sein Inneres erforscht, wird die Schwelle zwischen bewußten und unterschwelligen Wahrnehmungen durchlässiger. Mehr und mehr zuvor Unterschwelliges prägt dann die aktiven Entscheidungen. Die nachtwandlerische Sicherheit, das Richtige zu treffen, stellt sich ein, weil der Meditierende über mehr Informationen von innen her verfügt.

Schon mehrfach haben wir darauf hingewiesen, daß der meditative Bewußtseinszustand ein besonderer Zustand ist. Er zeichnet sich durch die Verbindung von Ruhe und Wachheit aus, ferner durch gleichbleibende Aufmerksamkeit, die frei ist von Wertungen. Der meditative Zustand ähnelt vor allem bei „Meditationsneulingen" dem Übergangsstadium zwischen Wachen und Schlafen. Psychologen konnten immer wieder beobachten, daß Zustände, in denen die Gedankentätigkeit verringert ist, aber keine Dumpfheit vorherrscht, *intuitive Entdeckungen* begünstigen. Ein häufig genanntes Beispiel ist die Entdeckung des Benzolrings durch den Chemiker KEKULE.

KEKULE selbst beschreibt diesen intuitiven Zustand als eine Art Träumen:

„Ich drehte den Stuhl nach dem Kamin und versank in Halbschlaf. Wieder gaukelten die Atome vor meinen Augen. Kleinere Gruppen hielten sich diesmal bescheiden im Hintergrund. Mein geistiges Auge, durch wiederholte Gesichte ähnlicher Art geschärft, unterschied jetzt größere Gebilde von mannigfacher Gestaltung. Lange Reihen, vielfach dichter zusammengefügt; alles in Bewegung, schlangenartig sich windend und drehend. Und siehe, was war das? Eine der Schlangen erfaßte den eigenen Schwanz und höhnisch wirbelte das Gebilde vor meinen Augen. Wie durch einen Blitzstrahl erwachte ich ..."

KEKULE erwähnt, daß es erst einer gewissen Übung bedurfte, sein Auge zu schärfen für die Wahrnehmung von Bereichen, die sonst eher verschwommen erscheinen bzw. die Tendenz haben, sich ganz dem bewußten Zugriff zu entziehen.

Eine besondere Art von Kreativität scheint sich also in meditativen Zuständen zu offenbaren. Sie führt zu Entdeckungen auf dem Weg bildhafter und assoziativer Wahrnehmungen. Der meditative Zustand geht dann in einen intuitiven Zustand über. Beide, Meditation wie Intuition, hängen mit der Veränderung von Wahrnehmungsschwellen und der Innenorientierung zusammen. Sie haben den Charakter des Empfangens gemeinsam. Meditation wird zur intuitiven Entdeckung, wenn sich in ihr ein Problem derartig löst, daß das klare und eindeutige Gefühl auftritt: „So ist es."

Ein offenes Bewußtsein als Folge der Meditation ist besonders geeignet, sich in Objekte, Situationen und Mitmenschen hineinzuversetzen.

So erzählte uns eine Hausfrau, Mutter von drei Kindern, nach einer Meditation in einem unserer Seminare, sie habe sehr deutlich eine Bilderfolge wahrgenommen, derzufolge ihre Jüngste auf einer Geburtstagseinladung beim Topfschlagen einen kleinen Stoffpandabären gefunden habe. Sie war so davon überzeugt, daß dies wahrhaftig passiert sei, daß wir sie zu einem Anruf zu Hause ermunterten, um es einfach zu überprüfen. Und in der Tat, sie hatte es richtig wahrgenommen! Ausgelöst wurde die Intuition durch ein intensives Sehnsuchtsgefühl nach der Tochter, das während der Meditation aufstieg und ihre ganze Aufmerksamkeit auf ihre Tochter lenkte. Meditation und inneres Sehen hängen also eng miteinander zusammen. Meditatives Bewußtsein ist ein fruchtbarer Nährboden für intuitive Entdeckungen.

Vertrauen in die eigene Intuition gewinnt man nur schrittweise. Zu sehr sind die meisten Menschen von der intuitiven Quelle all ihrer Vorstellungen, Gedanken und Entscheidungen getrennt. Der meditative Rückbezug zum Ursprung aller Gedanken macht den Meditierenden Schritt für Schritt mit weniger bewußten Bereichen seiner Innenwelt vertraut. Dadurch fühlt er sich mehr und mehr in diesen Bereichen zu Hause. Die direkte Nutzung der damit erschlossenen Möglichkeiten erfolgt automatisch. Das heißt, spezielle Intuitionstrainings sind nicht mehr nötig, wenn einmal die inneren „Störelemente" beseitigt sind und vor allem die rein verstandesmäßige Arbeitsweise des Geistes durch Meditation ergänzt wird.

Umgang mit anderen Menschen

Die Wirkungen der Meditation beschränken sich nicht nur auf das persönliche Leben, sondern betreffen auch den zwischenmenschlichen Bereich. Von Natur aus ist der Mensch kein Einzelwesen, sondern ein soziales Wesen, das den Partner braucht. Er sucht daher den Kontakt mit anderen Menschen und verbringt, sei es beruflich oder privat, einen Großteil seiner Zeit nicht allein, sondern zusammen mit anderen. Nachdem wir Ihnen in den vorherigen Abschnitten gezeigt haben, wie sich die Meditationsausübung auf verschiedene Aspekte der Persönlichkeit auswirkt, soll es in diesem Abschnitt darum gehen, zu erläutern, inwiefern Meditation zu einer Verbesserung zwischenmenschlicher Beziehungen beitragen kann. Wir schildern Ihnen dabei als Beispiele, wie sich die Meditationspraxis auf Partnerbeziehungen und auf die Kommunikation innerhalb der Familie auswirkt. Ferner erklären wir Ihnen, womit die veränderte Kommunikationsfähigkeit bei Meditierenden zusammenhängt.

Konflikte in der Ehebeziehung oder in anderen Partnerbeziehungen sind Ihnen allen zweifelsohne aus eigener Erfahrung vertraut. Halten Sie sich nur einmal vor Augen, wie viele Ehen in Ihrem Freundes- und Bekanntenkreis in letzter Zeit geschieden wurden oder in denen sich zumindest grundlegende Probleme zeigen. Etwa jedes dritte Ehepaar läßt sich scheiden! Daraus wird ersichtlich, wie verbreitet Beziehungsprobleme sind.

Aus der Kommunikationspsychologie ist bekannt, daß in jeder zwischenmenschlichen Beziehung ein ,,Sender" einem ,,Empfänger" bestimmte Informationen übermittelt und umgekehrt. Probleme in zwischenmenschlichen Situationen können daher einerseits mit dem ,,Sender" in Verbindung stehen: Es kommt beispielsweise häufig vor, daß der eine dem anderen eine bestimmte Information nicht eindeutig übermittelt, was zu Mißverständnissen unterschiedlichster Art Anlaß gibt. Andererseits sind zwischenmenschliche Reibereien aber auch auf den ,,Empfänger" zurückführbar. Dies ist dann der Fall, wenn dieser nicht richtig zuhört und die jeweilige Information nur verzerrt aufnimmt. Beziehungsprobleme und ihre Ursachen sind so vielfältig, daß wir Ihnen diese hier nicht im einzelnen erläutern können. Uns geht es vorwiegend darum, Ihnen Meditation als ein Mittel näherzubringen, das hilft, die menschliche Kommunikation zu verbessern.

Am Beispiel einer amerikanischen Untersuchung wollen wir Ihnen zeigen, wie sich die Meditationsausübung auf Ehebeziehungen auswirkt.[64] Das Psychologenehepaar ARON befragte 34 verheiratete Frauen, die etwa 30 Jahre alt waren, mit Hilfe eines Fragebogens, ob sie mit ihrer Ehe zufrieden wären (,,Marital Adjustment Inventory" von LOCKE). Die eine Hälfte der Versuchspersonen übte seit mehreren Jahren die Transzendentale Meditation aus, die anderen Untersuchungsteilnehmer meditierten nicht. Es ergab sich ein klarer Zusammenhang zwischen der Meditationspraxis und der Zufriedenheit mit der eigenen Ehe: Die Meditierenden erwiesen sich als deutlich zufriedener mit ihrer Ehebeziehung als die Nichtmeditierenden.

Ein mit uns befreundetes meditierendes Ehepaar beschrieb uns, wie sich die Meditationsausübung auf ihre Fähigkeit, partnerschaftliche Konflikte zu bewältigen, ausgewirkt hat: „Seit wir beide meditieren, verlieren Auseinandersetzungen und Spannungen in unserer Beziehung mehr und mehr an Bedeutung. Wenn es zu irgendwelchen Konflikten kommt, gehen wir die Situationen lockerer und gelöster an als früher. Der jeweilige Konflikt ist immer weniger ein Konflikt, sondern eher ein Spiel! Wir sind imstande, flexibler aufeinander einzugehen. Starre, eingeschliffene Verhaltensweisen, die in der Vergangenheit immer wieder dazu führten, daß wir uns gegenseitig „hochschaukelten", treten seltener auf. Wir lösen heute Spannungen in unserer Beziehung nicht dadurch, daß wir dagegen anrennen wie mit einem Rammbalken, sondern wir verhalten uns eher wie das Wasser, das um den Felsen herumfließt und dann sehr wohl seine ursprüngliche Richtung weiter verfolgt. Der Fels bleibt zwar bestehen, aber er wird dadurch beeinflußt, daß das Wasser immer wieder um ihn herumgespült wird. Und so verändert er sich dann allmählich. Die ganze Beziehung ist nicht mehr so statisch, weniger festgefahren. Sie hat wohl einen festen Rahmen, aber innerhalb dieses Rahmens ist eine größere Beweglichkeit in unserem Denken und Verhalten da."

Aus diesem Erfahrungsbericht geht hervor, daß vor allem die mit der Meditationspraxis verbundenen Persönlichkeitsveränderungen die Ursache für die vorteilhaften Auswirkungen der Meditation auf Partnerbeziehungen sind: Insbesondere entwickelt sich die Fähigkeit, den anderen in seinem Wesen wertzuschätzen und ihn mit all seinen Stärken und Schwächen zu akzeptieren.[65] Sie kennen sicherlich das Sprichwort „Schönheit liegt im Auge des Betrachters". Dies besagt, daß die Fähigkeit zur *Wertschätzung* von der Wahrnehmung, dem Bewußtsein des einzelnen abhängt. Wenn die Wahrnehmung erweitert wird, wächst auch das Vermögen, den Partner zu lieben.

Jede befriedigende Partnerschaft beruht nicht nur auf einem Austausch von sachlichen Informationen, sondern auch auf einer wechselseitigen Übermittlung von Gefühlen. Die „gefühlsmäßige Schiene" ist von ausschlaggebender Bedeutung für jede Partnerbeziehung. Sie haben dies vermutlich alle schon einmal erlebt: Wenn es gefühlsmäßig zwischen Ihnen und Ihrem Partner nicht stimmt, verläuft die Kommunikation unbefriedigend. Sie können dann unter Umständen stundenlang mit dem anderen auf der sachlichen Ebene Informationen austauschen, ohne daß sich grundlegend etwas an den emotionalen Spannungen ändert.

Durch die Meditationsausübung entwickelt sich auch der Gefühlsbereich: der Meditierende wird allmählich immer fähiger, Gefühle wahrzunehmen und auszudrücken.[66] In einer Zeit, die so gefühlsarm wie die heutige ist, erlangen *gefühlsmäßige Qualitäten* als Gegengewicht zu der Überbetonung des Verstandes eine immer größere Bedeutung. Durch Meditation wird die Persönlichkeitsstruktur in positiver Weise ,,gelockert". Daraus resultiert eine Steigerung im Wahrnehmen von Gefühlen und die Spontaneität des Gefühlsausdrucks nimmt entsprechend zu – der Betreffende kann sich mehr freuen, tritt dem anderen freundlicher entgegen, lacht häufiger, ist aber auch imstande, negativen und belastenden Gefühlen besser Ausdruck zu verleihen. Da Meditation die ,,Qualitäten des Herzens" entwickeln hilft, wirkt sie sich grundsätzlich förderlich auf partnerschaftliche Beziehungen aus.

Kommunikation in der Familie

Immer wieder erleben wir es in unseren Meditationskursen, daß zunächst einzelne Personen aus einer Familie das Meditieren erlernen und sich nach einiger Zeit auch die anderen Familienmitglieder dazu entschließen. Dies hängt in vielen Fällen mit den positiven Veränderungen zusammen, die bei Meditierenden wahrgenommen werden.

Eine 27jährige Mutter, die seit drei Jahren Transzendentale Meditation anwendet, schrieb uns ihre Erfahrungen:

,,Eigentlich war ich immer ein recht zufriedener Mensch. Aber mir mangelte es stets an Selbstvertrauen und gesunder Selbstliebe. In dieser Hinsicht hat mir Meditation eine Menge gebracht: Heute kann ich mich mehr akzeptieren und manchmal sogar richtig lieben. Da ich meinen Kindern rund um die Uhr ein Vorbild sein möchte, liegt mir besonders daran, meine eigene Persönlichkeit zu entwickeln. Wenn ich zufrieden und ausgeglichen bin, strahlt dies auf meine Kinder und meinen Mann aus. Ich spüre deutlich, daß ich meiner Familie, seit ich meditiere, mehr Liebe und Zuwendung geben kann. Andererseits merke ich auch zunehmend, wieviel mehr ich von ihnen zurückbekomme. Im Umgang mit den Kindern bin ich heute ruhiger und geduldiger. Ich kann stärker auf ihre Bedürfnisse eingehen, sie mehr als Personen mit eigenen Wünschen annehmen. Mir wird außerdem eher bewußt, was meinen Kindern gut tut und was ihrer Entwicklung nicht förderlich ist. Das Erstaunliche an diesen Veränderungen innerhalb meiner Familie ist für mich, daß diese sich – ohne von mir gezielt angesteuert worden zu sein – schrittweise und immer deutlicher im Laufe der Zeit gezeigt haben."

Dieser Bericht veranschaulicht, wie wichtig das *Prinzip des Gebens* für befriedigende zwischenmenschliche Beziehungen ist. Begegnen sich alle Mitglieder einer Familie in der Erwartung, etwas von den anderen zu erhalten, wollen also alle etwas bekommen, dann gibt niemand und keiner empfängt. Angemessene soziale Beziehungen erfordern, daß jeder dem anderen etwas gibt, sei es Zuwendung, Anteilnahme, Liebe, oder auch nur bestimmte sachliche Informationen. Voraussetzung dafür ist, daß man selbst imstande ist zu geben. Um geben zu können, muß man jedoch etwas besitzen. Jeder bringt seine eigene Persönlichkeit mit all ihren starken und schwachen Seiten in eine Beziehung ein. Ein entwickelter Mensch bereichert seine Mitmenschen und kann ihnen mehr geben, als eine Person, die mit sich viele Probleme hat. Oder anders ausgedrückt: Jeder Mensch strahlt das aus, was er ist. Um ein Bild zu gebrauchen: Wenn eine Glühbirne voll leuchtet, dann gibt sie helles Licht. Eine verstaubte Birne strahlt dagegen nur schwach. Dadurch, daß Meditation unterschiedliche Aspekte der Persönlichkeit entfaltet, versetzt sie die jeweilige Person in die Lage, anderen Menschen – in welcher Form auch immer – mehr zu geben. Dies wirkt sich vor allem im Umgang der einzelnen Mitglieder einer Familie positiv aus, weil die wechselseitige Abhängigkeit hier besonders groß ist.

Entwicklung der Persönlichkeit als Grundlage für befriedigende zwischenmenschliche Beziehungen

Aus dem bisher Gesagten geht hervor, daß die Persönlichkeit der Angelpunkt für eine zufriedenstellende Kommunikation zwischen Menschen ist. In zahlreichen psychologischen Untersuchungen an Meditierenden zeigten sich Persönlichkeitsveränderungen, die für den zwischenmenschlichen Bereich bedeutsam sind: Zunächst einmal hilft die Meditation, negative Persönlichkeitsmerkmale wie Ängstlichkeit, Depressivität, Unausgeglichenheit, starke Neigung zu Aggressionen und Stimmungsschwankungen abzubauen.[67] Solche Eigenschaften behindern den Kontakt zum Mitmenschen: Wenn jemand ängstlich und gehemmt ist, wagt er es häufig gar nicht, auf andere zuzugehen. Auch eine unausgeglichene Stimmungslage oder dann und wann auftretende Wutausbrüche verhindern den Aufbau einer harmonischen Beziehung: für den jeweiligen Partner sind solche Persönlichkeitsmerkmale nichts anderes als eine Belastung!

In vielen Lebenssituationen sind zwischenmenschliche Konflikte auf eine Überforderung oder auch eine geringe Belastbarkeit der Beteiligten zurückzuführen. Denken Sie nur einmal daran, was in Ihrer eigenen Partnerbeziehung los war, als Sie sich beruflich oder privat in einer Situation mit besonderen Anforderungen befanden. Es ist leider weit verbreitet, berufliche Frustrationen jeweils am Partner abzureagieren! Allein aufgrund der Tatsache, daß die Meditationspraxis zu einem allmählichen Verschwinden der genannten negativen Persönlichkeitszüge beiträgt, wird ersichtlich, welchen Nutzen sie für den zwischenmenschlichen Bereich hat.

Über den Abbau dieser negativ gefärbten Persönlichkeitseigenschaften hinaus führt die regelmäßige Meditationsausübung aber auch zur Entwicklung von positiven Persönlichkeitsaspekten.

Fragebogenuntersuchungen an Meditierenden ergaben nach einigen Monaten oder Jahren Meditationspraxis, ein Wachsen an Toleranz, Kontaktfreudigkeit, Geselligkeit, Spontaneität und Offenheit.[68,69] Sie werden direkt erkennen, wie wichtig diese Persönlichkeitszüge für soziale Beziehungen sind. Ein Mensch, der tolerant ist, vermag an anderen Schwächen oder Eigenarten zu akzeptieren. Jemand, der fähig ist, Kontakte leicht herzustellen, der umgänglich und gesellig ist und sich darüber hinaus noch durch eine offenherzige und spontane Art auszeichnet, kann im Umgang mit anderen meist besondere Pluspunkte sammeln. Er kommt einfach viel besser an, und die meisten zwischenmenschlichen Reibereien und Konflikte sind ihm fremd. Die Meditation hat also langfristig Persönlichkeitsveränderungen zur Folge, die in eine größere soziale Reife, einen angemesseneren und befriedigenderen Umgang mit den Mitmenschen münden.

Persönlichkeitsintegration

In diesem Kapitel haben wir Ihnen bisher beschrieben, wie sich regelmäßige Meditation auf die Persönlichkeit auswirkt. Dabei wurde offenkundig, wie weitreichend und umfassend die Effekte sind. Sie erstrecken sich einerseits auf den Abbau von negativen Persönlichkeitseigenschaften wie Nervosität, Gehemmtheit und Unausgeglichenheit und andererseits auf die Förderung von positiven Merkmalen wie Selbstvertrauen, Selbstannahme, Offenheit und Kontaktfähigkeit. Meditation steigert ferner das Wohlbefinden, sie ermöglicht es, allmählich positiver zu denken und besser mit sich selbst umzugehen, trägt aber auch dazu bei, daß sich grundlegende Einstellungen dem eigenen Leben gegenüber zu wandeln beginnen. Besonders bedeutsam sind auch diejenigen Persönlichkeitsveränderungen, die die Grundlage für einen besseren Umgang mit anderen Menschen schaffen. Insgesamt erfolgt eine *ganzheitliche Entwicklung*, die sich vor allem darin zeigt, daß die Meditationsausübung nicht nur eine Förderung von verstandesmäßigen Funktionen zur Folge hat, sondern darüber hinaus auch Gefühlsqualitäten und nichtsprachliche Fähigkeiten wie das Intuitionsvermögen entfaltet.

Wolfgang HOWALD untersuchte vor einigen Jahren im Rahmen seiner Doktorarbeit die Wirkungen verschiedener Meditationstechniken auf unterschiedliche Persönlichkeitsbereiche.[70] Annähernd 300 Versuchspersonen nahmen an dieser Studie teil. Vor Erlernen der jeweiligen Meditationstechnik und nach einem Jahr Meditationsausübung bekamen die Untersuchungsteilnehmer eine Reihe von Persönlichkeitsfragebogen vorgelegt. Außerdem sollten Freunde oder Bekannte anhand eines Beurteilungsbogens angeben, ob sie bei den Meditierenden persönlichkeitspsychologische Veränderungen feststellen.

Wir können Ihnen die Ergebnisse dieser umfangreichen Untersuchung hier zwar nicht in Einzelheiten schildern, möchten Ihnen aber beispielhaft erläutern, wie sich die Gruppe der Ausübenden der Transzendentalen Meditation persönlichkeitsmäßig innerhalb von einem Jahr verändert hatte: Diese Meditationsgruppe erwies sich, nachdem sie zwölf Monate lang meditiert hatte, als weniger nervös und psychosomatisch gestört, weniger aggressiv, erregbar, unausgeglichen und depressiv. Sie war ferner gelassener, offener und im zwischenmenschlichen Kontakt extravertierter, d.h. sie war imstande, sich den Mitmenschen gegenüber stärker zu öffnen. In der Abbildung auf der folgenden Seite sind diese Persönlichkeitsveränderungen graphisch dargestellt (das hier benutzte Testverfahren war das „Freiburger Persönlichkeitsinventar", ein in der Psychologie häufig eingesetzter Persönlichkeitsfragebogen):

Mit Hilfe von weiteren Testverfahren ermittelte HOWALD außerdem bei dieser Gruppe am Ende der Untersuchung eine ausgeprägtere Fähigkeit, in der Gegenwart zu leben und das eigene Leben selbst zu steuern: Die Meditierenden lebten also weniger vergangenheits- oder zukunftsorientiert, sie waren imstande, den Augenblick bewußter wahrzunehmen und auch mehr zu genießen, und sie hatten den Eindruck, weniger fremdbestimmt, mehr nach den eigenen Bedürfnissen zu leben. Ihre Selbstachtung und Spontaneität waren größer als zu Meditationsbeginn. Sie hatten darüber hinaus ein positiveres Bild von ihrer Person und sie konnten sich selbst mehr akzeptieren.

Diese Ergebnisse verdeutlichen noch einmal, wie sich die Meditation auf die Persönlichkeit auswirkt: Sie baut negative Persönlichkeitsmerkmale ab und beeinflußt positive vorteilhaft. Anfangs

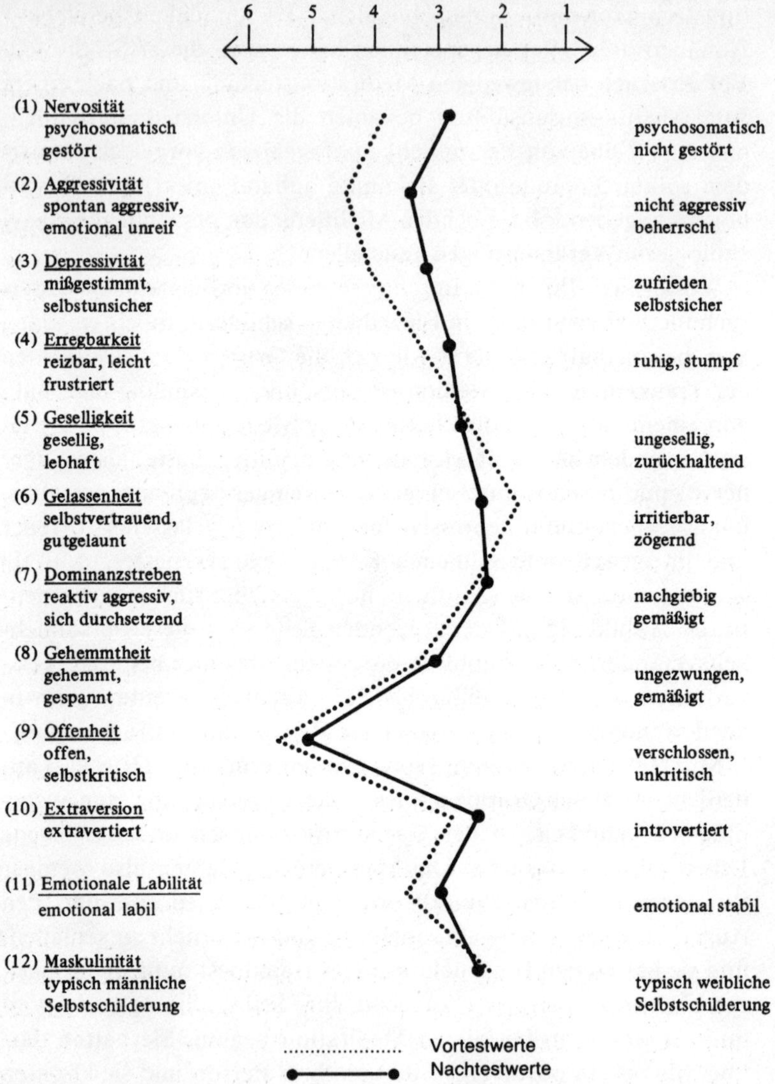

Persönlichkeitsveränderungen innerhalb eines Jahres der Ausübung von Transzendentaler Meditation (Fragebogen: Freiburger Persönlichkeitsinventar)[70]

steht bei Meditierenden meist der Abbau von persönlichen Unzulänglichkeiten im Mittelpunkt. Darauf aufbauend erfolgt dann verstärkt eine Förderung von mehr positiv ausgerichteten Persönlichkeitseigenschaften.

Die Entwicklung der Persönlichkeit vollzieht sich durch Meditation, wie Ihnen einsichtig sein wird, nicht von heute auf morgen, sondern Schritt für Schritt. Dabei gilt: Je länger und regelmäßiger jemand meditiert, um so ausgeprägter sind die erreichten Veränderungen. Der Meditierende empfindet den durch die Meditation in Gang gesetzten Prozeß der Selbstentfaltung unter Umständen so wie einer unserer Seminarteilnehmer, der uns schrieb:

,,Seit ich meditiere, habe ich den Eindruck, als ob ich in einem Hochhaus langsam, aber sicher Stufe um Stufe im Treppenhaus nach oben ginge. Ich spüre, daß ich irgendwie vorankomme, es geht bergauf. Nachdem ich einige Monate meditiert hatte, fiel es mir immer schwerer, mich an den Treppenhauseingang zu erinnern. Mit anderen Worten: Ich konnte mich nicht mehr so gut an meinen Ausgangszustand vor Meditationsbeginn erinnern, an meine persönlichen Probleme, die ich vorher hatte, aber auch nicht mehr daran, wie ich mich eigentlich damals wirklich fühlte. Das hängt wohl damit zusammen, daß die Meditation bei mir im Hinblick auf die Persönlichkeit vieles in Bewegung gebracht hat. Ich weiß zwar nicht, wieviele Etagen das Hochhaus überhaupt hat. Das heißt, mir ist derzeit noch nicht bewußt, auf welches Ziel meine Persönlichkeit sich letztlich hin entwickeln wird. Ich habe aber insgesamt ein sehr befriedigendes Gefühl, daß ich im Treppenhaus des Hochhauses schrittweise höher komme.“

Das in diesem Erfahrungsbericht beschriebene Gefühl, Stück für Stück voranzukommen, läßt sich auch noch anhand eines anderen Bildes veranschaulichen: Stellen Sie sich vor, Sie müßten nach der ursprünglichen Methode ein Tuch mit Indigo färben. Dafür wird es nicht reichen, wenn Sie das Tuch nur einmal in die Farbe tauchen. Es würde schnell ausbleichen, weil die Farbe nicht tief genug in die Fasern und Poren des Stoffes eingezogen ist. Meist geht man dann so vor, daß die Tücher über Nacht in Farbe gelagert und tagsüber in die Sonne zum Bleichen gelegt werden.

Abends ist dann jeweils nur noch ein Rest der Farbe im Stoff enthalten. Wird dieser Vorgang oft wiederholt, ist der Stoff irgendwann nach den zahlreichen Färbungen und Ausbleichungen vollständig farbig geworden. Jetzt ist die Farbe so fest eingedrungen, daß selbst die hellste Sonne den Stoff nicht mehr auszubleichen vermag.

In ähnlicher Weise fließen die Wirkungen der Meditation allmählich in das tägliche Leben ein. Von Tag zu Tag wächst in Ihnen ein positives Grundgefühl. Diese Grundstimmung bleibt länger und länger erhalten, immer weniger Vorkommnisse des Alltags vermögen, diesen Zustand innerer Harmonie und Ausgeglichenheit zu stören, bis Sie irgendwann einen Zustand stabilen Glücks erreicht haben: Ihre gesamte Persönlichkeit ist dann harmonisiert und alle Teilbereiche sind in ein Ganzes integriert.

Der weltbekannte amerikanische Psychologe ROGERS hat einmal versucht, die Qualitäten solcher integrierter Persönlichkeiten näher zu umreißen. Er beschrieb die Merkmale dieser *„neuen Menschen“* wie folgt:

– Diese Menschen sind offen für die innere und äußere Welt.
– Sie schätzen die Kommunikation als Mittel, die Dinge so darzustellen, wie sie sind, und lehnen Heuchelei, Betrug und Doppelzüngigkeit ab.
– Sie haben ein gewisses Mißtrauen gegenüber der heutigen Wissenschaft und Technologie.
– Diese Menschen leben nicht gern in einer geteilten Welt. Sie streben vielmehr nach einem ganzheitlichen Leben.
– Sie sind sich der Tatsache bewußt, daß die einzige Gewißheit im Leben die Veränderung ist, daß sie sich selbst ständig in einem Prozeß befinden.
– Sie nehmen am anderen Anteil und sind überaus hilfsbereit, wo echte Not herrscht.
– Sie empfinden eine unmittelbare Verbundenheit mit der elementaren Natur und sind bereit, sie zu schützen.
– Sie haben eine Abneigung gegenüber überstrukturierten, unflexiblen, bürokratischen Institutionen.

– Diese Menschen haben Zutrauen zu ihren eigenen Erfahrungen und empfinden ein Mißtrauen gegenüber äußeren Autoritäten.
– Sie sind zumeist gleichgültig gegenüber materiellen Anreizen und Belohnungen. Sie können im Überfluß leben, aber er ist in keiner Weise notwendig.
– Diese Menschen sind spirituell Suchende. Sie möchten einen Sinn und ein Ziel finden, die über sie hinausreichen.

ROGERS ist sich allerdings bewußt, daß nur wenige Menschen alle diese Merkmale besitzen. Durch Meditation entwickeln sich die meisten dieser „Qualitäten des neuen Menschen" allmählich. Dies führt nach Ansicht von ROGERS zu einem erfüllenderen Leben, einer „neuen Welt": „Diese neue Welt wird sowohl menschlicher als auch menschenfreundlicher sein. Sie wird die Reichtümer und Fähigkeiten des menschlichen Geistes und der menschlichen Seele erforschen und entwickeln. Sie wird Individuen hervorbringen, die in stärkerem Maße integrierte und „ganze" Personen sind. Es wird eine Welt sein, in der sich der einzelne Mensch – das höchste unserer Güter – der höchsten Wertschätzung erfreut. Es wird eine natürlichere Welt sein, mit einer erneuerten Liebe und Achtung für die Natur. Sie wird eine menschlichere, auf neuen und weniger starren Konzepten gründende Wissenschaft entwickeln. Ihre Technologie wird auf die Förderung statt auf die Ausbeutung von Mensch und Natur abzielen. Sie wird in dem Maße, in dem sich der einzelne seiner Kraft, seiner Fähigkeiten und seiner Freiheit bewußt wird, schöpferische Kräfte freisetzen."

7. Fernziele der Meditationspraxis – ein Ausblick

Wir haben Ihnen am Ende des letzten Kapitels das Bild einer Persönlichkeit vorgestellt, die lebenstüchtig ist. Mehrfach begründeten wir auch, warum körperliche Gesundheit, psychisches Wohlbefinden und Leistungsfähigkeit bei Meditierenden zunehmen. Das Grundprinzip des Persönlichkeitswachstums besteht darin, Hindernisse und Konflikte abzubauen und sich immer stärker lebensfördernd zu verhalten. In diesem Kapitel wollen wir Ihnen Ziele des inneren Wachstums nahebringen, so daß Sie wissen, wohin die „Reise“ gehen kann, die Sie antreten, sobald Sie mit dem Meditieren beginnen. Zu einer guten Wegbeschreibung gehört immer auch eine genaue Zielbestimmung.

Voraussetzungen für Selbstentfaltung

Alle in den vorangegangenen Kapiteln beschriebenen Veränderungen, die regelmäßige Meditation auslösen kann, führen zu *größerer Selbstentfaltung*. Der Meditierende wird mehr und mehr zu dem, was er seinem eigentlichen Wesen nach ist. Er wächst von innen heraus in Richtung größerer Gesundheit und Persönlichkeitsreife. Der schon mehrfach erwähnte amerikanische Psychologe MASLOW behauptet, daß die Entwicklung der eigenen Persönlichkeit oder Selbstentfaltung dann einsetzt, wenn Menschen in sich spüren, wie befriedigend es ist, zu wachsen. Wer nach längerer Pause einmal erneut Sport treibt, erlebt – vorausgesetzt er beherrscht die Disziplin noch – wie erfüllend es ist, die nicht genutzten körperlichen Fähigkeiten wieder einzusetzen. Es ist einfach äußerst angenehm, eigene Fähigkeiten zu nutzen oder zu vervollkommnen.

Selbstentfaltung ist demnach ein natürlicher Vorgang, der immer dann beginnt, wenn keine zu großen geistig-seelischen oder sozialen Widerstände vorhanden sind.

Aber Sie kennen sicher auch die Situation, etwas zu tun, was zwar kurzfristig befriedigt, aber Ihrer Persönlichkeitsentfaltung auf Dauer nicht dienlich ist. So rauchen Sie, um nicht zu viel zu essen. Dadurch sind Sie zwar kurzzeitig von der Gefahr übermäßigen Essens befreit, aber langfristig schädigen Sie Ihre Gesundheit durch das Rauchen. Hier kann Selbstentfaltung erst einsetzen, wenn Sie sich Ihrer wahren Bedürfnisse bewußt werden. Einerseits erlaubt Meditation in diesen Fällen, ein größeres Gespür für Ursachen von Denk- und Verhaltensmustern zu entwickeln, die in Teufelskreise führen, andererseits setzt sie Kräfte frei, die dazu geeignet sind, selbstzerstörerische Verhaltensweisen zu überwinden. Durch Meditation gewinnt das Bedürfnis zu wachsen schrittweise die Oberhand, Selbstentwicklung setzt anfangs fast unbemerkt und später dann immer deutlicher neue Schwerpunkte für Ihr Leben.

Meditation schafft in dreifacher Hinsicht die Voraussetzungen dafür, sich selbst zu entfalten: Zum einen erlaubt sie, Angst abzubauen. Psychologen haben ermittelt, daß Angst Sicherheitsbedürfnisse, etwa finanzieller Art, verstärkt und Menschen daran hindert, ihre Bedürfnisse nach wachsender Vollkommenheit und Schönheit zu berücksichtigen. Wie Sie dem 5. Kapitel entnehmen konnten, baut Meditation Angst ab und schafft damit Grundlagen für eine natürliche Entfaltung. Ferner erhöht sie das Bewußtsein im Alltag, und sie vergrößert die Selbstannahme, zwei weitere Voraussetzungen für persönliche Entfaltungsprozesse.

Bewußtheit im Alltag

Manche westliche Psychologen gehen davon aus, daß es genügt, den Alltag bewußt wahrzunehmen, um sich zu verändern und geistig-seelisch zu wachsen. Auch die Zen-Tradition des Meditierens sieht den Alltag als „Lehrmeister" für die Bewußtseinsentfaltung an. Wer von Ihnen einmal gerade noch um einen Unfall herumgekommen ist oder sogar einen Unfall gehabt hat, erinnert sich vielleicht noch an die Bruchteile von Sekunden vor diesem Ereignis. In kürzester Zeit erreichten Sie in diesen Situationen eine

Wachheit und eine Bewußtheit, die weit über das Gewöhnliche hinausgehen. Sie konnten die ganze Situation erfassen und vollkommen klar sehen, was geschah. Kein Gedanke kam, der nicht unmittelbar mit der Situation zusammenhing. Kein Abschweifen war möglich, da der Geist vollständig gesammelt war. In solchen Augenblicken ist man sich nur dessen bewußt, was wirklich vorhanden ist. Leider bietet der gewöhnliche Alltag wenig Gelegenheit, vollkommen bewußt zu sein. Meditation dagegen ist ein Mittel, um die Bewußtheit von innen heraus zu steigern, da sie dem Geist gestattet, in ähnlicher Weise gesammelt zu sein, wie dies bei besonderen Herausforderungen, etwa in Grenzsituationen, der Fall ist.

Die Erfahrung zeigt, daß die während der Meditation gewonnene Bewußtheit, Wachheit und Klarheit danach zunehmend erhalten bleiben.[49] Der Alltag wird bewußter erlebt. Alles wird deutlicher wahrgenommen. Damit ist eine gute Grundlage für persönliches Wachstum geschaffen, das sich in einem veränderten Wahrnehmen und Eingehen auf die Umwelt ausdrücken kann.

Selbstentfaltung durch Selbstannahme

Zur Selbstentfaltung gehört auch die bewußte Wahrnehmung der eigenen Gefühle, Gedanken und Einstellungen. Solange Menschen Angst vor ihren Gefühlen, Empfindungen, Bedürfnissen, Gedanken und Einstellungen haben, können sie nicht in Kontakt mit ihrem wirklichen Selbst kommen. Wenn die inneren Impulse nicht zugelassen, sondern verdrängt werden, dann führt dies zu körperlichen Verspannungen und geistig-seelischen Blockaden. Nur wenn man sich selbst annimmt mit all seinen Fehlern, Schwächen und Stärken, kann Selbstentfaltung einsetzen.

Schon im 6. Kapitel haben wir davon gesprochen, daß Meditation die Selbstakzeptierung erhöht und es ermöglicht, unterdrückte Persönlichkeitsanteile zu integrieren. Sie befreit davon, negativ bewertete Persönlichkeitszüge, etwa „unanständige Gefühle" oder egoistische Wünsche, ständig abzuwehren oder zu verdrängen. Sie versetzt den Meditierenden statt dessen in die Lage, in sein Inneres hineinzuhorchen. Er lernt, das Wahrgenommene anzunehmen und an der Selbstveränderung seines Selbst zu arbeiten, indem er das, was durch Meditation freigesetzt wird, in sein Verhaltensrepertoire einbaut. Eine befreundete Meditationslehrerin drückte das einmal so aus:

„Ich hatte gelernt, so zu sein, wie die anderen es von mir erwarteten. Der Preis dafür war der Verlust des Kontakts zu mir selbst. Mit dem Meditieren wurde das Gefühl für meine Person wieder lebendiger. Langsam, aber stetig spürte ich all die verschiedenen Züge meiner inneren Wirklichkeit. Ich wurde frei und freier, zu mir selbst zu stehen, so wie ich eben war und begann die eigene Erfahrung als Richtschnur für mein Denken und Handeln zu nehmen. Ich hörte auf, meinen eigenen Empfindungen zu mißtrauen oder gar Gefühle zu verleugnen, und wurde immer sicherer im Umgang mit mir selbst. Meditation, das war für mich die Chance, den gestörten und unterbrochenen Kontakt zu mir selbst wiederherzustellen. Ich konnte so sein, wie ich war, ohne mir ständig Befehle zu erteilen und Vorschriften aufzuerlegen, wie: ‚Sag' doch auch mal was, ‚sei auf der Hut' oder ähnliches. Und auf einmal ging alles leichter und viel natürlicher."

Selbstentfaltung, das Verwirklichen der eigenen Möglichkeiten, bedeutet nach MASLOW „vollkommen menschlich" zu werden. Selbstentfaltung ist insgesamt ein Vorgang, der zu dem führt, was die Humanistische Psychologie Selbstverwirklichung nennt.

Selbstverwirklichung als Ziel der Persönlichkeitsentfaltung

„Der Mensch zeigt in seiner eigenen Natur einen Drang nach vollerem und vollerem Sein, nach immer vollkommenerer Verwirklichung seines Menschseins in genau derselben natürlichen Weise, wie eine Eichel sozusagen zu einer Eiche drängt."

MASLOW

Unter *Selbstverwirklichung* versteht MASLOW einen Zustand der Erfüllung, der am Ende eines langen Reifungsprozesses steht.

Selbstentfaltung ist der Weg, auf dem die menschliche Persönlichkeit das Ziel der Selbstverwirklichung erreicht. Die Förderung und Entwicklung der kreativen und gesunden Potentiale des „normalen" Menschen führt dazu, höhere Grade an Vollkommenheit zu erlangen, mehr und mehr Mensch zu sein.

MASLOW hat behauptet, 99 Prozent der Erwachsenen würden ihr volles geistiges und körperliches Potential nicht nutzen. Ganz allgemein gehen Psychologie und Gehirnforschung heute davon aus, daß Menschen durchschnittlich nur 5 – 10 Prozent der in ihnen angelegten Fähigkeiten verwirklichen. Wenn Sie sich vorstellen, ein Klavierspieler würde nur den kleinen Finger seiner linken Hand benutzen, bekommen Sie ein Gefühl dafür, was es heißt, 90 Prozent der vorhandenen Möglichkeiten brachliegen zu lassen. Welche Musikstücke kann man nur mit einem Finger spielen? Nach MASLOW hängt diese mangelnde Verwirklichung eigener Anlagen damit zusammen, daß man sich übermäßig mit der Befriedigung von Grundbedürfnissen wie Essen und Trinken, Wohnen und Arbeiten beschäftigt. Solange diese Bedürfnisse im Vordergrund stehen, kann kein weiteres Potential genutzt werden. Man bereitet sich dann andauernd auf das Leben vor, anstatt wirklich zu leben!

Was ist Selbstverwirklichung?

Dank MASLOWs Arbeiten können wir Ihnen ein genaues Bild des selbstverwirklichten Menschen zeichnen. MASLOW hat Personen untersucht, die sich in besonderer Weise selbst verwirklicht hatten, wie Künstler, Unternehmer und Politiker. Er fand dabei insgesamt *18 Merkmale, über die selbstverwirklichte Menschen verfügen:*

1. Wer das Ziel der Selbstentfaltung erreicht hat, ist in der Lage, die Wirklichkeit besser wahrzunehmen. Es gelingt ihm, Realität und Hoffnung, Erwartung oder Glauben klar zu unterscheiden.
2. Der Selbstverwirklichte nimmt sich selbst an, so wie er ist.
3. Sein Verhalten zeichnet sich durch Spontaneität, Einfachheit

und Natürlichkeit aus. Künstlichkeit und Effekthascherei sind ihm fremd.

4. Selbstverwirklichte sind nicht mehr ichorientiert, sondern problemorientiert. Nicht länger werden sie von der Sorge um sich selbst angetrieben, sondern sie leben für eine Aufgabe, ein Ziel oder eine Mission, die von allgemeinerer Bedeutung sind.
5. Diese Personen können problemlos für sich allein leben. Einsamkeit bringt keine Schwierigkeiten für sie mit sich. Sie erscheinen anderen manchmal als kühl oder distanziert, weil sie unbetroffen bleiben von Ereignissen, die bei anderen ,,Stürme" verursachen. Dieses Über-den-Dingen-Stehen erlaubt ihnen, selbstbestimmt zu leben. Der Selbstverwirklichte handelt verantwortlich und nicht als ,,Schachfigur".
6. Menschen, die einen hohen Grad an Selbstverwirklichung erreicht haben, sind stabiler gegenüber sogenannten Schicksalsschlägen, Entbehrungen, Frustrationen und ähnlichem. Sie verfügen über eine größere Unabhängigkeit gegenüber Umwelteinflüssen.
7. Sie sind fähig, die grundlegenden Lebensgüter immer wieder vollkommen neu wertzuschätzen, wie schal die damit verbundenen Erfahrungen für andere Menschen auch geworden sein mögen. Das heißt auch, daß Selbstverwirklichte keine Langeweile kennen.
8. Alle Selbstverwirklichten kennen mystische Erfahrungen, also Gefühle der Grenzenlosigkeit, des unbeschreiblichen Staunens vor der Wirklichkeit, der Zeit- und Raumlosigkeit.
9. Ihr Gefühl für andere Menschen bzw. ihr Gemeinschaftsgefühl ist groß. Dabei leiden sie aber auch recht häufig an den Unzulänglichkeiten ihrer Mitmenschen.
10. Die Beziehungen, die selbstverwirklichende Menschen zu anderen haben, sind tief und werden als wertvoll erlebt. Sie erfahren die Verbundenheit mit anderen deutlicher als der ,,Durchschnittsmensch". Allerdings ist ihr Freundeskreis eher klein.

11. Sie haben eine demokratische Charakterstruktur: Sie können zu allen Menschen, gleich welchen Typs, freundlich sein und gut mit ihnen auskommen. Sie sind offen dafür, von jedermann etwas zu lernen, und zollen anderen Respekt.
12. Selbstverwirklichte haben klare moralische Vorstellungen und sind stark ethisch veranlagt. Man braucht ihnen nicht zu sagen, was richtig ist; aber ihre Ansichten über gut und böse stimmen häufig nicht mit denen der Mehrheit überein.
13. Sie haben Sinn für Humor. Allerdings lachen sie nicht über feindselige Witze, in denen andere verletzt werden, und auch nicht über Witze, in denen über die Unterlegenheit eines anderen gelacht werden könnte. Deshalb erscheinen sie dem „gewöhnlichen" Menschen eher als nüchtern.
14. Kreativität, Originalität oder Erfindungsgabe sind jedem Selbstverwirklichten eigen. Da sie keine „Anpasser" sind, fallen ihnen immer wieder neue Dinge ein.
15. Sie sind tolerant, nehmen gesellschaftliche Verhältnisse solange hin, wie dies nötig ist. In kritischen Situationen zeigen sie aber Entschlossenheit und Mut.
16. Selbstverwirklichte Menschen weisen viele der kleineren menschlichen Fehler auf. Sie sind auch mit dummen, verschwenderischen und gedankenlosen Gewohnheiten belastet. Ferner ergreifen sie durchaus Partei für ihre Familie, ihre Leistung, haben Zornausbrüche oder schockieren ab und zu andere Personen.
17. Selbstverwirklichte betrachten viele Probleme als gegenstandslos, da sie in der Lage sind, mehr zu akzeptieren und andere Sichtweisen einzunehmen, unter denen sich Probleme oder Krisen als Chancen oder als nichtig darstellen.
18. Bei selbstverwirklichten Menschen sind viele Gegensätze im Innern „verschmolzen", wie zum Beispiel das Weibliche und das Männliche, Körper und Geist, aktiv und passiv, Denken und Fühlen.

MASLOW selbst sah die Bedeutung von Meditation für die Persönlichkeitsentwicklung. In seiner ,,Psychologie des Seins" lesen wir:

,,In der Theorie der Persönlichkeitsausbildung muß man der Selbstvervollkommnung und der Selbstprüfung, der Kontemplation und Meditation einen Platz einräumen. In den späteren Wachstumsstadien ist der Mensch im wesentlichen allein und kann nur von sich selbst abhängig sein. Die Vervollkommnung einer bereits gesunden Person hat Oswald SCHWARZ Psychogogie genannt. Wenn die Psychotherapie kranke Menschen nicht krank macht und Symptome beseitigt, dann beginnt die Psychogogie, wo die Psychotherapie aufhört, und versucht, nichtkranke Menschen gesund zu machen.

Mit Interesse habe ich bei ROGERS bemerkt, daß eine erfolgreiche Therapie bei einem Patienten den durchschnittlichen Wert auf einer WILLOUGHBY-Reife-Skala von fünfundzwanzig auf fünfzig Prozent angehoben hat. Wer soll ihn dann auf fünfundsiebzig Prozent heben? Oder gar auf hundert? Und brauchen wir dafür nicht neue Grundsätze und Techniken?"[71]

Meditationstechniken können hier weiterhelfen. Die intensive Beschäftigung westlicher Psychologen mit asiatischen Meditationsformen deutet darauf hin, daß dort nicht nur ein Wissen über das dem Menschen Mögliche vorhanden ist, sondern man mittlerweile auch erkannt hat, daß es in diesem Kulturraum psychologisch ausgereifte Verfahren für die selbständige Bewußtseinsreifung gibt.

Zu diesen Einsichten haben nicht zuletzt psychologische Untersuchungen an Meditierenden beigetragen. Diese zeigen, daß sich eine Reihe von Merkmalen bei Meditierenden positiv verändern, die MASLOW als charakteristisch für Selbstverwirklichte ansieht.[72,73]

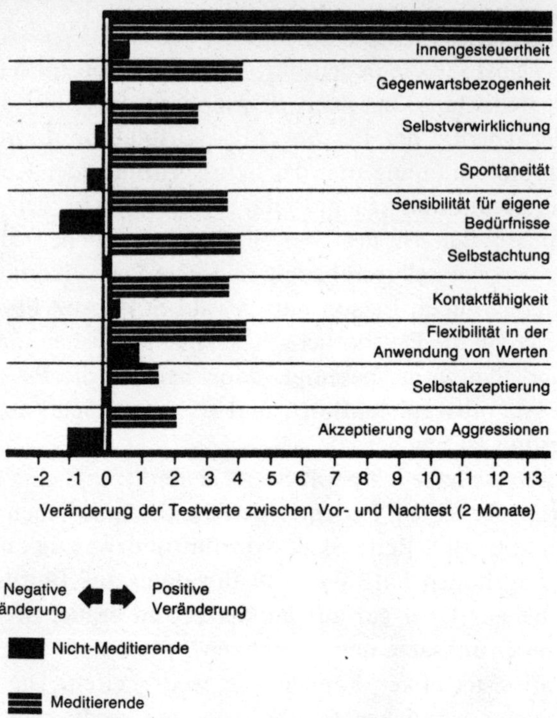

Vergleich von Selbstverwirklichungsmerkmalen bei Meditierenden und Nichtmeditierenden („Personal Orientation Inventory")[72]

Aus dieser Abbildung können Sie entnehmen, daß nach zwei Monaten Meditationspraxis zum Beispiel die Innensteuerung bei Meditierenden zunimmt, also eine größere Unabhängigkeit von äußeren Einflüssen vorhanden ist, die in MASLOWs oben aufgeführter Liste unter Punkt 5 erwähnt wird. Auch nimmt die Spontaneität zu, über die wir unter Punkt 3 der Aufstellung MASLOWs sprachen. Schließlich gelingt es Meditierenden, Aggressionen besser zu akzeptieren. Ein Blick in MASLOWs Merkmale 2, 9 und 11 bestätigt auch hier seine Ansicht, daß Meditation ein nützliches Verfahren ist, um dem Ziel von Selbstentfaltungsprozessen, der Selbstverwirklichung, näherzukommen.

Sinnfindung

Jeder stellt sich manchmal Fragen wie: Warum lebe ich? Warum gerade in dieser Zeit und an diesem Ort? Was soll meine Arbeit? Warum habe ich eine Familie gegründet? Wozu besitze ich diese oder jene Fähigkeit und warum fehlt mir irgendeine andere? Solche und ähnliche Fragen sind natürlich und ernst zu nehmen. Die Antworten auf Sinnfragen beinhalten immer ein Ziel: Ich lebe, um. . .; ich arbeite, um Geld zu verdienen und Erfolg zu haben; ich kann gut zeichnen und malen, um die Schönheit der Natur abzubilden.

Der Sinn des Lebens

Den Sinn zu finden, heißt ein Ziel zu haben. Ohne Ziele können Sie keinen Sinn erfahren. Ein Leben ohne Ziele ist ein sinnloses Leben. Je nachdem, welches Ziel Sie sich in einer bestimmten Lebensphase oder Situation stecken, verändert sich deren jeweiliger Sinn. Wenn Sie sich vornehmen, zwischen Ihrem 30. und 40. Lebensjahr möglichst viel zu verdienen, wächst Ihr Gefühl, daß Ihr Leben sinnvoll ist, mit jedem größeren Geschäft, das Sie tätigen. Wenn Sie dann gegen Ende des Lebensjahrzehnts feststellen, daß Sie Ihr Geld auf Kosten der familiären Harmonie oder Ihrer Gesundheit verdient haben, erscheinen Ihnen die vorangegangenen Jahre möglicherweise als sinnlos oder zumindest nur noch als teilweise sinnvoll.

MASLOW geht davon aus, daß menschliches Leben immer sinnvoller wird, je mehr es für die Verwirklichung sogenannter *Letzt- oder Grundwerte* eingesetzt wird, also für Liebe, Freiheit, Wahrheit, Gerechtigkeit und Schönheit. Dem Selbstverwirklichten gelingt es dabei, Idealismus und Materialismus, das Streben nach dem Höchsten und das Streben nach Sicherheit, Anerkennung und Gemeinschaft im Gleichgewicht zu halten. Der materielle Lebensbereich ist bei ihm genauso befriedigt wie der geistige. Er hat die persönlich gesteckten Ziele erreicht. Zusätzliche Ziele haben keinen Reiz mehr für ihn.

Der bekannte Psychotherapeut FRANKL behauptet, daß jeder Mensch einen „Willen zum Sinn" habe. Selbst bei denen, die in einer depressiven Phase annehmen, alles sei sinnlos, bestätigt sich diese Erkenntnis: Sie müssen schon nach dem Sinn suchen, um festzustellen, daß es für sie in ihrer Lebenssituation keinen Sinn gibt. *Sinn* kann nach FRANKL auf drei Wegen gefunden werden:

1. Der erste Weg ist gekennzeichnet durch das *Schöpferischsein.* Ein uns bekannter Unternehmensberater modelliert, brennt oder bemalt Tonfiguren, wenn er merkt, daß er in eine „Sinnkrise" zu stürzen droht. Diese künstlerische Tätigkeit reißt ihn aus seiner Niedergeschlagenheit heraus, noch bevor diese ihn richtig überwältigt. Etwas Neues zu schaffen, etwas zu tun, was Freude macht, anderen zu helfen, alle diese Arten des Schöpferischseins bieten Möglichkeiten, Sinn zu erfahren.
2. Der zweite Weg zur Sinnfindung betrifft nach FRANKL die *„Erlebniswerte".* Ein schöner Sonnenaufgang, ein gutes Essen mit Freunden oder der Familie, ein tiefes Gespräch oder der zärtliche Umgang mit dem Lebenspartner, diese gefühlsmäßig bedeutsamen Erlebnisse werden ganz von selbst als sinnvoll erfahren.
3. Schließlich erlauben es *„Einstellungswerte"*, Sinn zu erfassen. Ihre Einstellung dem Geborenwerden, dem Sterben, der Liebe, der Angst, dem Erfolg und der Gesundheit gegenüber bestimmt, ob und wie Sie Sinn erleben. Wenn Sie unter Sinnlosigkeit leiden, genügt manchmal allein eine Veränderung der Einstellung, um die aufgetretene Krise zu meistern. FRANKL schreibt hierzu:

   „Es gibt keine Lebenssituation, die wirklich sinnlos wäre. Dies ist darauf zurückzuführen, daß die scheinbar negativen Seiten der menschlichen Existenz, insbesondere Leid, Schuld und Tod, auch als etwas Positives, als Leistung gesehen werden können, wenn ihnen nur mit der rechten Haltung und Einstellung begegnet wird."

Unserer Überzeugung nach schafft Meditation Grundvoraussetzungen, um Sinn auf allen drei genannten Wegen zu erfahren. Schöpferischsein hängt davon ab, wieviel Kreativität eine Person nutzt. Im 8. Kapitel werden wir Ihnen den günstigen Einfluß von Meditation auf die Entfaltung menschlicher Kreativität darlegen. Auch die Wahrnehmung von Erlebniswerten wird durch Meditation gefördert. Genauso wie Schönheit im Auge des Betrachters liegt, so hängt auch das Erleben des Guten oder der Liebe vom Wahrnehmungsvermögen ab, und dieses wird vor allem durch den streßabbauenden und verhaltensändernden Einfluß der Meditation entfaltet. Schließlich, so erläuterten wir Ihnen im 6. Kapitel, leitet Meditation einen Erwartungs- und Einstellungswandel ein, der es dem Meditierenden gestattet, das für ihn Günstigste, seine Entwicklung Fördernde aus vielen Lebenssituationen zu machen.

Sinnerfahrung während der Meditation

Meditieren schafft zum einen die körperlichen und psychologischen Voraussetzungen zur Erfahrung von Sinn im Alltag. Zum anderen erleben Meditierende immer wieder, daß sich in Tiefenmeditationen Sinnfragen wie von selbst klären. Sie wissen dann auf einmal um das Warum und Wieso einer Situation oder ihres Lebens als Ganzem. In diesem Sinne hat der Schweizer Psychiater STAEHELIN die folgende Erfahrungsbeschreibung eines Meditierenden aus dem buddhistischen Kulturkreis wiedergegeben:

„Als ich eines Nachts in Meditation versunken war, geriet ich plötzlich in einen ganz merkwürdigen Zustand. Ich war wie tot. Alles war wie abgeschnitten. Es gab kein Vorher und kein Nachher mehr. Der Gegenstand (meiner Betrachtung) und mein Selbst waren verschwunden. Das einzige, was ich fühlte, war, daß das Innere meines Selbst vollkommen geeint war und erfüllt von allem, was oben und unten und ringsum ist. Ein grenzenloses Licht strahlte in mir. Nach einer Weile kam ich wieder zu mir wie einer, der von den Toten auferstanden ist. Mein Sehen, Hören, Reden, meine Bewegungen und meine Gedanken waren ganz verschieden von dem, was sie bis dahin gewesen waren. Als ich tastend versuchte, an die Wahrheiten der Welt zu denken und den Sinn des Unbegreiflichen zu erfassen, verstand ich alles. Es erschien mir klar und wirklich. Ohne es zu wollen, begann ich, in übergroßer Freude meine Hände hochzuwerfen und mit den Füßen zu tanzen.‘‘[74]

Hier kommt die sinnschaffende Kraft des Meditierens sehr deutlich zum Ausdruck. Auch wenn die geschilderte Erfahrung etwas Besonderes ist, sind wir doch sicher, daß Meditation jedermann erlaubt, unmittelbar Lebenssinn, den ,,Sinn des Unbegreiflichen‘‘, zu erfahren.

Höhere Bewußtseinszustände und Erleuchtung

Der zuletzt wiedergegebene Erfahrungsbericht wird Sie gewiß in Erstaunen versetzt haben. Da schwingt etwas Unerklärliches mit. Der Alltagsverstand tut sich schwer und weiß nicht recht, was er mit dem ,,Sinn des Unbegreiflichen‘‘ anfangen soll. Für denjenigen jedoch, der in der Entfaltung seines körperlichen wie geistigen Potentials nur wenige Schritte weitergelangt ist als der Meditationsneuling, verliert die Erfahrung vom ,,Sinn des Ganzen‘‘ plötzlich ihre Fremdheit und wird zu einer Selbstverständlichkeit. Es liegt in der Natur des Menschen, nach mehr und mehr zu streben. Wenn erst einmal die Grundbedürfnisse nach Nahrung, materieller Sicherheit, zwischenmenschlichem Kontakt und Arbeit gestillt sind, beginnt die Suche nach geistigem Wachstum. Denn nicht nur die materiellen Bedürfnisse entwickeln sich, sondern auch die geistigen. An unseren Seminaren nehmen schätzungsweise 20 Prozent der Teilnehmer deshalb teil, weil sie sich vom regelmäßigen Meditieren eine Erweiterung des Bewußtseins erwarten.

Diese Personen haben erkannt, daß ihre Suche nach Sinn nur dann erfolgreich sein kann, wenn sie selbst in der Lage sind, Sinn in ihrem Alltag besser zu erkennen. Vielleicht haben sie auch eine Ahnung davon, daß der Satz des englischen Dichters und Malers BLAKE zutrifft:

„Wenn die Fenster der Wahrnehmung gereinigt wären, erschiene dem Menschen alles so, wie es wirklich ist – unendlich."

Oder aber sie haben begriffen, daß Menschen solange als Bettler leben, wie sie nicht einsehen, daß sie von Natur aus eigentlich Millionäre sind. Meditation kann der Schlüssel zu einem „Banksafe körperlich-geistiger Fähigkeiten" sein, der ungeheure Schätze birgt. Wenn dies einmal klar ist, stellt sich die Frage, was ein besserer Zugang zu diesen Schätzen weiterführend im Bewußtsein verändert.

Bewußtseinsstufen

Psychologen, die mit asiatischen Denktraditionen vertraut sind, haben sich in den letzten Jahren verstärkt um die Erforschung neuer „Bewußtseinsräume" bemüht.[75] Sie sind dabei von den Bewußtseinszuständen ausgegangen, die jeder von Ihnen aus eigenem Erleben kennt: Schlafen, Träumen und Wachen. In jedem dieser drei Zustände arbeitet der menschliche Körper auf besondere Weise und auch der Geist macht jeweils andere Erfahrungen.

Im *Schlafzustand* existiert kein Bewußtsein, jedoch tiefe Ruhe. Bewußtsein zeigt sich hier höchstens nach dem Schlaf in Form schwacher Erinnerungen daran, daß geschlafen wurde. Im *Traumzustand* kann Bewußtsein ab und zu von jedem dann erfahren werden, wenn er weiß, daß er träumt. Jedoch ist Bewußtheit über die Bedeutsamkeit der Trauminhalte selten vorhanden. Im Traum verschwimmen die wahrgenommenen Gegenstände und Situationen, das Gefühl für Zeit und Umwelt fehlt. Im *Wachzustand* schließlich herrscht Bewußtsein vor, es sei denn, man ist erschöpft oder steht unter dem Einfluß von Alkohol oder anderen Drogen. Bezogen auf den Grad geistiger Klarheit und Wachheit haben Psychologen deshalb eine Abstufung vorgenommen, die von der untersten Stufe, dem Schlaf, bis zur obersten Stufe, dem Wachzustand, reicht.

Meditationsforscher wie der Amerikaner WALLACE sind Anfang der siebziger Jahre durch Untersuchungen an Meditierenden zu der Erkenntnis gelangt, daß es einen weiteren Hauptbewußtseinszustand gibt, der sich durch vollkommene Bewußtheit auszeichnet.[25] Dies ist der eigentliche Meditationszustand, auch *Transzendentaler Bewußtseinszustand* genannt. Sie fanden heraus, daß sich in diesem Zustand körperliche und geistige Funktionen in geringster Anregung oder Null-Aktivität befinden. Von der Erfahrung her betrachtet und in Gegenüberstellung zum normalen Tagesbewußtsein ist dieser meditative Zustand durch folgende Merkmale gekennzeichnet:

– die geistige Wachheit ist erhöht,
– die Grenzen des normalen Wachbewußtseins schwinden, das Bewußtsein dehnt sich aus, man nimmt mehr wahr,
– die Klarheit des Selbstbewußtseins ist gesteigert,
– der Meditierende versenkt sich in tiefe Stille.[57]

Im Meditationszustand erfährt sich Bewußtsein selbst, ohne irgend etwas Konkretes wahrzunehmen, in *ruhevoller Wachheit.* Indem der Meditierende zuläßt, daß sich die geistige Aktivität soweit verringert, bis sie völlig zum Stillstand kommt, er keine Gedanken mehr hat und das Bewußtsein ohne Inhalt ist, erreicht er diesen Zustand, der auch *„reines Bewußtsein“* heißt; „rein“, weil Bewußtsein keinen anderen Inhalt mehr hat als sich selbst.

Wenn Meditierende diesen Zustand erfahren, verändert sich die Arbeitsweise ihres Körpers meist sehr: Bei der Atmung lassen sich spontan auftretende Atemstillstandsperioden beobachten, ferner tritt hohe EEG-Kohärenz innerhalb und zwischen den Gehirnhälften auf sowie eine deutlich gesteigerte Hirndurchblutung in den vorderen Bereichen und verschiedene weitere Blutflußänderungen.

Aus den Ergebnissen der Meditationsforschung geht insgesamt hervor, daß die während der Meditationspraxis erzielte Erweiterung des Bewußtseins sich sowohl körperlich als auch geistig-seelisch günstig auswirkt. Wir haben Ihnen in den vorangegangenen Kapiteln viele Einzelheiten dieser Bewußtseinsentfaltung vorgestellt. Durch die wiederholte Erfahrung des Zustands reinen Bewußtseins wird die *Bewußtseinsevolution* angeregt und beschleunigt.[76]

Die vermehrte Erfahrung von reinem Bewußtsein regt die Entwicklung des geistig-kreativen Potentials über die durchschnittlich etwa genutzten 10 Prozent hinaus an. In der Meditation geht der Geist nach innen, der Körper entspannt sich und wird ruhig. Es ist eine Tatsache der Physik, daß die nicht mit den Augen sichtbaren Bereiche der Schöpfung, zum Beispiel Atome, über mehr Energie verfügen als die materiell anfaßbaren. Wenn in der Meditation geistige Kräfte frei werden, dann hängt dies damit zusammen, daß stillere, tieferliegende Schichten des Geistes erschlossen werden, die über mehr Intelligenz und Kreativität verfügen als die Alltagsgedanken. Aber was hat das Eintauchen in diese Bereiche für einen Sinn, wenn nicht die hier liegenden Möglichkeiten im täglichen Handeln genutzt werden?

Bildhaft gesprochen, was nützt es, zu den versunkenen Schiffen auf den Grund des Ozeans hinabzutauchen, wenn man nicht die in ihnen schlummernden Schätze an Land befördern kann? Die Entfaltung des menschlichen Bewußtseins zu höheren Stufen muß hier ansetzen. Erst wenn die Unbegrenztheit, das Glücksgefühl und die Stille, die in der Meditation erfahren werden können, auch im täglichen Handeln oder im Wachzustand des Bewußtseins erlebt werden, liegt ein *höheres Bewußtsein* vor. Erst wenn man wirklich die Schätze aus der Tiefe des Bewußtseins im Alltag nutzt, erst dann steht ein größeres geistig-kreatives Potential zur Verfügung.

Der nächsthöhere Bewußtseinszustand, den Meditierende verwirklichen können, wird in der Meditationstradition, aus der die Transzendentale Meditation stammt, *Kosmisches Bewußtsein* genannt.[76] Kosmisches Bewußtsein entwickelt sich durch ein wachsendes, bewußtes Vertrautwerden mit dem Zustand reinen Bewußtseins. Dieser Zustand kann allmählich dadurch dauerhaft werden, daß reines Bewußtsein zusammen mit den drei Hauptbewußtseinszuständen Wachen, Träumen und Schlafen auftritt. Die Qualitäten ruhevoller Wachheit, also innere Freiheit, Verankertsein im Selbst oder ausgeprägte Gelassenheit, herrschen mehr und mehr im Alltag vor. Subjektiv wird Kosmisches Bewußtsein derart erlebt, daß dynamische Stille das Bewußtsein bestimmt und als bleibender Hintergrund aller geistig-seelischen und körperlichen Aktivität erscheint. Aufgrund der dauerhaften Erfahrung innerer Ruhe erlebt sich der kosmisch Bewußte als stiller Zeuge oder Beobachter aller seelischen, geistigen und körperlichen Vorgänge sowie Handlungen.

Einer unserer ältesten Seminarteilnehmer, ein 74jähriger Ingenieur, schrieb uns neun Jahre nach dem Besuch eines unserer Seminare einen Brief, aus dem wir einen Absatz wiedergeben wollen. Der Schreiber illustriert die Erfahrung Kosmischen Bewußtseins, die er vorübergehend hatte:

„Ich habe das Gefühl, daß mein Bewußtsein wie eine Kinoleinwand ist. Sie ist dauerhaft da, ja, ohne sie gäbe es keine Möglichkeit, den Film zu sehen. Auch verbindet sie Szene für Szene, Film für Film. Alles bildet sich auf ihr ab. Und doch hat sie selbst mit den Handlungen der Filme gar nichts zu tun. Sie tut nichts, sie bewegt sich nicht, sie ist gänzlich anders. Ist ein Film zu Ende, dann wird die Leinwand sichtbar. Ruhig ist sie, so wie sie immer war, eine weiße, reine Fläche. Sie allein ist dauerhaft, frei und bei allem, was sich auf ihr abspielt, immer gegenwärtig."

Als nachprüfbares Merkmal für Kosmisches Bewußtsein wird der sogenannte *„Wachschlaf"*, auch „Yogaschlaf" genannt, angegeben.[77] Diesen können selbst Meditationsanfänger ab und zu für kurze Zeit erfahren. Im Wachschlaf bleibt die Erfahrung reinen Bewußtseins auch während des Schlafs aufrechterhalten. Personen, die dieses Phänomen erlebt haben, berichten davon, daß sie ihr Bewußtsein auch während des nächtlichen Tiefschlafs nicht verlieren.

Physiologische Untersuchungen ergaben bei Personen, die über häufig auftretende Wachschlaferfahrungen berichteten, in Tiefschlafphasen Gehirnwellenmuster, die auf eine „wachere" Bewußtseinslage hinweisen. Die Versuchspersonen waren außerdem imstande, Tiefschlafphasen per Knopfdruck anzugeben. Sie zeigten darüber hinaus weniger Traumphasen, und die Gesamtschlafdauer lag um 36 Prozent niedriger als bei der Vergleichsgruppe ohne Erfahrungen bewußten Schlafs. Meditationsforscher gelangten zu der Schlußfolgerung, daß der Wachschlafzustand nicht mit

Schlaflosigkeit zu verwechseln sei, da in ihm jegliche geistige Aktivität zum Stillstand komme. Insgesamt ergibt sich aus diesen Befunden, daß das Wachschlafphänomen mit einer deutlichen Veränderung des Schlafverhaltens einhergeht.[78]

Obschon die auffälligste und physiologisch sowie erfahrungsmäßig am einfachsten erfaßbare Veränderung während der Entwicklung Kosmischen Bewußtseins, ist Wachschlaf doch nur *ein* Kennzeichen dieses Zustands. Das Hineinwachsen in diesen Hauptbewußtseinszustand ist nämlich auch von *Veränderungen im Befinden* begleitet.[79] Folgende Aussage eines Langzeitmeditierenden aus unserem Freundeskreis faßt diesen Aspekt zusammen:

,,Die Intensität des Wohlbefindens liegt jenseits alles Vorstellbaren und sprachlich Ausdrückbaren. Die tiefe Zufriedenheit in diesem Zustand schließt jegliche Beschwerden aus. Dauerhafter Gleichmut herrscht immer vor und vermittelt das Gefühl des Schutzes vor jeglichen störenden Einflüssen. Das Handeln ist anstrengungslos, wirksam und befriedigend.''

Kosmisches Bewußtsein wird deshalb auch als ,,Glückseligkeitsbewußtsein'' bezeichnet.

Die Entwicklung dieses Hauptbewußtseinszustands hat auch *Verhaltensänderungen* zur Folge.[79] Wissenschaftler ermittelten eine enge positive Beziehung zwischen Wachschlaferfahrungen und EEG-Alpha-Kohärenz in den vorderen Gehirnbereichen, der Klarheit der Erfahrung reinen Bewußtseins sowie Leistungen in Kreativitätstests: Je deutlicher und häufiger die Wachschlaferfahrungen auftraten, um so ausgeprägter waren die gefundenen EEG-Kohärenzmuster, die Güte der Erfahrung reinen Bewußtseins sowie die Kreativitätsleistungen. Personen mit Erfahrungen Kosmischen Bewußtseins treffen ferner Entscheidungen aufgrund universeller ethischer Prinzipien wie Wahrheit und Gerechtigkeit, wobei sie sich immer am Wohl des Ganzen orientieren.

Im Kosmischen Bewußtsein handeln Meditierende spontan richtig. Sie erfahren, daß ihr Handeln durch ,,Naturkraft'' verursacht ist und reibungslos zu sinnvollen Ergebnissen führt. Sie haben das Gefühl, im Einklang mit allen Naturgesetzen zu handeln und dabei vollkommen lebensfördernd zu wirken.

Angesichts solcher Aussagen sollten Sie bedenken, daß Ihnen hier ein Zielzustand der Entwicklung beschrieben wird, über den Sie letztlich erst dann urteilen können, wenn Sie ihn selbst erfahren haben.

Die Erweiterung menschlicher Fähigkeiten

Die klassische Meditationsliteratur berichtet, daß fortgeschrittene Meditierende Dinge zu leisten vermögen, die der „normale" Mensch nicht kann.

Inbesondere die Arbeiten über Yoga-Meditation behandeln dieses Thema eingehend. So liegt in den *Yoga-Sutras* des PATANJALI ein umfassendes Modell der Erweiterung menschlicher Fähigkeiten und Kräfte vor, einschließlich praktischer Anleitungen, um diese theoretischen Aussagen durch eigene Erfahrung zu überprüfen.[80] MAHARISHI MAHESH YOGI hat ein Programm für fortgeschrittene Meditierende aus den Yoga-Sutras abgeleitet, das weltweit mittlerweile von rund einer halben Million Menschen praktiziert wird.

Dieses Programm heißt *„TM-Sidhi-Programm"*.[70] Siddhis sind nach dem Yoga-System „Errungenschaften" oder „große Kräfte". Sie stellen sich auf dem Weg zur vollkommenen Selbstverwirklichung oder „Erleuchtung" häufig von allein ein, können aber auch gezielt entwickelt werden, um höhere Grade der Selbstverwirklichung zu erreichen. Derjenige Mensch, der in der Lage ist, alle seine Wünsche und Ziele im Einklang mit der natürlichen und gesellschaftlichen Umwelt zu erfüllen, ist ein Siddha, ein „Ins-Ziel-Gelangter".

Es gibt eine Reihe herausragender und ungewöhnlich erscheinender Fähigkeiten und Kräfte, die von Menschen auf dem Weg der Meditation erlangt werden können. Einige seien hier erwähnt, damit Sie sich ein Bild davon machen können:

1. Wissen um vergangene und zukünftige Ereignisse;
2. Wissen um die Bedeutung der „Sprachen", die die verschiedenen Lebewesen benutzen; z.B. die Sprache der Vögel;
3. Wissen um frühere Existenzen;
4. Wissen um die Gedanken anderer;
5. Freundlichkeit und ähnliche Tugenden;
6. große körperliche Stärke;
7. Wissen vom Kosmos;
8. Erkenntnis der Funktionsweise des eigenen Körpers;
9. Beherrschung von Hunger und Durst;
10. Fähigkeit zu vollkommener Intuition;
11. unbegrenzte Hörfähigkeit und Sehkraft, uneingeschränktes Tastvermögen; erweitertes Schmeck- und Riechvermögen;
12. Fähigkeit, unverletzt über Wasser und durch Dornen zu gehen;
13. Fähigkeit, sich frei im Raum zu bewegen, zu levitieren.[80]

In allen Kulturen gab und gibt es Menschen, die sich in herausragender und als wunderbar angesehener Weise verhalten.[81] Aus der abendländischen Kultur ist beispielsweise überliefert, daß der Heilige Joseph von COPERTINO in der Lage war, zu levitieren oder gar zu „fliegen". Von anderen Personen wie zum Beispiel von Therese von KONNERSREUTH weiß man, daß sie Hunger und Durst gemeistert hatte. Auf dem Weg der Selbstverwirklichung vervollkommnen sich menschliche Fähigkeiten immer mehr. Dies führt zu Handlungen, die vom durchschnittlichen Menschenverstand als Wunder bezeichnet werden. *Wunder* sind außergewöhnliche Ereignisse, die den Rahmen dessen sprengen, was Menschen verstehen.

Wir sind bislang erst einigen wenigen besonders erfahrenen Meditierenden begegnet, die die eine oder andere Fähigkeit soweit entwickelt hatten, daß ihr Handeln als ein „Wunder" erschien. Außergewöhnliche Fähigkeiten und Kräfte sind Hinweise auf eine vollkommene Art von Menschsein, nach der sich im Grunde seines Herzens jeder sehnt. Christlich gesprochen geht es um die Gottebenbildlichkeit des Menschen.

Meditation beseitigt die körperlichen und geistig-seelischen Hindernisse, die den Menschen davon abhalten, sich seiner Gottebenbildlichkeit zu erinnern und entsprechend zu handeln. Wie wir schon mehrfach erklärten, verfeinert Meditation die Funktionsweise von Körper und Geist, so daß man über deutlich mehr Energie, Intelligenz und Kreativität verfügt. Folgerichtig gedacht ist eine Entfaltung des vollen schöpferischen Potentials des Menschen vorstellbar. Diese käme der Gottebenbildlichkeit nahe. Daß sich auf diesem Weg unbekannte, außergewöhnliche Fähigkeiten und Kräfte von selbst einstellen, ist einsehbar.

Für diejenigen von Ihnen, die ihre Entwicklung in diese Richtung beschleunigen wollen, ist das erwähnte TM-Sidhi-Programm möglicherweise von Nutzen. Dieses Programm schiebt gleichsam den Vorhang beiseite, der seit Jahrhunderten durch Aberglaube und Magie sowie durch schlichte Unwissenheit über das dem Menschen Mögliche den Blick auf eine ganzheitliche Entfaltung neuer Kräfte und Fähigkeiten versperrte. MAHARISHI MAHESH YOGI begann im Sommer 1975 mit einer Reihe von Versuchen mit den TM-Sidhis. Mit Hunderten von Meditationslehrern erprobte er die Brauchbarkeit des alten Yoga-Wissens für die Allgemeinheit. Es ergab sich, daß es für die Lehrgangsteilnehmer leicht und mühelos war, dieses Programm auszuüben und damit außergewöhnliche Erfahrungen zu machen und besondere Kräfte freizusetzen.

Siddhis erzeugten nachweisbar wohltuende Wirkungen sowohl auf das Bewußtsein und die körperlichen Funktionen des Meditierenden als auch auf sein Verhalten und auf seine Umwelt.

Wir sprachen in diesem Kapitel schon über höhere Bewußtseinszustände. Die Entfaltung von neuen Fähigkeiten und Kräften nicht zuletzt durch das TM-Sidhi-Programm macht mit einem Bewußtseinszustand höherer Ordnung vertraut, der *Verfeinertes Kosmisches Bewußtsein* genannt wird.[76] Dieser Zustand stellt sich bei Menschen ein, die einerseits ihre sinnliche Wahrnehmung sehr verfeinert haben und andererseits eine Liebe zur belebten und unbelebten Umwelt haben, die so groß ist, daß sie alles, was ihnen begegnet, wertschätzen können. Verfeinertes Kosmisches Bewußtsein stellt sich auf der Grundlage Kosmischen Bewußtseins ein. In diesem neuen Zustand wird die Welt der Gegenstände zusätzlich in ihren feinstofflichen Werten wahrgenommen, bis schließlich die bewußte Wahrnehmung den innersten Wert jedes Objekts erfährt. In diesem Bewußtseinszustand können die ,,Mechanismen der Schöpfung" erkannt werden, da der Betreffende bewußt an der ,,Nahtstelle" zwischen manifester Schöpfung und dem eigenen Selbst erlebnisfähig ist. Es gibt allerdings noch eine geringfügige Trennung zwischen dem eigenen Selbst und der äußeren Natur. Das heißt, das Verbundensein zwischen einem Gegenstand der Umwelt und dem eigenen Selbst kann noch nicht vollständig wahrgenommen werden.

Aus Erfahrungsberichten über diesen Zustand weiß man, daß jeder Gedanke und jede Wahrnehmung, etwa der Klang eines Wortes, jede Berührung und jede Geruchsempfindung, von einer ansonsten unbekannten positiven gefühlsmäßigen Reichhaltigkeit begleitet ist. ,,Ständig sich verfeinernde Eindrücke von bereichernder Schönheit vermitteln das Gefühl der Nähe zum Schöpfer", wie es ein Meditierender einmal ausdrückte.

Ebenso wie dem Zustand Kosmischen Bewußtseins sind auch diesem Zustand ein *spezifischer körperlich-geistiger Funktionsstil und besondere Befindens- wie auch Verhaltensmerkmale* eigen, die bislang wissenschaftlich allerdings kaum erforscht wurden.[82] Ansatzweise untersucht wurden zum Beispiel Wahrnehmungsverfeinerungen (Hörschwellensenkung). Die absolute Hörschwelle unterschied sich dabei über alle Frequenzen gemittelt deutlich von den Werten der Durchschnittsbevölkerung.

Erleuchtung

Es gibt eine nahezu unüberschaubare Zahl von Aussagen über Erleuchtung. Erleuchtung ist letztlich nicht in Worte zu fassen, da sie alles bis dahin Erlebte übersteigt und eine gänzlich neue, andere Art des Bewußtseins umfaßt. Alle Meditationstraditionen sind sich darin einig, daß Erleuchtung den Gipfel der Selbstverwirklichung darstellt. Sie ist das höchste Ziel der Bewußtseinsentfaltung.

Erleuchtung geht, und auch darin stimmen die meisten Meditationsschulen überein, mit dem Bewußtsein der Einheit allen Lebens und aller Dinge einher. „*Einheitsbewußtsein*" wird dieser Zustand höheren Bewußtseins deshalb genannt.[76] Er ist ein Zustand der vollen Entwicklung des individuellen Bewußtseins. Selbst und Natur bilden eine Einheit. Einheitsbewußtsein ermöglicht die Wahrnehmung der äußeren und inneren Wirklichkeit in Begriffen des ihr zugrundeliegenden Seins. In diesem Zustand ist die Grenze zwischen Selbst und Nicht-Selbst überbrückt, und Objekte werden mehr und mehr als Teile des Selbst erlebt.

Subjektiv entsteht im Einheitsbewußtsein das Gefühl extremer Verbundenheit und Verantwortlichkeit für das Ganze, da der einzelne ständig die gemeinsame Grundlage des eigenen Selbst und der ihn umgebenden Umwelt erfährt. In einem Erfahrungsbericht, den wir von einem amerikanischen Meditationsforscher übermittelt bekamen, heißt es über diesen Zustand:

„Ich erlebe ein Kontinuum stillen Glücks und eine Fülle unendlicher und universaler Liebe, die allem zugrundeliegt. Die tiefe Stille meines Selbst scheint alldurchdringend zu sein und begegnet mir in allem. Gegenstände sind transparent und ich nehme Unbegrenztheit, das Nichtmanifeste, in allem wahr. Im Handeln ist alles durch ein Erleben der Verbundenheit mit allem in einer Ganzheit integriert".

Neben derartigen Hinweisen aus der Erfahrung von Einheit, die Langzeitmeditierende machen, gibt es mittlerweile *hirnphysiologische Anzeichen* für ein Wachstum im Bewußtsein auf den Zustand der Einheit hin.[29] Einen wesentlichen Forschungsschwerpunkt bildete in den letzten Jahren die Analyse von *EEG-Kohärenzmustern* in durch Meditation bewirkten höheren Bewußtseinszuständen. Kohärenz bedeutet, wie im 3. Kapitel schon erklärt, daß mehrere EEG-Potentiale im Gleichtakt schwingen.

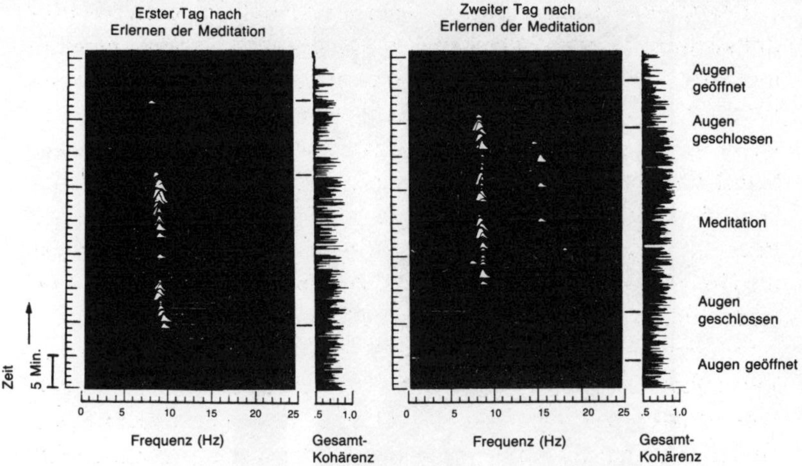

Gehirnwellen-Kohärenz bei einem Anfänger der Transzendentalen Meditation[29]

In diesen beiden Abbildungen werden die EEG-Kohärenzmuster einer Person am ersten bzw. zweiten Tag nach Erlernen der Meditation wiedergegeben. Sie zeigen eine große Anzahl von einander überlagernder Kurven mit Spitzen bei einer Frequenz von 10 Hz, die wie Hügelketten aussehen, und die bedeuten, daß an den beiden Ableitungspunkten geordnete, synchrone Alpha-Wellen auftreten.

Bemerkenswert ist der Vergleich der EEG-Kohärenzmuster eines Meditationsanfängers mit denen einer besonders fortgeschrittenen Meditierenden.

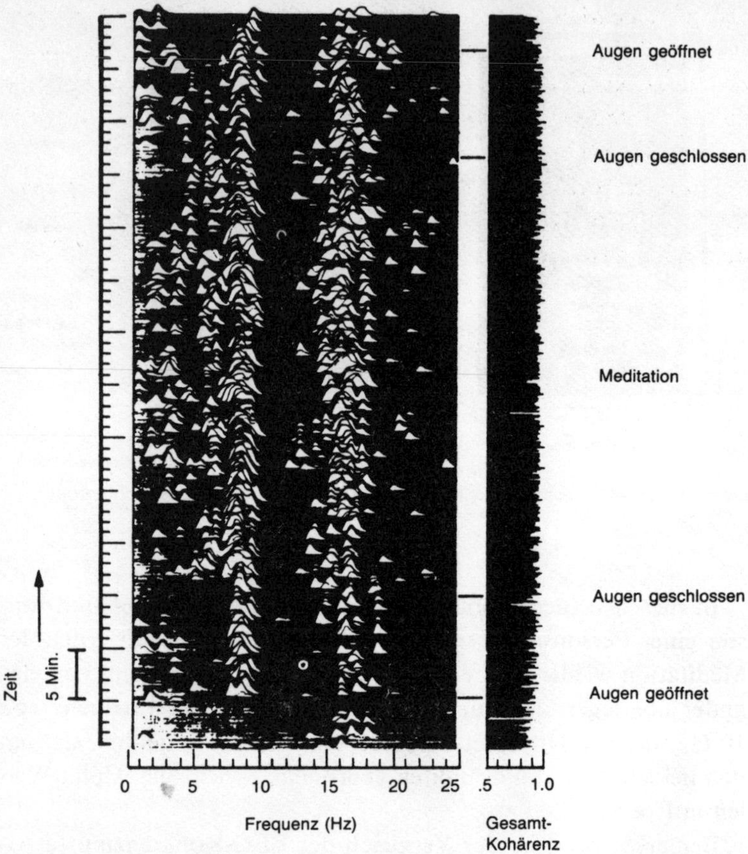

Gehirnwellen-Kohärenz bei einer Person mit 15 Jahren Meditationserfahrung[29]

Diese EEG-Kohärenzmuster stammen von einer Frau mit 15-jähriger Meditationspraxis. Es wird daraus ersichtlich, wie sehr sich die Kohärenz der Gehirnwellen in allen Frequenzbändern entwickelt hat. Wie andere Merkmale des Meditationszustands, so neigen auch Kohärenzphänomene im EEG dazu, über die eigentliche Zeit der Meditationsausübung hinaus anzuhalten. Also auch in Phasen vor und nach der Meditation sind ausgeprägte EEG-Kohärenzmuster beobachtbar. Diese Abbildung zeigt eindrucksvoll, daß die Meditationsausübung langfristig zu Zuständen höherer Ganzheitlichkeit und Integration führt, deren Merkmale – zumindest in Ansätzen – hirnphysiologisch nachweisbar sind. In diesen Zuständen, so wird vermutet, ist dem Meditierenden die Erfahrung von Einheit möglich.

Ein alter Weisheitstext faßt diese Erfahrung, die am Ende der Entfaltung von Körper und Geist durch Meditation steht, folgendermaßen zusammen:

Dieses bin ich.
Dieses bist du.
Dieses ist alles.

8. Erfolg aus Kräften der Stille

Manchmal fragen wir Seminarteilnehmer danach, was Erfolg für sie ist. Eine Reihe von Aussagen kehrt dabei immer wieder. Erfolg wird oft gleichgesetzt mit:

- finanzieller Unabhängigkeit;
- sich das leisten zu können, was man sich wünscht;
- sich persönlich wohl zu fühlen;
- viele Reisen machen zu können;
- immer wieder Glück zu haben;
- sorgenfrei zu leben;
- von anderen geachtet zu sein;
- eine intakte Familie zu haben.

Dabei bewertet jeder Mensch Erfolg durchaus verschieden. Wir haben versucht, die vielfältigen Aussagen unserer Seminarteilnehmer fünf Lebensbereichen zuzuordnen.

Der erste Bereich betrifft die *Gesundheit* und das *körperliche Wohlbefinden*. Mehr und mehr Menschen sehen Erfolg hauptsächlich darin, daß sie sich in einer ständig ,,kranker" werdenden Umwelt körperlich und geistig gesund erhalten bzw. im Falle einer Krankheit wieder gesund werden zu können. Wenn Sie bedenken, wie viele Menschen eine Veränderung ihres Körpergewichts anstreben (jeder Dritte ist heute übergewichtig!), haben Sie ein Beispiel für Erfolg im Bereich der Gesundheit vor Augen.

Zweitens suchen viele Seminarteilnehmer nach *finanziellem Erfolg*. Echte finanzielle Sicherheit und Vorsorge für den Ruhestand zu besitzen, ist ein wichtiges Ziel. Jede Leistung in dieser Richtung wird als Erfolg verbucht.

Andere wiederum suchen in *zwischenmenschlichen Beziehungen* nach Erfolg. In einer guten Partnerschaft zu leben, verläßliche und hilfsbereite Freunde zu haben oder jegliche Form eines befriedigenden Miteinanders wird als Erfolg erlebt.

Eine zahlenmäßig kleinere Gruppe findet sich erfolgreich, wenn sie möglichst viele Gelegenheiten hat, *interessante Dinge zu tun*.

Geistige Abenteuer durch das Eindringen in neue Wissensgebiete, Reisen in ferne Länder oder in unerschlossene Gebiete, alles, was keine Langeweile entstehen läßt, wird als Gelegenheit für Erfolgserlebnisse gesehen.

Ein fünfter Erfolgsbereich liegt schließlich darin, *positiver denken zu lernen*. Vor allem die Personen suchen hier nach Erfolgserlebnissen, die verstanden haben, daß sie sich mit negativen Gefühlen und Gedanken selbst im Wege stehen.

Überlegen Sie selbst einmal, was Sie als kleineren Erfolg ansehen oder gar als Lebenserfolg. Ohne sich dessen bewußt zu werden, können Sie sich keine Ziele setzen. Sie überlassen Erfolg dann dem Zufall. Es ist mittlerweile fast überall bekannt, daß Erfolg planbar ist. Ratgeber zum Thema „Erfolg und Erfolgstraining“ erscheinen in großer Zahl. Allen gemeinsam ist die grundlegende Erkenntnis, daß Erfolgsstrategien von Intelligenz und Kreativität abhängen. Ohne seine intelligenten und kreativen Anlagen und Fähigkeiten besser nutzen zu lernen, kann man nicht erfolgreich sein.

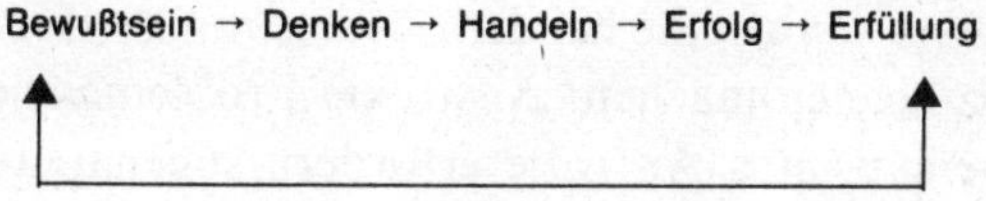

Die „Erfolgskette“

Aus dieser Abbildung geht hervor, daß kein Erfolg ohne Handlung möglich ist. Handeln seinerseits ist abhängig von der Klarheit, Organisation und Kreativität des Denkens. Denken schließlich, so betonten wir schon mehrfach, hat seine Wurzeln im Bewußtsein. Je umfassender das Bewußtsein ist, um so größer ist der Erfolg und die im Anschluß an ein Erfolgserlebnis erfahrene Befriedigung.

Meditation ist in mehrfacher Hinsicht eine Methode, um erfolgreich zu sein: Sie schafft die körperlichen Voraussetzungen für ein dynamisches und gesundheitsförderndes Handeln. Sie setzt neue geistige Kräfte frei, damit Ziele klarer bestimmt werden sowie

Strategien des Erfolgs wirklich durchdacht und umgesetzt werden können. Schließlich entfaltet Meditation die Aufmerksamkeit und das Bewußtsein des Meditierenden, also die wesentlichen Grundlagen für Erfolg.

Auf die Veränderungen des Bewußtseins durch Meditation sind wir häufig eingegangen. In diesem Kapitel wollen wir Ihnen zuerst zeigen, wie sich Meditation auf Intelligenz und Kreativität auswirkt. Danach wird dargestellt, wie sich das Arbeitsverhalten mit ihrer Hilfe verändern läßt.

Zunahme der Intelligenz

Intelligenz – ein Definitionsversuch

Zum Denken gehören verschiedene Fähigkeiten des Menschen: so sein Unterscheidungsvermögen, seine Urteilskraft, sein Gedächtnis. Alle verstandesmäßigen Denkleistungen zusammengenommen werden oft *Intelligenz* genannt. Die deutlichste Erfahrung von Intelligenz können Sie bei der Lösung von konkreten oder abstrakten Problemen machen. Abstrakte Probleme wie das Lösen einer mathematischen Aufgabe erfordern sogenannte ,,*sprachliche Intelligenz*". Konkrete Probleme wie das Reinigen einer Vergaserdüse beim Auto benötigen sogenannte ,,*handlungsbezogene Intelligenz*". Intelligenz wird gebraucht, wann immer neue konkrete oder abstrakte Aufgaben auftauchen. Hat jemand eine Aufgabe schon einmal gelöst, dann kommt weniger Intelligenz als vielmehr das bloße Gedächtnis zum Zuge. Man kann also sagen, daß Intelligenz alle Fähigkeiten einschließt, die zur Bewältigung neuer Anforderungen und Situationen vonnöten sind.

Psychologen haben herausgefunden, daß Intelligenz daneben auch mit den gefühlsmäßigen und triebgesteuerten Teilen der Persönlichkeit zusammenhängt. In asiatischen Kulturen spricht man so von einer ,,*Intelligenz des Herzens*". Damit ist das feine Gefühl für Wesentliches gemeint, das vermag, alles zu erfassen, was zur positiven Bewältigung einer Situation notwendig ist. Ein Gefühl, das die Grenzen menschlichen ,,Schubladendenkens", die Einschränkungen durch Vorurteile, hinter sich läßt und zu einer ganzheitlichen Einschätzung von Situationen oder Problemen verhilft.

Entwicklung und Abbau von Intelligenz sind schon seit langem Gegenstand der Forschung. 1904 bekam der französische Psychologe BINET vom Erziehungsministerium den Auftrag, ein Verfahren zur Vorhersage des Schulerfolgs in der Grundschule zu erarbeiten. BINET versuchte, Intelligenz festzustellen, indem er den untersuchten Schülern Aufgaben stellte, die möglichst unterschiedliche und komplexe Fähigkeiten erforderten wie Sprachverständnis, Gedächtnis, schlußfolgerndes Denken, Fingerfertigkeit, Wertungsvermögen u.a. Die Lösung derartiger Aufgaben sollte Rückschlüsse auf ,,Intelligenz" gestatten. So entwickelte BINET den ersten Intelligenztest, der sich in mehrfach überarbeiteter Form bis heute gehalten hat.

Vielleicht mußten Sie sich schon einmal einem Intelligenztest unterziehen, sei es im Rahmen einer beruflichen Bewerbung oder zur Ermittlung der besonderen Eignung für eine Tätigkeit. Oder Sie haben mittels einschlägiger Bücher selbst versucht, Ihren IQ, Ihren Intelligenzquotienten, zu erfassen. Bei manchen Aufgaben kamen Sie sich sicherlich sehr intelligent vor, bei anderen wiederum hatten Sie vermutlich das Gefühl, wie ein ,,Ochs vorm Berg" zu stehen. Dies zeigt Ihnen, daß Ihre Intelligenz, wie bei fast allen Menschen, unterschiedlich ausgeprägt ist. Dem einen liegt es mehr, sprachliche Aufgaben zu lösen, einem anderen mehr, mathematische Aufgaben zu bewältigen, ein Dritter verfügt über mehr musische (künstlerische) Intelligenz, und schließlich gibt es Menschen, die eine besondere ,,Intelligenz der Hände" besitzen. Gerade wenn man selber bemerkt, daß einem manche Aufgaben recht schwer fallen, sehnt man sich danach, die entsprechende Intelligenzart zu entwickeln.

In der Tat kann Intelligenz gezielt gefördert werden. Die Intelligenz wächst bis zum 16. oder 18. Lebensjahr, nimmt jedoch danach im allgemeinen mit zunehmendem Alter ständig ab. Nur wenn man besondere geistige Fähigkeiten trainiert und zum Beispiel seinen Wortschatz erweitert, kann man diesem allgemeinen

Intelligenzabbau entgegenwirken. Auch zeigt sich bei Wiederholung ein- und desselben Intelligenztests in der Regel eine Zunahme der Intelligenz. Dies liegt daran, daß über Gewöhnungs- und Gedächtniseffekte ähnliche Aufgaben beim zweiten Mal schneller und leichter gelöst werden als beim ersten Mal.

Erfolg hat meistens die Ausbildung besonderer geistiger Fähigkeiten zur Voraussetzung. Intelligenz kann sich zwar bei einigen auch in Form des ,,richtigen Riechers" ausdrücken, jedoch gehört zum erfolgreichen Bewältigen beruflicher oder privater Aufgaben meistens die Schulung bestimmter geistiger Fähigkeiten. Dies läßt sich auch in Begriffen von Ordnung ausdrücken, da Intelligenz als dasjenige bezeichnet werden kann, was Situationen ordnet bzw. Veränderungsprozessen eine Richtung gibt. Die Schulung geistiger Fähigkeiten bedeutet dann, daß sie geordneter werden. Wenn Sie sich an Ihre Ausbildungszeit erinnern, wird Ihnen auffallen, daß es letztlich vorwiegend darum ging, bestimmte Anlagen zu ordnen, um sie zur Bewältigung neuer Aufgaben einsetzen zu können. Wachstum der Intelligenz heißt, sein Denken zu ordnen und die Fähigkeit zu nutzen, neue Ordnung zu erzeugen.

Die geordnete Arbeitsweise des Gehirns stellt die körperliche Grundlage dar für ein störungsfreies Denken oder die Ausnutzung von Intelligenz. Wenn also die Ordnung der Gehirnaktivität zunimmt, kann man davon ausgehen, daß auch die Intelligenz wächst. Meditation wurde schon im 3. Kapitel als Technik vorgestellt, gehirnphysiologisch Ordnung zu erzeugen.

Meditation als Mittel zur Intelligenzsteigerung

In einer Reihe von Intelligenzstudien an Meditierenden konnte die Zunahme von Intelligenz als Folge der Meditationspraxis belegt werden. TJOA führte schon Anfang der siebziger Jahre Untersuchungen an holländischen Gymnasiasten durch.[83] Die Intelligenzleistungen aller Versuchspersonen waren nach einem Jahr deutlich angestiegen. Im Vergleich zu nichtmeditierenden Schülern erwies sich jedoch der Intelligenzzuwachs regelmäßig meditierender

Gymnasiasten als wesentlich größer. 1975 konnte TJOA in einer anderen Untersuchung an Erwachsenen zeigen, daß auch hier die Zunahme der Intelligenz wesentlich davon abhing, ob die Untersuchungsteilnehmer meditierten oder nicht.[84] Darüber hinaus stellte er fest, daß der Intelligenzanstieg bei regelmäßig Meditierenden signifikant höher war als bei unregelmäßig meditierenden Personen.

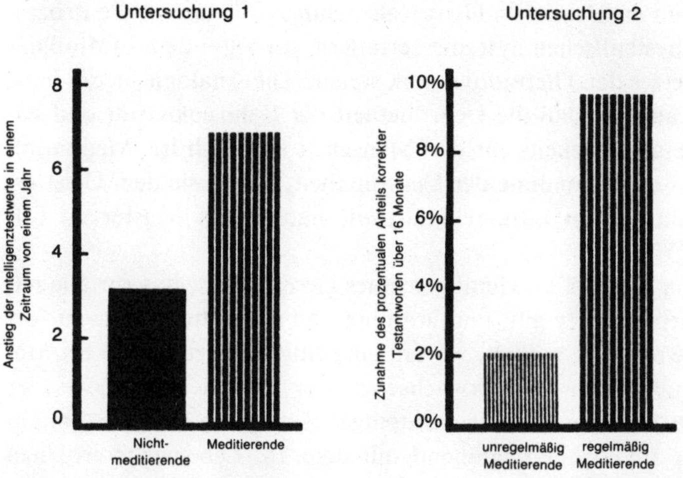

Zunahme der Intelligenz als Folge von Transzendentaler Meditation („Differential Aptitude Test")[83,84]

Der Physiker und Meditationsforscher DOMASH erklärt die Zunahme von Intelligenz bei Meditierenden so:

„Die Regel 'Intelligenz durch Ruhe' scheint einem allgemeinen Naturgesetz zu entsprechen, das durch die Physik entdeckt wurde und für alle natürlichen Systeme als gültig angesehen wird.

Dieses Gesetz, das 3. Gesetz der Thermodynamik, sagt aus, daß Entropie (Unordnung) abnimmt, wenn die Temperatur (Aktivität) absinkt, und daß die Bedingung von Null-Entropie, vollkommene Ordnung, einhergeht mit einer Temperatur nahe absolut Null. In der Tat ist der Bereich nahe dem absoluten Nullpunkt in physikalischen Systemen deutlich durch eine Tendenz zu Kohärenz und Synchronie gekennzeichnet. Dies legt die Analogie zur Synchronie der Gehirnwellen nahe, die durch die tiefe Ruhe während der Meditation ausgelöst wird. Aus Gründen des Vergleichs nehmen wir eine 'geistige Temperatur' an, die dem Grad geistiger und hirnphysiologischer Aktivität entspricht. Wenn diese systematisch durch die Meditationsausübung verringert wird, können wir Vorgänge im menschlichen Geist wahrnehmen, die uns an die Prozesse in physikalischen Systemen erinnern, die unter dem Einfluß des 3. Gesetzes der Thermodynamik stehen. Die Analogie legt es nahe zu behaupten, daß die Geordnetheit der Gehirnaktivität und damit die des Denkens für den Menschen natürlich ist. Meditation bewirkt eine Zunahme der Geordnetheit, indem sie dem Geist ermöglicht, einem allgemeingültigen, natürlichen Muster zu folgen."[85]

Wenn Meditation ein allgemeines Gesetz nutzt, das für alle natürlichen Systeme gilt, um Ordnung und damit Intelligenz zu fördern, wird verständlich, warum eine Intelligenzzunahme bei Meditierenden selbst im Erwachsenenalter auftritt. Angesichts der Erkenntnisse der bisherigen Intelligenzforschung über die Abnahme der Intelligenz beginnend mit dem 18. Lebensjahr eröffnen sich hier neue Möglichkeiten. Diese sind für jeden von Bedeutung, der, um seinen Erfolg zu fördern, auf eine Zunahme seiner allgemeinen Intelligenz angewiesen ist und nicht nur auf eine übungsbedingte Steigerung in besonderen Bereichen seines Denkvermögens.

Die Planung von Erfolg hängt genauso wie alles Handeln davon ab, wie geordnet das Denken ist. Indem Meditation die geistige Aktivität zur Ruhe bringt, ordnet sie gleichzeitig das Denken insgesamt. Sie schafft die Voraussetzung dafür, daß die verschiedenen geistigen Fähigkeiten, die Intelligenz ausmachen, besser, also reibungsloser, zusammenwirken. Schließlich erweitert sie die Auffassungsgabe, so daß Meditierende in der Lage sind, Situationen schneller und umfassender zu verstehen.

Wenn Sie auf diese Faktoren bei der Suche nach Erfolg achten, wird dies mit Sicherheit zu einem besseren Resultat führen als ohne Meditation.

Kreativitätsförderung

Wer von Ihnen kennt nicht Gelegenheiten, in denen Kreativität von ihm gefordert ist? Sicherlich nicht nur bei wissenschaftlicher Arbeit, um z.B. ein neues Elementarteilchen zu entdecken, gewiß auch nicht nur, wenn man als Ingenieur ein neues Flugzeugmodell entwirft, nein, kreativ müssen alle fast täglich sein. Dies geht über das Entwickeln von neuen Verkaufsstrategien bis hin zu einer originellen Variante bei der Zubereitung von Nachspeisen.

Haben Sie sich schon einmal gefragt, woher Sie Ihre Fähigkeit haben, Neues zu entdecken oder zu schaffen? Vielleicht haben Sie dann gespürt, daß in Ihnen ein Potential vorhanden ist, welches darauf wartet, mehr entdeckt, richtig angeregt und entfaltet zu werden. Oder Sie sind der Frage nachgegangen, wann Sie besonders viele Einfälle hatten, und stellten fest, daß dies meist in entspannten Phasen der Fall war. Vielleicht waren Sie besonders kreativ in Phasen, in denen Sie sich auf bestimmte Tätigkeiten oder Termine vorbereiteten, die noch so weit entfernt waren, daß Sie ohne Anstrengung Material und Ideen sammeln konnten. Oder aber Sie haben beobachtet, daß Sie eine beinahe unbegrenzte Zahl von Gedanken haben – täglich sind es immerhin etwa 50.000! – und haben daraus den Schluß gezogen, daß Ihre kreativen Fähigkeiten oder Energien ebenfalls nahezu unendlich sein müssen.

Gerade die Entstehung von Gedanken aus einem scheinbaren Nichts, ihre Anreicherung mit Gedächtnisinhalten und ihre Ausrichtung auf die Umwelt ist immer kreativ, selbst wenn Sie an noch so Alltägliches denken.

Die Kreativitätsforscher sind sich mittlerweile einig darüber, daß *Kreativität* aus den inneren Anlagen des Menschen stammt und unter bestimmten Umweltbedingungen freigesetzt wird. TORRANCE, ein bekannter amerikanischer Kreativitätsforscher, geht davon aus, daß die Fähigkeit, schöpferisch zu sein, sich dann entfaltet, wenn die geistig-seelischen Anlagen eines Menschen angeregt werden. Mit der Zunahme der Kreativität wandelt sich die Wahrnehmung der Umwelt, und man beginnt, mehr Gelegenheiten zur Verwirklichung eigener Ideen zu entdecken und zu nutzen.

Mit Kreativitätsentwicklung geht eine veränderte Sichtweise der Wirklichkeit einher. Was hindert Sie eigentlich daran, Ihre Sicht der Welt häufiger zu ändern bzw. dauerhaft kreativ zu sein? Oder anders gefragt, was erschwert die Entfaltung Ihrer Kreativitätsreserven? Wir hatten im 1. und im 4. Kapitel Streß als Hauptfaktor für viele Störungen oder Behinderungen des Lebens verantwortlich gemacht. Wenn der Körper verspannt ist, Streß ,,Spuren" hinterlassen hat, dann können kreative Impulse gleichsam keinen Weg durch den ,,inneren Schmutz" finden und bleiben, bevor sie wahrgenommen werden, einfach unbemerkt stecken. Das gleiche gilt aber auch für Intuitionen und das Hören auf die ,,innere Stimme". Wenn aber Streß anders begegnet werden kann, so daß er sich nicht mehr negativ auswirkt, dann steht der Nutzung des inneren Potentials nichts mehr im Wege. Meditation ist also gerade als ,,reinigendes", entspannendes und streßvorbeugendes Mittel wichtig, um Kreativität in alle Handlungsbereiche einfließen zu lassen.

Wie läßt sich Kreativität erfassen?

GUILFORD, ein amerikanischer Intelligenz- und Kreativitätsforscher von internationalem Rang, hat eine Reihe von ,,Primärfähigkeiten" genannt, die die Persönlichkeit eines kreativen Menschen auszeichnen:

- Der kreative Mensch hat die Fähigkeit, Probleme als solche zu erfassen; er wehrt Probleme nicht ab;
- der kreative Mensch ist fähig, in kurzer Zeit eine große Anzahl von Ideen zu produzieren;
- die kreative Persönlichkeit erbringt Leistungen, die neuartig oder originell sind;

- Flexibilität, also die Fähigkeit, Gewohnheiten zu unterbrechen oder zu ändern, ist ein Merkmal des Kreativen;
- der Kreative ist in der Lage, Ideen und Informationen zu einem Ganzen zusammenzufassen; er besitzt synthetisierende Fähigkeiten;
- gleichzeitig besitzt er analysierende Fähigkeiten, mit denen er Probleme zergliedern kann;
- der kreative Mensch ist imstande, Ideen und Informationen aus ihrem gewohnten Zusammenhang herauszureißen und neu zu ordnen; er kann etwas neu definieren;
- der kreative Geist vermag brauchbare, überdauernde Ideen herauszufiltern;
- er ist imstande, Dinge und Situationen angemessen zu bewerten.

Unter Umständen können Sie selbst diese Liste durch eigene Erfahrungen von Kreativität in den verschiedensten Lebenssituationen ergänzen. Wahrscheinlich sind einige der erwähnten Merkmale bei Ihnen persönlich ausgeprägter als andere. Deshalb läßt sich mit dieser Liste auch ein regelrechtes Lernprogramm erstellen, das darauf abzielt, möglichst viele Fähigkeiten des kreativen Menschen zu entfalten.

Für die meisten der von GUILFORD ermittelten Faktoren hat man im Laufe der Jahre psychologische Testverfahren erarbeitet, anhand derer sich Kreativität untersuchen läßt. Selbstverständlich können diese Fragebogen auch die Veränderungen in der Kreativität erfassen, die sich nach einem festgelegten Zeitraum der Meditationsausübung einstellen.

Der Psychologe MAC CALLUM von der Universität Kalifornien in Los Angeles führte Kreativitätsuntersuchungen an Meditierenden durch.[86] Dort wurde mit Hilfe des Kreativitätsfragebogens „TORRANCE Test of Creative Thinking" eine Gruppe von Meditierenden, die bereits über einige Monate Erfahrung mit Transzendentaler Meditation verfügten, mit einer Gruppe von Personen verglichen, die sich entschlossen hatten, diese Meditationsform zu erlernen. Die erfahrenen Meditierenden erreichten bei diesem Test eindeutig höhere Kreativitätswerte als die Meditationsanfänger. Sie waren einfallsreicher, also „flüssiger" in der Ideenerzeugung, bewiesen mehr Flexibilität und erzielten einen höheren Neuheitsgrad oder mehr Originalität bei der Bewältigung von Testaufgaben.

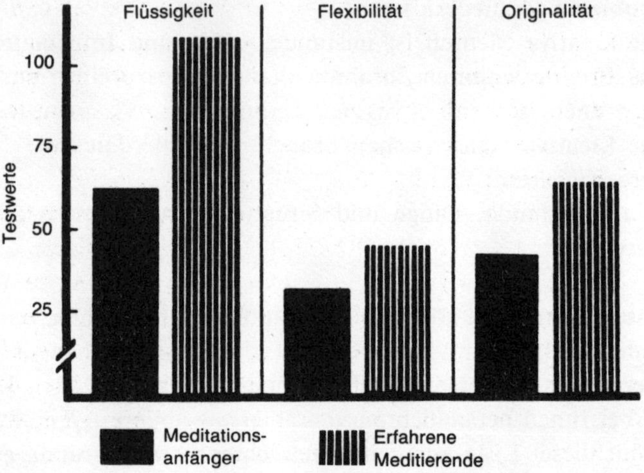

Unterschiede in der Kreativität zwischen Meditationsanfängern und fortgeschrittenen Meditierenden („TORRANCE Test of Creative Thinking")[86]

Diese drei Faktoren, *Flüssigkeit im Problemlösen, Flexibilität im Umgang mit Aufgaben* und *Originalität der Lösungsvorschläge*, sind von herausragender Bedeutung für kreative Leistungen. Angesichts der Fülle unterschiedlicher Aufgaben, denen die meisten im Alltag gegenüberstehen, ist Einfallsreichtum heute dringender denn je erforderlich. Das Neue, mit dem jeder fast täglich fertig werden muß, verlangt ein größeres Aufnahme- und Verarbeitungsvermögen, mehr Anpassungsfähigkeit, also Flexibilität; jeder muß heute imstande sein, sich schnell umzustellen. Und schließlich, angesichts der Eintönigkeit und Langeweile vieler Situationen des täglichen Lebens, hilft als Gegengewicht nur mehr Originalität, sind neuartige Ideen und Verhaltensweisen nötig.

Es wurde bereits erwähnt, daß Kreativität gleichsam im Inneren des Menschen eingeschlossen ist. Da Kreativität eine unübersehbare Eigenschaft allen Lebens ist, sei es bei den Pflanzen, den Tieren oder beim Menschen, muß sie angeboren sein. Kreativität drängt beim Menschen danach, sich in seinem Denken und Handeln auszudrücken. Es ist ihre natürliche Tendenz, ihn ständig mit Wachstumsimpulsen zu versorgen, die er im Alltag umsetzen kann. Jeder fühlt sich dann gut, wenn er in irgendeinem Bereich seines Lebens einen Fortschritt spürt.

Weil Kreativität ein natürlicher Teil des Menschseins ist, drückt sie sich ohne Anstrengung aus. Kreativität entfaltet sich in denjenigen Lebensbereichen mühelos, in denen der Betreffende am wenigsten „innere Blockaden", Verspannungen und Folgeschäden von Streß aufweist. Das erklärt, warum viele Menschen beruflich nicht sonderlich erfolgreich sind, jedoch im Bereich ihres Hobbys sehr gute und zum Teil Spitzenleistungen erbringen. Aus Berichten kreativer Menschen geht hervor, daß sie ihre Arbeit fast als Spiel, als leicht und freudvoll empfinden.

Ein mittlerer Angestellter im Versicherungswesen schrieb uns ungefähr ein halbes Jahr nach einem Meditationsseminar:

„Ich verstehe kaum, was geschieht. Bis vor acht Wochen hatte ich bei der Bearbeitung bestimmter Fälle immer dasselbe Problem. Jetzt ist alles anders: Ich komme schneller ans Ziel und kann mir in Problemfällen dafür nötige Informationen ohne große Umwege besorgen. Was ich jedoch am meisten genieße, meine alte Zuneigung zum Dichten ist wieder erwacht, die fast anderthalb Jahrzehnte verschüttet war. So hatte ich beim vergangenen Weihnachtsfest vor versammelter Mannschaft großen Erfolg mit einem Gedicht, in dem ich das Geschäftsjahr humorvoll habe Revue passieren lassen. Das Gedicht selbst konnte ich wie früher in wenigen Minuten niederschreiben ohne quälendes Ringen um Worte."

Evolution und Wachstum laufen immer vom Kleineren zum Größeren, vom weniger Umfassenden zum Umfassenderen, vom

Chaos zur Ordnung. Alles im Leben sucht nach höherer Integration oder Ganzheitlichkeit. Wenn man also den Ursprung der Kreativität sucht, muß man Wachstumsprozesse bis zu ihrem Anfang zurückverfolgen. Geistige Leistungen haben ihren Ursprung in Ideen und Gedanken. Wenn man einen Gedanken zu seinem Ursprung verfolgt, ihn immer ,,feiner" werden läßt, und genau das macht ja Meditation, dann stellt sich die Erfahrung ein, daß er aus einem Reservoir an Ruhe entspringt. Keineswegs aus einem Nichts, sondern aus einem Bereich der Stille. Im Ursprung aller Kreativität liegt Ruhe. Auch der Blick in die Physik zeigt, daß angeregten Zuständen von Elementarteilchen weniger angeregte vorausgehen. Allem aber liegt, um es physikalisch auszudrücken, der Vakuumzustand von Quantenfeldern zugrunde, ein Zustand dynamischer Stille.

Im 3. und 7. Kapitel haben Sie Einzelheiten über den meditativen Bewußtseinszustand erfahren. Dieser, so erläuterten wir Ihnen dort, zeichnet sich durch tiefe Ruhe bei gleichzeitiger Wachheit aus. Er ist also ganzheitlich, da er die Gegensätze von Ruhe und Wachheit einschließt. Die Erfahrung und bewußte Integration dieses ruhigen Zustands in den alltäglichen Lebensvollzug scheint die Ursache für die Zunahme von Kreativität bei Meditierenden zu sein. Die Kreativitätsforschung behauptet, daß das Wachstum der Kreativität seine Wurzeln in Zuständen habe, in denen Bereiche der linken und rechten Gehirnhälfte harmonisch zusammenwirkten. Dies aber wurde von uns bereits als ein Hauptergebnis der Meditation herausgestellt.

Der *Wechsel von Ruhe und Tätigkeit* ist es, der die menschliche Entwicklung trägt. Kreativität kommt aus dem Loslassen, dem Sichentspannen und -öffnen. Sie merken in Situationen, in denen Sie gleichsam gegen eine Wand rennen, daß auch noch so große Kraft nicht wirklich weiterhilft. Was aber hilft, ist eine neue Perspektive, eine neue Sicht der ,,Wand" oder des Umfelds, in dem sich diese befindet. Und dafür müssen Sie stehenbleiben und sich umsehen. Vielleicht entdecken Sie dann ein paar Seile und einen Haken, die Sie zusammenbinden und als Leiter benutzen, oder Sie finden einen Spaten und graben ein Loch unter der Wand durch, und schon haben Sie das Hindernis überwunden. Kreativität bedarf des Abstandnehmens, was in jeder Meditation von ganz allein geschieht. Nach dem Öffnen der Augen können Sie die Welt neu sehen und sich entsprechend anders verhalten. Kreativität braucht eine „Situation von Freiheit in einem selbst", also innere Freiheit, wie der Kreativitätsforscher HEINELT sagt. Und in diese Situation bringt Sie das Meditieren.

Besser lernen und behalten durch Meditation

Ihr Erfolg im Beruf, beim Sport und auch bei allen Freizeitbeschäftigungen hängt entscheidend davon ab, wie schnell und wie viel Sie lernen können. *Ziel des Lernens* ist, Aufgaben auch nach längerer Zeit ohne zusätzliche Übung und Anstrengung zu lösen. Das heißt, Lernen schließt Gedächtnis ein. Wann haben Sie z.B. das Skatspielen richtig erlernt? Wenn Sie eine dauerhafte Veränderung Ihres Verhaltens erreicht haben und unter anderem schneller auch in unruhiger Umgebung reizen können. Diese Verhaltensänderung sollte dabei nicht durch bloße Gewöhnung zustandegekommen sein, sondern durch ein mehr oder weniger bewußtes, aktives Sich-aneignen. Es besteht in diesem Fall also vorrangig darin, die Kunst des Reizens zu beherrschen.

Neues stürzt heute geradezu auf Menschen ein: Die sich schnell verändernde Umwelt, die neuen Techniken im Computerwesen oder auch neue Sportgeräte zwingen den Menschen dazu, sich ständig Neues anzueignen. Der erfolgreiche Umgang mit dem Neuen erfordert die Aufnahme und Verarbeitung einer Menge von Informationen: neue Bewegungsabläufe, bestimmte Sprachen für Computer, ferner das Ausdrücken von Gefühlen und schließlich Fähigkeiten, im sozialen Umfeld bestehen zu können, wie die Nachahmung und das Beobachten.

Es ist selbstverständlich, daß es für menschliches Lernen einige Voraussetzungen gibt. Wissen und Erfahrung oder Theorie und Praxis liegen allen Lernvorgängen zugrunde. Ferner gehören Intelligenz und Kreativität, über die wir schon gesprochen haben, zu den Grundlagen erfolgreichen Lernens. Besondere Aufmerksamkeit verdienen jedoch das Aufnahmevermögen und die Ausdrucksfähigkeit.

Das Aufnahmevermögen

Daß Lernvorgänge vom Umfang des eigenen Aufnahmevermögens abhängen, ist bekannt. Wieviel Information aus einer Benutzeranleitung für ein Computerspiel können Sie wirklich aufnehmen? Anders gefragt, wann fühlen Sie sich erschöpft und lassen ankommende Informationen nur noch ,,durchrauschen''?

Ähnlich wie bei Intelligenz und Kreativität gibt es auch für das *Aufnahmevermögen* körperliche Voraussetzungen. Schon mehrfach haben wir Sie auf die grundlegenden Veränderungen insbesondere in der Gehirnaktivität bei Meditierenden aufmerksam gemacht. Gehirnforscher gehen davon aus, daß die erhöhte Synchronie der Gehirnaktivität und die während der Meditation erfahrene Ruhe die körperliche Basis für verbessertes Lernen darstellen.

Bei Ausübenden der Transzendentalen Meditation konnten Veränderungen in den Gehirnwellenmustern nachgewiesen werden, die auf eine Steigerung der Wahrnehmung und eine Verbesserung des Zusammenspiels zwischen Geist und Körper schließen lassen. Hierbei handelt es sich um Synchronie, die zwischen hinteren und mittleren Gehirnregionen auftrat, also zwischen den Bereichen, die für sinnliche Wahrnehmung und für Bewegungsabläufe zuständig sind. In der Tat bestätigen andere Tests, daß sich das Bewegungsvermögen und damit zusammenhängend das *Erlernen neuer Bewegungsabläufe* bei Meditierenden verbessern.[87] Das Zusammenwirken zwischen Körper und Geist verbessert sich in der Weise, daß Körperbewegungen weniger fehlerhaft und schneller ablaufen. Dies ist insbesondere für Sportler, aber auch für Musiker und andere Künstler wichtig.

Auch für das *Sprachenlernen*, so vermuten Wissenschaftler, spielt das geordnetere Arbeiten des Gehirns eine entscheidende Rolle. Wenn der Körper geordneter funktioniert, ist er aufnahmefähiger für die Informationen aus der Umwelt. Da Körper und Geist eng zusammenhängen, erhöht sich damit auch die geistige Aufnahmefähigkeit. Schon 1972 studierte ABRAMS die Wirkung der Transzendentalen Meditation auf das Aneignen und Abrufen von Lernmaterial.[88] Seine Versuchspersonen mußten bedeutungslose Paare von Buchstabenkombinationen wie z.B. ADS – WYG lernen und nach 25 Minuten sowie nach drei Wochen wiedergeben. Es zeigte sich, daß Langzeitmeditierende mit 28 Monaten Meditationserfahrung wesentlich mehr Wortpaare lernten als Meditationsanfänger und als Nichtmeditierende aus der Kontrollgruppe. Auch das Erinnerungsvermögen erwies sich bei den Meditierenden als wesentlich besser.

Das Gehirn verfügt über eine bestimmte „Kurzzeitspeicherkapazität" sowie über Speichervorgänge, die kurzzeitig behaltene Eindrücke in Langzeitinformationen umwandeln. Wenn sich die Gehirnaktivität durch Meditation neu ordnet, muß auch das *Speichervermögen* verbessert werden. Der Psychiater GLUECK behauptete einmal, daß Meditation „Milliarden mehr Gehirnzellen an die Netzwerke im Gehirn anschließt". Dies allein würde die Verbesserung der Aufnahmefähigkeit erklären.

Nachahmen und Beobachten, sich in Gruppen einfügen und andere soziale Fähigkeiten bilden ein weiteres Lerngebiet. So wird durch Meditation das Erkennen von Mustern gefördert. Stellen Sie sich vor, Sie kämen an einen neuen Arbeitsplatz. Eines der wichtigsten Dinge ist es zunächst, die schon vorhandenen Beziehungsstrukturen zwischen einzelnen Mitarbeitern zu erkennen. Wenn Sie nicht erkennen, daß Frau A nicht mit Frau B auskommt, dann treten Sie ins Fettnäpfchen, wenn Sie sich mit beiden zum Mittagessen verabreden. Das Erkennen von Verhaltensmustern einzelner und von Gruppen, etwa von Rollen, die gespielt werden, kann gezielt trainiert werden. Meditation steigert die Fähigkeit, Muster zu erkennen, wie MISKIMAN, ein kanadischer Arzt, in mehreren Untersuchungen nachweisen konnte.[89]

Aus der Vielzahl von Erfahrungsberichten, die uns zum Thema „Lernen" vorliegen, möchten wir Ihnen denjenigen des 18jährigen Sohnes einer Werbeberaterin vorlegen, der ein Jahr, nachdem seine Mutter an einem unserer Seminare teilgenommen hatte, ebenfalls mit der Transzendentalen Meditation begann:

„Ich habe das Gefühl, daß ein Großteil meiner Leistungsverbesserung im letzten Schuljahr damit zusammenhängt, daß ich die Meditation erlernt habe. Ich bin vor eineinhalb Jahren in die Meditation eingeführt worden und habe den Tag nie bereut, da sich nicht nur bessere Noten von Sport bis Latein einstellten, sondern ich mittlerweile eine ganz andere, positivere Einstellung zur Schule habe.

Schon recht bald nach dem Erlernen der Transzendentalen Meditation entwickelte sich bei mir das Gefühl, daß Schule mehr sein kann als bloß ein wöchentliches „Fünf-Tages-Zwangslager". Ich stellte fest, daß sich mein Einsatz lohnt, daß Lernen zum Erfolg führt. Ich schneide besser ab, finde die Lehrer ganz annehmbar, komme besser mit den anderen Schülern zurecht. Manchmal merke ich, daß ich fähig bin, wirklich mein Bestes zu geben. Dabei läuft das alles ganz allmählich ab; ich konnte es selbst zum ersten Mal nur an den besseren Noten am Ende des letzten Schuljahres feststellen.

Übrigens hat sich auch der Drang, Stunden zu schwänzen, gelegt. Irgendwie spüre ich, daß dies unverantwortlich wäre. Das Durchhalten scheint mir mehr Lernchancen zu geben als das Flüchten.

Die Hausaufgaben kann ich schneller erledigen, ich achte auch mehr darauf, daß sie richtig und ordentlich sind. Frust beim Arbeiten ist nur noch selten vorhanden.

Während des Unterrichts kann ich länger aufmerksam bleiben und mich konzentrieren. Selbst bei langweiligen Themen schalte ich nicht ab, sondern höre richtig zu. Häufig bekomme ich die Unruhe in der Klasse oder auf der Straße gar nicht mehr mit. Ich bin einfach weniger leicht abzulenken und suche auch gar nicht nach Ablenkung durch Aus-dem-Fenster-Sehen oder In-der-Tasche-Wühlen. Ich bin zufriedener als je zuvor."

Der österreichische Erziehungswissenschaftler TAUCHER schloß 1982 eine Studie an Hauptschülern ab, in der er die Lernerfolge und Gedächtnisleistungen von Ausübenden der Transzendentalen

Meditation mit denen verglich, die von Praktizierenden der Progressiven Muskelentspannung erzielt wurden.[90] Es stellte sich zum einen heraus, daß Meditation einen fördernden Effekt auf das Lernvermögen und eine besonders gute Wirkung auf das Gedächtnis hat, die ausgeprägter sind als die von Progressiver Muskelentspannung. Zum anderen bestätigt TAUCHERs Arbeit die Aussagen, die im oben aufgeführten Erfahrungsbericht im Hinblick auf die Konzentrationsfähigkeit gemacht werden.

Die erwähnten Untersuchungen sowie der obige Bericht, der lediglich einer unter vielen ist, belegen die Bedeutung von Meditation für die Erweiterung des Aufnahmevermögens. Aber Meditation erweist sich auch als geeignet, um das Ausdrucksvermögen zu steigern.

Das Ausdrucksvermögen

Das Ausdrucksvermögen bestimmt neben dem Aufnahmevermögen den Erfolg vieler Handlungen. Hierbei geht es nicht nur um sprachliches Ausdrucksvermögen, etwa daß man gute Briefe schreiben kann oder gar Gedichte, sondern um das allgemeine menschliche Vermögen, Gefühle und Gedanken in zielgerichtete Handlungen umzusetzen. Das *Ausdrucksvermögen* bestimmt, wieviel des Aufgenommenen, des Gelernten im Alltag wirklich zur Anwendung gelangt.

Körperlich gesehen zeigen sich Verbesserungen der Ausdrucksfähigkeit bei Meditierenden in einer verkürzten Reaktionszeit[91], im reibungsloseren Zusammenwirken von Körper und Geist und in einer Steigerung der sportlichen Leistungen. Mehr und mehr Sportler setzen meditative Verfahren zur Steigerung ihrer körperlichen Ausdrucksfähigkeit ein. In einer Untersuchung an meditierenden Leichtathleten konnte ermittelt werden, daß diese unter gleichen Trainingsbedingungen ihre Laufzeiten im Vergleich zu Nichtmeditierenden verkürzen konnten.[92]

Es gibt auch psychologische Testverfahren zur Ermittlung eines verbesserten Ausdrucksvermögens, zum Beispiel Untersuchungen zur Organisation von Lernmaterial oder zum Problemlösen. Auch in diesen konnten die fördernden Wirkungen von Meditation auf das Ausdrucksvermögen überzeugend nachgewiesen werden. In der Meditation erfährt der Geist auf natürliche Weise größere Ordnung, Klarheit und Gerichtetheit. Je mehr er damit vertraut wird, um so mehr fließen diese Qualitäten in das Planen und Durchführen von Handlungen ein.

Im vergangenen Jahr erzählte uns ein befreundeter Meditationslehrer von einer Pianistin, die zwei Monate nach dem Erlernen der Transzendentalen Meditation zu ihm gekommen sei, um ihm von ihren Erfahrungen zu berichten. Am meisten war sie davon überrascht, wie sich ihre Fähigkeit zur Interpretation von Kompositionen erweitert hatte. Früher tat sie sich schwer damit, ihr eigenes Empfinden beim Wiedergeben von Stücken auszudrücken. Jetzt erlebte sie eine größere Freiheit und gleichzeitig auch eine größere Sicherheit, dem Stück keine Gewalt durch ihre Interpretation anzutun. Sie hatte das Gefühl, die Absicht und Stimmungslage des Komponisten klarer zu erkennen, als ihr das jemals vor dem Meditieren möglich war.

Vor allem Künstler erzählen immer wieder von den Bereicherungen, die ihr Ausdrucksvermögen durch Meditation erfährt. Aber das Ausdrucksvermögen ist für jedermann gleichermaßen wichtig. Ohne eine Belebung des Ausdrucksvermögens wäre es sinnlos, wenn sich andere Bereiche der Persönlichkeit entfalten würden. Die Kräfte, die Meditierende durch Meditation in sich freisetzen, müssen im Alltag umgesetzt werden, damit Erfolg sich einstellt. Insofern ist es ganz natürlich, daß von wissenschaftlicher Seite wie auch von Künstlern über die Entfaltung des Ausdrucksvermögens bei Meditierenden Positives ausgesagt wird.

Arbeitszufriedenheit und Arbeitsleistung

Erfolg und Selbstbestätigung werden von vielen Menschen auch im Arbeitsleben gesucht. Wenn Sie bedenken, wieviel Zeit Sie am Arbeitsplatz verbringen, wird schnell klar, daß von dieser Zeit Ihr tägliches Wohlbefinden entscheidend abhängt. Wenn die Arbeit keine Freude macht, was nützt dann guter Schlaf? Wenn Sie nicht das Gefühl haben, während der Arbeit etwas Sinnvolles zu leisten und dort Anerkennung zu erhalten, was hilft es Ihnen dann, einem Hobby nachzugehen und dort Erfüllung zu suchen? Dies kann letztlich nur ein schwacher Trost sein, verbringen Sie doch wenigstens ein Drittel Ihrer Lebenszeit am Arbeitsplatz.

Erfolg bei der Arbeit kann auf unterschiedliche Weise beurteilt werden: Zunächst einmal können Sie selbst Ihren Erfolg daran messen, wie zufrieden Sie am Arbeitsplatz sind. Erfolg bemißt sich aber auch an den Arbeitsleistungen. Schließlich bestimmt auch die Art der Beziehungen, die Sie zu Kollegen und Vorgesetzten haben, ob Sie am Arbeitsplatz erfolgreich und zufrieden sind oder nicht.

Wachsende Befriedigung am Arbeitsplatz

Arbeitszufriedenheit ist eines der am meisten behandelten Themen der Managementliteratur. Was ist es, was Menschen am Arbeitsplatz befriedigt oder gar begeistert? Die unterschiedlichsten Theorien sind entwickelt worden, um diese schwierige Frage zu beantworten. Der amerikanische Wirtschaftswissenschaftler FREW stellte die Behauptung auf, daß es gar nicht nötig sei, eine allgemeine Theorie über Zufriedenheit zu erarbeiten. Es genüge seiner Meinung nach zu wissen, wie diese Arbeitszufriedenheit erhöht werden könne. Und hier sei ein Faktor entscheidend: Um die Zufriedenheit bei der Arbeit zu vergrößern, müsse man das Streßniveau bei Firmenangehörigen oder freiberuflich Tätigen vermindern.

Deckt sich das nicht mit Ihrer Erfahrung? Ihre Zufriedenheit wird zumindest dann beeinträchtigt oder verschwindet gar völlig, wenn Sie zuviel Streß am Arbeitsplatz haben. Daß die Belastbarkeit individuell unterschiedlich ist, muß nicht besonders erwähnt werden. In den meisten Berufen aber hat der Streß in den letzten Jahren so zugenommen, daß Kreativität und Leistungswille auf allen Stufen immer mehr abnehmen. Bedenken Sie nur, was es für eine Sekretärin bedeutet, von einem auf den anderen Tag mit Computer und anderer Büroelektronik arbeiten zu müssen, oder wie schwer sich ein Betriebsleiter damit tut, Mitarbeiter für das Erlernen des Umgangs mit computergestützten Maschinen zu gewinnen. Gerade heute, da in fast jedem Unternehmen immer wieder technische Neuerungen anstehen, fühlen sich die Mitarbeiter wesentlich stärker belastet als früher.

Im Hinblick auf diese berufsbedingten Belastungen wollen wir daran erinnern, daß Meditation eine natürliche Methode ist, die ohne Einnahme von Medikamenten und ohne Nebenwirkungen tiefe Entspannung herbeiführt und Streß abbaut. Da sich Meditation bei der Streßbewältigung und Streßvorbeugung gleichermaßen bewährt hat, stellt sie zweifelsohne ein Schlüsselelement für erhöhte Zufriedenheit am Arbeitsplatz dar.

Meditation verhilft Ihnen dazu, mit dem Streß am Arbeitsplatz besser fertig zu werden, und Sie werden durch Meditation von innen her befähigt, die beruflichen Anforderungen mit Ihren eigenen Bedürfnissen besser in Übereinstimmung zu bringen.

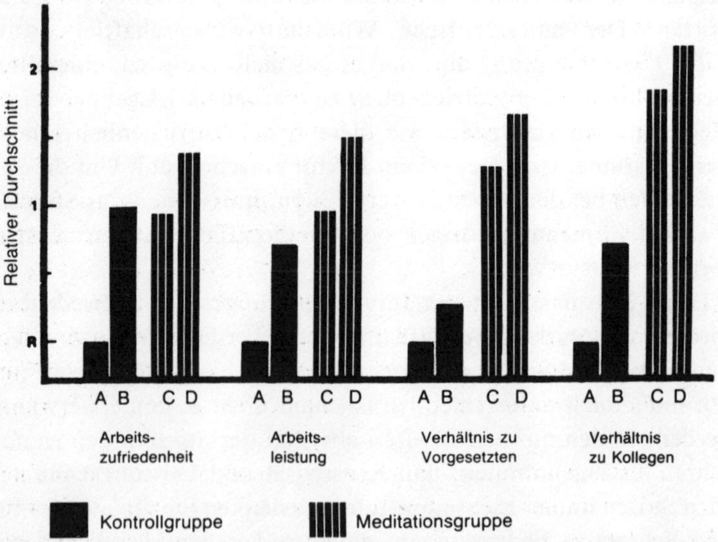

Vergleich des Arbeitsverhaltens von Meditierenden und Nichtmeditierenden [93]

Von FREW stammt auch eine der herausragenden Untersuchungen über die Steigerung der Arbeitszufriedenheit bei Meditierenden.[93] Er verglich sowohl nichtmeditierende mit meditierenden Arbeitnehmern als auch meditierende Sachbearbeiter mit Meditierenden, die im höheren Management tätig waren. Die Meditierenden sprachen insgesamt von einer deutlichen Zunahme ihrer Zufriedenheit verglichen mit der Zeit vor dem Erlernen der Meditation. Bei meditierenden Managern nahm die Zufriedenheit mit der Arbeit verhältnismäßig mehr zu als bei Sachbearbeitern. Dies mag daran liegen, daß erstere die in ihrem Aufgabenbereich vorhandenen größeren Möglichkeiten besser zu nutzen lernten und deshalb entsprechend zufriedener wurden.

In einer deutschen Firma wurden Mitarbeiter, die die Transzendentale Meditation erlernt hatten, von uns befragt, welches die größten Veränderungen waren, die sie an sich selbst erlebt haben. Stellvertretend für viele Aussagen sei hier ein 34jähriger Inkasso-Sachbearbeiter zitiert:

„Mein Job ist nicht so einfach: immer nur ausstehende Geldbeträge eintreiben... Die Kunden reagieren sehr unterschiedlich. Früher hatte ich besonders mit heftigen Reaktionen Probleme, und recht häufig war ich unzufrieden, weil ich hier nicht klar kam. Ich konnte nicht gerade sagen, daß mir die Arbeit Spaß gemacht hätte.

Nachdem ich mit der Meditation begonnen hatte, ging alles leichter und reibungsloser. Ich erinnere mich manchmal daran, daß das Wort stimmt: ‚So wie man in den Wald hineinruft, so schallt es zurück'; ich gehe gezielter und lockerer mit den Kunden um, und die Aggressionen mir gegenüber werden weniger und weniger. Meine Zahlen werden immer besser – klar, daß ich zufriedener bin und nicht mehr ab Mittag schon an den Feierabend denke."

Die durch Meditation erlangte, grundlegende Zufriedenheit bleibt während des ganzen Arbeitstages bei regelmäßig Meditierenden erhalten. Sie beeinflußt das Verhalten am Arbeitsplatz derart, daß es erfolgreicher und damit befriedigender wird.

Ohne Leistung kann es keine Zufriedenheit am Arbeitsplatz geben. Arbeitsleistung wird nach den Ergebnissen beurteilt, die jemand erzielt. Wenn die „Stückzahlen" steigen, die pro Tag hergestellt werden oder etwa mehr Vorgänge pro Tag in einer Versicherungsgesellschaft bearbeitet werden können, dann ist eine Produktivitätssteigerung eindeutig gegeben.

Meditierende berichten einhellig, daß Transzendentale Meditation ihre *Arbeitsleistung* in diesem Sinne verbessert: Sie können einfach mehr produzieren oder erledigen. Fabrikarbeiter, die im Akkord arbeiteten, empfanden weniger Streß und verdienten doch mehr als zu Zeiten vor dem Erlernen von Meditation. Manager und Arbeitnehmer in Verwaltungspositionen erkannten eine Verbesserung ihrer Arbeitsleistung daran, daß sie vorgegebene Zeitpläne besser einhalten konnten und in der Lage waren, deutlich mehr „wegzuschaffen". Führungskräfte, die bislang zehn bis zwanzig Stunden pro Woche mehr arbeiten mußten, um ihre Aufgaben erledigen zu können, sagten, daß es ihnen bei regelmäßiger Meditation gelänge, sechzig Stunden Arbeit in vierzig Stunden zu bewältigen. Ein Arzneimittelvertreter erreichte einen um die Hälfte höheren Absatz in den Apotheken seines Einzugsgebiets!

Die Produktivitätsanalysen von FREW, die persönlichen Aussagen von meditierenden Berufstätigen und die Ergebnisse der Streßforschung bestätigen, daß es deutliche Zusammenhänge zwischen der beruflichen Leistungsfähigkeit und Transzendentaler Meditation gibt.[93]

Die beobachtete Leistungssteigerung bei Meditierenden hängt sicherlich auch damit zusammen, daß Meditierende für ihre Arbeit stärker motiviert sind und auch mehr Energie zur Verfügung haben. Wenn jemand mehr Freude bei der Arbeit erfährt, dann ist er von selbst gewillt, mehr zu tun, da er sich davon eine weitere Steigerung der Befriedigung oder Freude erhofft. Erfolg kostet Energie, er setzt aber auch neue Energien frei, getreu dem Motto: Nichts ist erfolgreicher als der Erfolg. Arbeitnehmer, die ihren Erfolg im Unternehmen spüren und entsprechende Anerkennung erfahren, werden sich mehr und mehr bewußt, daß sie nicht nur ein kleines Rädchen in der großen Maschine sind, sondern daß es gerade auf sie ankommt. Die Abnahme des Berufsstreß läßt sie dies deutlicher erkennen. Wenn Sorgen und Ängste wegfallen, können sie sich der Bedeutung der eigenen Position stärker bewußt werden und damit die Arbeitsstelle besser ausfüllen. Sie beginnen damit, sich für das ganze Unternehmen mitverantwortlich zu fühlen. Dies steigert den Leistungswillen und schafft die Grundlage für berufliches Fortkommen.

In Untersuchungen wurde jedoch ermittelt, daß Meditierende trotz des Strebens nach guter Leistung nicht genauso stark an beruflichem Aufstieg interessiert sind wie Nichtmeditierende.[93] Dies wird von Wissenschaftlern damit erklärt, daß bei Meditierenden eine größere Zufriedenheit bei der Arbeit vorherrscht, so daß sie weniger schnell daran denken, den Arbeitsplatz zu wechseln. Ferner sehen Meditierende rechtzeitig ein, daß sich ein Aufstieg um jeden Preis selten lohnt. Sie kämpfen deshalb nicht um ihre Positionsverbesserung, sondern bereiten sie durch Leistungssteigerung vor.

Häufigkeit des Arbeitsplatzwechsels

Natürlich wurde auch die Häufigkeit des Arbeitsplatzwechsels bei Meditierenden untersucht. Geringer *Stellenwechsel* ist ein Maßstab für Zufriedenheit mit der Arbeit und Erfolg, aber auch für das Betriebsklima. Arbeitsplatzwechsel bildet heute für Unternehmen einen wichtigen Kostenfaktor: Neue Mitarbeiter müssen gefunden und größtenteils zusätzlich geschult werden. Deshalb wird versucht, die Rate der Stellenwechsler gering zu halten.

Die Ergebnisse der Studie von FREW machen deutlich, daß Transzendentale Meditation die Neigung von Mitarbeitern verringert, das Unternehmen zu wechseln.[93] Sicherlich hängt dies mit der größeren Zufriedenheit der Meditierenden zusammen. Eine geringere Streßanfälligkeit gestattet den Mitarbeitern, ihre Arbeit besser in den Gesamtablauf der Tätigkeiten ihres Unternehmens einzuordnen. Sie können deutlicher unterscheiden, welche Arbeiten auch bei anderen Arbeitgebern genausowenig zu vermeiden sind, zum Beispiel Routinetätigkeiten, und welche veränderbar sind, da sie mit den Kollegen in Beziehung stehen. Auch verstehen meditierende Mitarbeiter nach den Erkenntnissen von FREW in der Regel die Einflüsse der allgemeinen Wirtschaftslage auf die Situation an ihrem Arbeitsplatz leichter.

Verbesserte Beziehungen zu Mitarbeitern und zu Vorgesetzten

Sie haben mit Sicherheit Erfahrungen damit, wie wichtig die Art Ihrer *zwischenmenschlichen Beziehungen* für den Erfolg Ihrer Arbeit und auch für Ihre Zufriedenheit bei der Arbeit sind. Hier sind weniger die Beziehungen gemeint, die manche Menschen brauchen, um beruflich weiterzukommen, sondern mehr die gewöhnlichen, in der alltäglichen Arbeitsumgebung herrschenden Verhältnisse des Miteinanderauskommens. Wie wichtig sind doch Rücksichtnahme, Hilfsbereitschaft und Belastbarkeit, damit es am Arbeitsplatz menschlich zugeht.

Erst kürzlich erzählte uns ein Mitglied der Geschäftsführung aus einem mittelständischen Unternehmen der gummiverarbeitenden Industrie, das größte Problem seiner Firma hätte einige Zeit lang darin bestanden, daß zwei leitende Angestellte aus persönlichen Gründen nicht miteinander redeten. Es sei mehrfach vorgekommen, daß Aufgaben nicht erledigt wurden, weil sie von beiden zusammen hätten bearbeitet werden müssen. Erst nachdem einer der beiden die Firma verlassen hatte und durch eine andere, kooperative Führungskraft ersetzt worden war, stimmte das Klima auf der Ebene der Abteilungsleiter wieder. Er erwähnte zum Abschluß, daß ihm aus mehreren anderen Firmen ähnliche Problemfälle bekannt wären, es sich also in seinem Unternehmen nicht um einen Einzelfall gehandelt hätte.

Die Untersuchung über das Verhaltens von Meditierenden am Arbeitsplatz von FREW hat in dieser Hinsicht mehreres gezeigt: Zum einen berichteten Meditierende von entscheidenden Verbesserungen ihrer Beziehungen sowohl zu Kollegen als auch zu Vorgesetzten. Zum anderen bewerteten die Vorgesetzten und die

Kollegen die Verhaltensänderungen bei Meditierenden durchweg positiv.[93]

Einer unserer Seminarteilnehmer, ein 40jähriger Finanzbuchhalter, berichtete bei einem Seminar für fortgeschrittene Meditierende folgendes:

,,Transzendentale Meditation hat mir geholfen, Kollegen wirklich zuzuhören. Bislang habe ich immer nur daran gedacht, meinen Senf zu den Informationen anderer dazu zu geben und konnte deshalb nie richtig auf das achten, was sie mir eigentlich sagen wollten.

Auch war es so, daß mich niemand verbessern konnte, wenn ich einmal glaubte, ich läge richtig in meinen Feststellungen. Ich habe zwar häufig recht, jedoch sehe ich jetzt ein, daß mein Verhalten falsch war, wenn ich anderen sagte: 'Ich habe recht, mach es jetzt so und nicht anders!' Ich habe jetzt einfach mehr Achtung vor den anderen Kollegen, kann besser auf sie eingehen und auch ihre Gefühle verstehen.

Als ich einmal mit dem Abteilungsleiter etwas zu besprechen hatte, fragte er mich, ob bei mir alles in Ordnung sei. Er sagte: 'Irgendetwas hat sich bei Ihnen verändert.' Ich antwortete, daß ich ganz der alte sei, jedoch meinte er: 'Nein, jedermann im Büro spricht davon, wie ruhig Sie geworden sind, wie ausgeglichen. Sie sprechen auf einmal mit den Leuten und bellen sie nicht mehr an wie früher.' Ich sagte ihm, daß ich Transzendentale Meditation erlernt hätte. Darauf wurde ein Vortrag darüber in der Firma organisiert und 43 Mitarbeiter informierten sich.''

In der Tat stellte sich in verschiedenen Unternehmen weltweit heraus, daß die größte Bedeutung der Meditation in der Verbesserung der zwischenmenschlichen Beziehungen liegt. Es treten wesentlich weniger Reibereien durch persönliche Probleme auf, wenn Mitarbeiter sich regelmäßig tief entspannen können. Die Arbeitsaufgaben werden gleichmäßiger von allen Mitarbeitern einer Abteilung bewältigt; es entsteht ein größerer Teamgeist. Die streßvorbeugende Wirkung des Meditierens verringert die Häufigkeit innerbetrieblicher Konflikte. Das bringt mehr Erfolg nach außen und stärkeres Vertrauen der Mitarbeiter in ihre Firma.

Betrachtet man den beruflichen Erfolg als Ganzes, so kann gesagt werden, daß Meditation sich auch hier als Schlüsselfaktor erweist. Sie hilft Ihnen, aus Ihrem Arbeitsplatz das Beste zu machen, fachlich wie menschlich, und schärft den Blick für die Möglichkeiten der Entwicklung und Erfüllung im Beruf.

9. Anwendungsbereiche der Meditation – ein Überblick

In diesem abschließenden Kapitel stellen wir Ihnen die wichtigsten Anwendungsmöglichkeiten von Meditation vor, die über den persönlichen Nutzen hinausgehen. Diese erstrecken sich neben dem Gesundheitswesen, über das wir ja bereits im 4. Kapitel ausführlich gesprochen haben, vor allem auf die Bereiche Erziehung, Wirtschaft, Kunst, Religion, Rehabilitation und die Gesellschaft als Ganzes. Aus dieser Übersicht wird deutlich, wie vielseitig Meditation eingesetzt werden kann und wie weitreichend ihre Wirkungen sind.

Erziehungswesen

Die Zukunft eines jeden Landes hängt maßgeblich von der Qualität der Erziehung der Heranwachsenden ab. Führt man sich aber die Vielfalt der gegenwärtigen Probleme in allen Erziehungsbereichen vor Augen, so scheint nicht nur der Bundesrepublik eine nicht gerade rosige Zukunft bevorzustehen. Erwähnen möchten wir hier nur die Probleme des zunehmenden, krankmachenden Leistungsdrucks und eines damit einhergehenden wachsenden Konkurrenzdenkens, ferner den Mangel an Motivation bei Schülern und Lehrern gleichermaßen aufgrund von Überforderung, Verhaltens- und Lernstörungen unterschiedlichster Art und schließlich die einseitige Betonung von rein intellektuellem Faktenwissen. Immer mehr Schüler und Studenten brechen ihre Ausbildung vorzeitig ab: Jeder zweite Gymnasiast, jeder dritte Real- und jeder vierte Hauptschüler erreicht heute sein Bildungsziel nicht!

Selbst die Fortschrittlichsten unter den Pädagogen scheinen ihren Optimismus größtenteils verloren zu haben, da sie keine Möglichkeiten zu einer grundlegenden Veränderung der festgefahrenen Situation im Erziehungswesen sehen. Man bemüht sich zwar seit Jahren eifrig, neue Schulmodelle, Lehrpläne und Unterrichtsmethoden zu entwickeln. Kaum je hat es so viele Schulversuche gegeben wie heute, die allerdings letzten Endes wenig bewirken, da hierbei zu sehr äußere Aspekte im Mittelpunkt stehen und Methoden zur ganzheitlichen Erziehung nicht ausreichend Berücksichtigung finden. Durch das aufgenommene Wissen wird der Schüler bestenfalls berufsfähig, meist jedoch nur geringfügig lebenstüchtig gemacht. Das heutige Erziehungswesen liefert keinen deutlich erkennbaren Beitrag zur Förderung der inneren Reifung des Heranwachsenden, zur Entfaltung seiner Persönlichkeit. Das Hauptziel der Erziehung dagegen ist, wie der amerikanische Psychologe MASLOW hervorhebt, letztlich Selbstverwirklichung, die Entwicklung der „vollen Menschlichkeit".

Die Grenzen von Erziehungsmaßnahmen, bei denen das Bewußtsein des einzelnen ausgeklammert wird, sehen heute immer mehr Erziehungswissenschaftler und fordern deshalb, neue Wege zu beschreiten. Der amerikanische Pädagoge HEATH meint hierzu:

„Mein Verständnis vom Menschen sagt mir, daß die eigentliche Quelle aller kreativ-ästhetischen Fähigkeiten in unserer weniger bewußten inneren Welt liegt und daß wir mit ihr durch eine empfangende, meditative Haltung Kontakt aufnehmen können. Solange wir nicht lernen, unsere innere Stimme zu spüren und uns von ihr leiten zu lassen, solange sind wir nicht wirklich gebildet. Wenn ein Jugendlicher lernt, Zugang zu seinen inneren Kräften zu erlangen und diese zu entwickeln, habe ich keine Angst um ihn. Er wird dann eine Beweglichkeit und Unabhängigkeit entwickeln, die ihn befähigt, sich von seiner Selbstentfremdung zu heilen... Er übt ‚Kontrolle' über sein eigenes Wachstum aus ...Ich bin sicher, daß Schulen und Universitäten innerhalb der nächsten Jahre vermehrt Meditationskurse anbieten werden. Denn die Ergebnisse zahlreicher psychologischer Untersuchungen machen deutlich, daß dem Menschen durch Meditation eine direkte Möglichkeit zur Verfügung steht, um seine geistig-kreativen Fähigkeiten zu entfalten."

Bei der Suche nach neuen Methoden zur Förderung des Lernens, der Kreativität und der Persönlichkeitsentwicklung stießen Erziehungswissenschaftler Anfang der siebziger Jahre auf Meditationstechniken. Inzwischen liegen aus unterschiedlichsten Ländern umfassende praktische Erfahrungen mit Meditation, insbesondere der Transzendentalen Meditation, im schulischen und universitären Bereich vor: Transzendentale Meditation ist dabei meist als fester Bestandteil des Unterrichtsablaufs eingesetzt worden, d.h. Schüler bzw. Studenten übten diese Meditationsform gemeinsam ein- oder zweimal pro Tag während des Unterrichts in der Schule oder Universität aus.

Im europäischen Erziehungswesen ist Transzendentale Meditation bislang in einigen Schulen in England, Dänemark, Schweden, Norwegen und Holland angewandt worden. In außereuropäischen Ländern fand Meditation nicht zuletzt in den USA und Kanada im schulischen Alltag Anwendung. So wurde bereits im Jahre 1971 im Staat New York in Eastchester ein umfangreiches Schulprojekt durchgeführt. Nachdem der Schulrat der Eastchester Volksschulen selbst positive Erfahrungen mit Transzendentaler Meditation gemacht hatte und keine verwaltungstechnischen Probleme für eine Integration von Grundkursen in dieser Meditationsart in das Schulsystem sah, unterstützte er eine sechsmonatige Informationskampagne für Lehrer, Eltern, Schüler und Öffentlichkeit. Nach kurzer Zeit begannen 12 Prozent der Lehrerschaft mit der Meditationsausübung. Zahlreiche Schüler, Eltern und andere Gemeindemitglieder folgten. Der Schulrat beobachtete, daß „meditierende Schüler verbesserte Beziehungen zu ihrer Familie, ihren Lehrern und Freunden entwickelten und ihre Zensuren häufig anstiegen."

In Südamerika, Afrika und Asien ist Transzendentale Meditation in den letzten Jahren in großem Umfang in Schulen integriert worden. Um Ihnen die Größenordnung zu verdeutlichen, hier einige Zahlen: Allein 1984 erlernten in Kenia 8000 und in Thailand 15000 Schüler Meditation und übten sie regelmäßig in der Schule aus. In Indien nahmen im selben Jahr in 21 verschiedenen Städten jeweils mehr als 7000 Schüler der Sekundarstufe an Meditationskursen teil; insgesamt begannen also allein in diesem Land im Jahre 1984 über 150 000 Jugendliche zu meditieren.

Anschaulich zeigen Erfahrungsberichte zweier deutscher Pädagogen, die als Meditationslehrer in südamerikanischen, afrikanischen und asiatischen Ländern tätig waren, welche Auswirkungen mit der Einführung von Meditation in das Schulwesen verbunden sein können. Sie schrieben uns:,,Die von uns gemachten praktischen Erfahrungen mit Transzendentaler Meditation im schulischen Alltag unterschiedlichster Länder sind außerordentlich positiv, was wir an drei Beispielen verdeutlichen möchten: In einem Vorort von Nairobi in Kenia, einer Slumgegend, erreichten in einer Hauptschule jährlich nur jeweils 30 Prozent das Klassenziel. Nachdem wir in dieser Schule 200 Schüler in Transzendentaler Meditation unterwiesen hatten und dort Meditation zweimal pro Tag in der Schule ausgeübt wurde, erfuhren wir nach einem Jahr, daß 75 Prozent in die nächste Klasse versetzt worden waren! In einer Eliteschule in Madras in Südindien finden jährlich zentralisierte Abschlußprüfungen zum Erwerb der Hochschulreife für den ganzen Bundesstaat statt. Normalerweise stellte dieses Gymnasium von den 15 Landesbesten einen oder zwei Schüler. Nachdem ein großer Teil der Schüler Meditation erlernt hatte und 12 Monate als Bestandteil des Unterrichts regelmäßig meditierte, waren bei den nächsten Abschlußprüfungen unter den 15 Besten des Bundesstaates acht Kandidaten dieser Eliteschule zu finden! In einer Abendrealschule einer größeren Stadt Paraguays führten wir zwei Monate vor den Abschlußprüfungen Meditationskurse durch. Auch hier bauten die Lehrer Meditation fest in den abendlichen Unterricht ein. Auffällig war in diesem Fall vor allem, daß selbst nach einer relativ kurzen Zeit der Meditationsausübung prozentual deutlich mehr Schüler die Abschlußprüfungen schafften und sie die mündlichen und schriftlichen Prüfungen viel ruhiger und angstfreier bewältigten als Schüler in den vorangegangenen Jahren.“

Aus dieser Schilderung geht hervor, daß sich die Einführung von Meditation in Schulen unterschiedlichster Länder, verschiedenen Typs und bei Schülern aller sozialer Schichten bewährt hat. Inzwischen liegen auch eine Reihe wissenschaftlicher Untersuchungen zu den Wirkungen von Transzendentaler Meditation auf Schüler und Studenten vor. Daraus ergibt sich, daß die Meditationspraxis Konzentration, Aufnahmevermögen, Gedächtnis, Lern- und Problemlösefähigkeit, Klarheit und Geordnetheit des Denkens, Kreativität und Intelligenz, zwischenmenschliches Verhalten, die Persönlichkeitsentwicklung sowie die schulischen Leistungen insgesamt fördert.[94]

Der englische Erziehungswissenschaftler KEMBER konnte kürzlich in einer Studie an meditierenden und nichtmeditierenden Studenten nachweisen, daß die sechsmonatige Ausübung der Transzendentalen Meditation vorteilhafte Wirkungen auf die Klausurnoten zur Folge hat.[95]

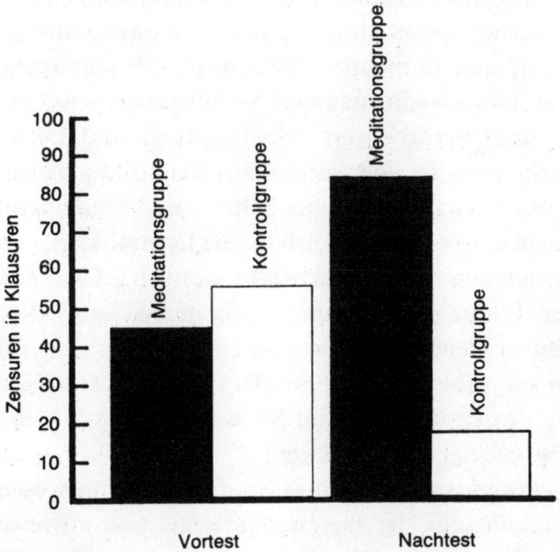

Verbesserte akademische Leistungen (Zensuren) bei meditierenden Studenten verglichen mit Nichtmeditierenden[95]

Die Vielzahl und die Reichweite pädagogisch bedeutsamer Effekte der Meditation hat amerikanische Lehrer und Erziehungswissenschaftler dazu veranlaßt, eine Schule und eine Universität zu gründen, die wegweisend sein könnten für ein Erziehungssystem, welches die Vermittlung von Fachwissen und die Ausübung von Meditation verbindet. Dieses Modellprojekt wurde 1974 in Fairfield im amerikanischen Bundesstaat Iowa begonnen. Heute studieren etwa 1000 Studenten aus 50 Ländern an dieser privaten Universität, der „*Maharishi International University*".[96] Diese Hochschule ist seit 1980 staatlich anerkannt. In 20 Fächern kann hier ein Vordiplom und in 11 Fächern ein Diplom gemacht werden. In Neurowissenschaft, Physik, Psychologie und Physiologie ist es derzeit möglich, den Doktorgrad zu erwerben.

Die Besonderheit dieser Modelluniversität liegt vor allem darin, daß hier ein regelmäßiger Wechsel zwischen Studieren und Meditieren stattfindet. Der Meditationsausübung kommt dieselbe Bedeutung zu wie der Aneignung und Verarbeitung von Wissen. Die Verantwortlichen dieser Hochschule gehen davon aus, daß es wenig Sinn hat, den Lernenden Wissensinhalte vorzugeben, ungeachtet ihrer bewußtseinsmäßigen Voraussetzungen zur Wissensaufnahme und -verarbeitung wie Wachheit und Lernfähigkeit. Denn häufig wird in den herkömmlichen Bildungsinstitutionen Wissen förmlich in die Köpfe der Schüler und Studenten hineingepreßt, ohne Rücksicht darauf, ob sie die Lerninhalte auch entsprechend aufnehmen und verarbeiten können. Das Studienkonzept dieser Bildungseinrichtung strebt neben einer Vermittlung von Wissen in gleichem Maße eine Erweiterung des „Trichters" an, in den die Inhalte gefüllt werden; mit anderen Worten, eine Entfaltung des Bewußtseins im Sinne einer verstärkten Nutzung der eigenen geistigen Fähigkeiten.

Die Bewußtseinsqualität eines Studenten hängt wesentlich davon ab, wie gut sein Nervensystem arbeitet und inwieweit es von Streßfolgen befreit ist. Die Entwicklung derjenigen Persönlichkeitsmerkmale, die für den Erziehungsbereich von besonderer Bedeutung sind, wie geistige Klarheit, Konzentrationsfähigkeit, Intelligenz, Kreativität und psychische Ausgeglichenheit, wird von der reibungslosen und geordneten Funktionsweise des Nervensystems bestimmt. Deshalb erachten Wissenschaftler dieser Hochschule es als sinnvoll, körperliche Merkmale von Studenten zu erfassen und diese mit akademischen Leistungen und Persönlichkeitseigenschaften in Beziehung zu setzen. Jeder Studierende hat somit selbst die Möglichkeit, Rückschlüsse auf die Bewußtseinsentwicklung während seiner Studienzeit zu ziehen.

Daß diese amerikanische Modelluniversität in ihrem Bestreben, das Bewußtsein der Studenten zu entfalten, erfolgreich ist, belegen einerseits die in regelmäßigen Zeitabständen durchgeführten medizinischen und psychologischen Untersuchungen an den Studierenden, andererseits Aussagen von Pädagogen, die diese Hochschule besucht haben, und schließlich von Mitgliedern des eigenen Lehrkörpers. Zu Beginn eines jeden Studienjahres werden Studenten der Maharishi International University in den universitären Forschungslabors medizinisch und psychologisch untersucht. Die Bewertung des Studienfortschritts anhand von Zensuren wird hierdurch ergänzt. In den bisherigen Studien an meditierenden Studenten zeigten sich positive Veränderungen im gesundheitlichen Bereich, ein Zuwachs des Leistungsvermögens, ein geordneteres Denken, das auf eine ausgewogenere Arbeitsweise des Gehirns zurückzuführen ist, und eine ganzheitliche Entwicklung der Persönlichkeit in Richtung von beispielsweise mehr Verantwortungsgefühl, erhöhtem Wohlbefinden und größerer Ausgeglichenheit.[94,97]

Bei landesweiten Tests zur Überprüfung des Fachwissens in einzelnen Fächern lagen diese Studenten deutlich über dem amerikanischen Durchschnitt. Eine Umfrage unter ehemaligen Studenten dieser Universität ergab ferner, daß sie in der Regel mit ihrem Studium an dieser Hochschule sehr zufrieden waren: 70,5 Prozent waren ,,extrem zufrieden", 28 Prozent ,,zufrieden" und nur 1,5 Prozent ,,unzufrieden". Nach Studienabschluß bezeichneten 80 Prozent ihre Bewußtseinslage, ihre Leistungsfähigkeit und ihr Befinden als besser, verglichen mit der Zeit vor Studienbeginn.

Aus Aussagen von Studenten, Professoren und Besuchern wird deutlich, wie effektiv und zukunftsweisend das Studienkonzept dieser Modelluniversität ist. Ein 22jähriger Betriebswirtschaftsstudent, der seit drei Jahren an der Maharishi International University studiert, meint:

„Ich lerne hier schneller und mit mehr Motivation, als ich es je anderswo zuvor getan habe. In Prüfungen bin ich viel ruhiger, und das ist eine große Erleichterung für mich. Mit das Wichtigste für mich ist aber, daß ich mehr und mehr lerne, wie mein Geist arbeitet: Er ist ein kraftvolles Instrument, und ich bekomme zusehends mehr Vertrauen in meine intellektuellen Fähigkeiten."

Der gegenwärtige Gouverneur des Staates Iowa faßte seine Eindrücke von einem Besuch der Universität so zusammen:

„Ich bin von der Dynamik und der Entwicklung dieser Universität überrascht. Die Forschung, die hier betrieben wird, begeistert mich, und ich bin erfreut darüber, wie viele sympathische Studenten diese Universität aus der ganzen Welt anzieht. Der Enthusiasmus, der an diesem Ort überall spürbar ist, spricht mich sehr an."

Eine Professorin für Erziehungswissenschaft, die seit zehn Jahren an der Maharishi International University unterrichtet, gelangt zu der folgenden Einschätzung:

„Ich habe nie aufgehört, mich über die Begeisterung und die Lebensfreude aller, die an dieser Universität arbeiten, zu wundern. Dies ist auch der allgemeine Eindruck, den Besucher immer wieder haben. Die Professoren und Studenten kommen gut miteinander aus. Ein Kollege beschrieb mir dies nach einem Besuch so: ‚Die kreative Haltung und die harmonischen zwischenmenschlichen Beziehungen aller Universitätsangehöriger und Studenten ist auffällig. Dies ist eine gute Grundlage für wirkliches Lernen.' Ich glaube, daß diese außergewöhnliche Atmosphäre auf den ganzheitlichen, integrierten Ansatz zurückzuführen ist, auf dem die Universität beruht."

Ein Philosophie-Professor einer anderen nordamerikanischen Hochschule äußerte sich vor allem begeistert über die Studenten dieser Universität:

„Die Studenten hier sind einfach unglaublich. Nirgendwo habe ich junge Studenten gesehen, die so mit ihrer eigenen Bildung verbunden sind, so bestrebt sind, im Lernprozeß mit ihrem Professor zusammenzuarbeiten. Für mich ist dies der stärkste Eindruck; er hinterließ die Einsicht, daß in dieser Institution etwas richtig gemacht wird, was viele andere offenbar falsch machen. Wie könnte man sonst den deutlichen Unterschied zwischen Seminaren anderer Universitäten und dem großartigen Interesse und der engagierten Mitarbeit, die von Studenten dieser Hochschule gezeigt werden, erklären?"

In der Zwischenzeit sind in den USA zusätzlich mehrere Bildungseinrichtungen aufgebaut worden, in denen die Grundkurse der ersten beiden Studienjahre der Maharishi International University gelehrt werden. Mittlerweile gibt es darüber hinaus in Oslo den ersten europäischen Ableger dieser Hochschule, in welchem Studenten mit staatlichen Stipendien die ersten zwei Universitätsjahre absolvieren können.

Besonders erwähnenswert ist, daß auf dem Universitätsgelände der Maharishi International University in Fairfield vor einigen Jahren zusätzlich eine *Schule* ins Leben gerufen wurde. Heute besuchen 420 Schüler aller Altersstufen diese Bildungsinstitution, in welcher Transzendentale Meditation neben der Vermittlung von herkömmlichem Schulwissen einen festen Platz im Lehrplan hat. Erste Untersuchungsergebnisse weisen darauf hin, daß sich der Besuch dieser Modellschule sowohl förderlich auf das Leistungsvermögen als auch auf die Persönlichkeitsbildung auswirkt.[98] In einer deutschen Sonderschule in Hamburg sind bei Schülern ebenfalls positive Effekte dieser Meditationsform auf die Persönlichkeit nachgewiesen worden.[99]

Pädagogen sind sich darin einig, daß die Ausübung von Meditation nicht nur für Schüler und Studenten von Nutzen ist, sondern auch für das Lehrpersonal. *Meditierende Lehrer* sind eher imstande, Vorbild für ihre Schüler zu sein.

Ein meditierender Lehrer drückte dies folgendermaßen aus:

„Ich begann im Laufe meiner Lehrerausbildung zu meditieren. Verglichen mit meinen jungen Kollegen stellte ich fest, daß ich persönlich weniger Schwierigkeiten mit der Disziplin der Schüler hatte. Ich glaube, daß dies damit zusammenhing, daß ich die Kinder wirklich gern hatte, was ich ihnen auch häufiger sagte. Ich benutzte Strafen nicht dauernd als Drohung, verwendete sie aber, wenn dies erforderlich war. Ich respektierte die Schüler und sie schienen mich auch zu respektieren. Wir pflegten miteinander gut und offen umzugehen! Oft ging es im Klassenraum richtig lustig zu, was auch meinem Schulleiter nicht verborgen blieb, der mich wegen meines Umgangs mit den Schülern gelegentlich lobte.

Ich spüre, daß mir die morgendliche Meditation Frische für den größten Teil des Tages gibt. Nachmittags werde ich gelegentlich müde und freue mich dann darauf zu meditieren, da ich hinterher wieder voller Energie bin und mich mehr an meiner Familie erfreuen kann. Ich empfehle Lehrern zu meditieren. Denn Meditation unterstützt Lehrer bei ihrer häufig sehr belastenden Tätigkeit. Wenn sie gelassen, ruhig und ausgeglichen sind, strahlt dies meist auf die Schüler aus.“

Förderung und Freisetzung von Talenten

Wie wir Ihnen im vorherigen Abschnitt erläutert haben, fehlen dem gegenwärtigen Erziehungssystem Verfahren zur systematischen Entfaltung des brachliegenden Potentials an Kreativität und Intelligenz. Neuere Erkenntnisse verschiedener Wissenschaften zeigen, daß Intelligenz und Aufnahmefähigkeit beim Menschen in stärkerem Maße entwickelbar sind, als gemeinhin von Pädagogen angenommen wird. Im heutigen Schulwesen liegt der Schwerpunkt auf der Vermittlung von Wissen, nicht jedoch auf der ganzheitlichen Förderung der Eigenschaften und Talente des Lernenden. Dies bewirkt, daß der Betreffende weniger lernt und leistet, als er eigentlich könnte, und er nur ungenügend auf sein zukünftiges Leben in der Gesellschaft vorbereitet wird. Eine wesentliche Aufgabe des zukünftigen Erziehungssystems sollte deshalb darin bestehen, dem Schüler oder Studenten Möglichkeiten aufzuzeigen, wie er die in der Verfassung garantierten Rechte und Pflichten, wie die freie Entfaltung der Persönlichkeit, angemessen wahrnehmen kann.

Aus pädagogischen Erfahrungen geht hervor, daß Begabung auf zweierlei Weise gefördert werden kann: Zum einen bedarf es einer speziellen „Atmosphäre", eines bestimmten Lernklimas, zum anderen sind Lehrpläne vonnöten, die die Begabungsreserven der Heranwachsenden freisetzen.[100]

Die „*Atmosphäre*" an der Maharishi International University zielt deshalb darauf ab, den Talenten der Studierenden uneingeschränkte Ausdrucksmöglichkeiten zu eröffnen. Wichtigstes Element zum Aufbau einer geeigneten Lern- und Gestaltungsatmosphäre ist die tägliche Erfahrung der Grundlage von Kreativität und Intelligenz, die Selbsterfahrung des einzelnen mittels Meditation. Die Ausübung der Meditation erlaubt dem Schüler und Studenten, sich selbst zu entdecken und sein Bewußtsein auf systematische und natürliche Weise zu entfalten. Sie setzt kreatives Potential frei, das sich dann in den jeweiligen Begabungsschwerpunkten ausdrücken kann. Die Meditationspraxis dient außerdem dazu, eine gemeinsame Basis für Studierende und Professoren herzustellen. Auf diesem verbindenden Hintergrund wachsen Toleranz, Verständnis und Offenheit für andere.

Über die spezielle Lernatmosphäre hinaus sind an der Maharishi International University *Lehrpläne* entwickelt worden, die sich an einer ganzheitlichen Förderung jedes Schülers und Studenten orientieren, also sowohl seine intellektuellen als auch seine musisch-künstlerischen und sportlichen Fähigkeiten zur Entfaltung bringen wollen. Die Ganzheitlichkeit der Lehrpläne ist das Entscheidende. Bewußtsein wird erfahren und verstanden als ein Bereich, der Wissen verbindet. Die Entwicklung des Bewußtseins wird als Grundvoraussetzung für die Nutzung der Talente des Studierenden betrachtet.

Aus den bisherigen praktischen Erfahrungen mit Meditation im Erziehungsbereich wird deutlich, daß für die Integration in das Bildungswesen keine grundlegende Strukturveränderung vorhandener Lehrpläne notwendig ist. Vielmehr kann Meditation als Ergänzung in das bestehende Schul- und Hochschulwesen eingebaut werden. Eine solche Integration wird dadurch erleichtert, daß Meditation in ihrem Kern eine Methode der Selbsterziehung ist.

Wirtschaft

Im achten Kapitel haben wir Ihnen bereits beschrieben, inwiefern der einzelne Arbeitnehmer von der Meditationspraxis profitiert: Die Zufriedenheit mit der Arbeit und die Leistungsfähigkeit nehmen ebenso zu, wie sich die Beziehungen zu Kollegen und Vorgesetzten verbessern.[101] In diesem Abschnitt geht es uns mehr darum, Ihnen zu berichten, welche Folgen die Einführung von Meditation für ein Unternehmen als Ganzes hatte.

Die heutigen Probleme des Wirtschaftslebens lassen sich einfach umreißen: Die raschen Veränderungen in der Umwelt, im technologischen Bereich und im Finanzsektor lassen jahrzehntelang bewährte Rezepte gegenwärtig nicht mehr greifen. Die erforderlichen Anpassungen an diesen Wandel machen eine *neue Unternehmensstrategie* nötig, die die Entfaltung des menschlichen Bewußtseinspotentials in den Mittelpunkt stellt. Denn von der Qualität des Bewußtseins hängen in entscheidendem Maße Fertigkeiten, Fachwissen und Einstellungen ab, aber auch das Gedeihen der Firma insgesamt. Wenn der einzelne Mitarbeiter persönlichkeitsmäßig wächst, hat dies auch Auswirkungen auf das Unternehmen.

Erfahrungen mit Meditation in Firmen

Eine Firma besteht nicht nur aus einer Gruppe von Menschen, in der jeder seine Arbeit für sich erledigt, sondern sie stellt ein Netz von vielfältigen Beziehungen dar. Es herrscht eine enge wechselseitige Abhängigkeit der Arbeitnehmer und -geber. Man schätzt, daß im heutigen Berufsleben etwa 30 Prozent der möglichen Arbeitsleistung durch sogenannte ,,Reibungsverluste" verlorengeht, die auf zwischenmenschlichen Spannungen beruhen.

Meditationstechniken werden seit geraumer Zeit in verschiedenen Ländern vermehrt in Firmen eingesetzt.[102] Dies ist deshalb der Fall, weil die Meditationspraxis das Leistungsvermögen und die Kreativität erhöht, was die Produktivität steigern hilft. Ein anderer Grund liegt in ihren positiven gesundheitlichen Wirkungen, was weniger krankheitsbedingte Fehlzeiten und gleichmäßigere Arbeitsleistungen nach sich zieht. Die vorteilhaften seelisch-geistigen Effekte der Meditation werden schließlich als wichtig angesehen im Hinblick auf größere Arbeitsmotivation und mehr Freude am Beruf, ein besseres Arbeitsklima und befriedigende zwischenmenschliche Beziehungen.

Als Beispiel möchten wir Ihnen die Erfahrungen zusammenfassen, die mit Transzendentaler Meditation in der amerikanischen Firma General Motors gesammelt wurden. Nach einigen Monaten Meditationsausübung erklärten 50 Prozent der Meditationskursteilnehmer, daß sie schneller einschlafen konnten, 37 Prozent tranken weniger Alkohol, 55 Prozent gaben an, entweder überhaupt nicht mehr zu rauchen oder den Tabakkonsum erheblich eingeschränkt zu haben. 50 Prozent fühlten sich ausgeglichener und zufriedener.[103]

Angesichts solcher Ergebnisse erstaunt es nicht, wenn immer mehr Unternehmen dazu übergehen, sowohl ihren Führungskräften als auch ihren Mitarbeitern Meditationskurse anzubieten. Denn es bedarf wohl keiner Hervorhebung, daß über den persönlichen Nutzen für den einzelnen hinaus die ganze Firma daraus Vorteile zieht, wenn Mitarbeiter leistungsfähiger, gesünder und psychisch ausgeglichener sind.

Meist wurde damit begonnen, Meditationskurse in Firmen anzubieten, nachdem der Chef selbst gute Erfahrungen mit Meditation gemacht hatte und von ihren wohltuenden Wirkungen angetan war. Beispielhaft möchten wir Ihnen schildern, wie sich die Einführung von Transzendentaler Meditation in einem größeren Unternehmen der chemischen Industrie in Detroit in den USA ausgewirkt hat. Dessen Präsident faßt seine Erfahrungen wie folgt zusammen:

„Meditation hat meine Firma ertragreicher denn je gemacht und zu einer der gesündesten in der Branche. 1982 ging es in unserer Firma einfach nicht mehr weiter; es fehlte an Dynamik, an neuen Ideen und wir verkauften zu wenig. Ich suchte längere Zeit danach, wie ich die Firma wieder in Schwung bringen kann und entschied mich schließlich für die Einführung der Transzendentalen Meditation.

Innerhalb eines Jahres erlernten 73 Prozent der Belegschaft im Rahmen unseres Betriebsförderungsprogramms diese Meditationstechnik. Als erste Veränderung bemerkte ich, daß deutlich weniger Arbeitstage durch Krankmeldungen ausfielen. In den letzten drei Jahren nahm die Produktivität um 52 Prozent zu, die Verkaufszahlen stiegen um 120 Prozent und der Gewinn gar um 520 Prozent. Das sind die besten Ergebnisse, die wir je erzielt haben! Wenn mich ein anderer Firmenchef fragt, wie wir das gemacht haben, dann sage ich ihm: Meditation – meine beste Entscheidung!"

Dieser Firmenchef steht mit seinen Erfahrungen nicht alleine. Mittlerweile gibt es in den USA eine Reihe von Unternehmen, die mit ihren Managern und Mitarbeitern Meditationstrainings durchführen. Zwei weitere Firmenbeispiele veranschaulichen, welche Möglichkeiten mit der unternehmensbezogenen Anwendung von Meditation verbunden sind.

Der Chef einer Firma für Einwegprodukte im medizinischen Bereich mit etwa hundert Beschäftigten bot diesen die Teilnahme an einem Meditationskurs an. Fünfzig Angestellte und Arbeiter machten davon Gebrauch. Um den Wirkungen der Meditation dauerhaften Charakter zu verleihen, vereinbarte die Firmenleitung zusammen mit den Mitarbeitern feste Zeiten, zu denen die Beschäftigten die Transzendentale Meditation in der Firma gemeinsam ausübten. Auch in diesem Fall verbesserte sich die Produktivität nachhaltig und die Fehlzeiten gingen spürbar zurück. Im dritten Jahr stellte die Personalabteilung fest, daß die nichtmeditierenden Mitarbeiter insgesamt etwa doppelt so oft fehlten wie die meditierenden.

Der Personalchef dieses Unternehmens berichtet:

„Die meditierenden Mitarbeiter haben viel mehr Energie als früher und es hat sich ein freundschaftlicherer Umgangston entwickelt. Meine Mitarbeiter vertun weniger Zeit mit Nutzlosem, Konferenzen sind kürzer, und es wird mehr erreicht.

In der Gruppe der Führungskräfte haben wir einen deutlichen Zuwachs von Kreativität und Produktivität erlebt. Das führte dazu, daß wir jetzt über die Gründung einer weiteren Firma nachdenken, um unser Produktangebot und unsere Verkaufsorganisation auszubauen.

Für mich steht zweifelsfrei fest, daß die vielfältigen positiven Veränderungen in unserer Firma ein direktes Ergebnis der Energie, des Optimismus und des Enthusiasmus der Ausübenden der Transzendentalen Meditation sind."

Der Geschäftsführer einer amerikanischen Firma zur Herstellung von Milchprodukten hebt vor allem den Wert der Ruhe hervor, den die Meditationspraxis ihm und seinen Mitarbeitern vermittelt hat:

„Ich stehe auf folgendem Standpunkt: Je ruhiger etwas gemacht wird, um so besser wird es gemacht. Je ruhiger eine Gruppe von Menschen zusammenarbeitet, um so weniger Unordnung und Spannung entsteht. Es wird weniger Kraft verschwendet, und es wird überhaupt weniger vergeudet. Ruhig bedeutet, daß die beteiligten Menschen mit sich selbst im reinen sind und auch mit ihrer Umgebung – und das ist der eigentliche Grund für die vorteilhaften Veränderungen in unserem Unternehmen.

Transzendentale Meditation ist für Firmen auch deshalb wichtig, weil sie die Kommunikation zwischen den einzelnen Mitarbeitern fördert. Ich finde, daß Personen, die meditieren, toleranter sind. Sie sind entspannter und kommen deshalb auch besser miteinander aus."

In den vergangenen drei Jahren ist Meditation vor allem von der japanischen Wirtschaft aufgegriffen worden. In über hundert Firmen haben innerhalb dieses Zeitraums einige Tausend Beschäftigte zu meditieren begonnen. Darunter befinden sich Industrieunternehmen, in denen 350 von 500 Arbeitnehmern Transzendentale Meditation erlernt haben.

Die folgenden Zitate japanischer Manager sind aus einem Buch über Meditation für Führungskräfte entnommen, das in Japan 1986 zu einem Bestseller wurde. Es zeigt, daß Manager angesichts der ständig wachsenden Anforderungen nicht umhin können, Methoden der Persönlichkeitsbildung und Gesundheitsförderung wie die der Meditation auch für sich selbst zu nutzen.

Vielen Führungskräften fällt immer wieder auf, wie sehr die

Meditation das Denk- und Leistungsvermögen fördert. Der Präsident einer japanischen Computerfirma meint hierzu:

„Nachdem ich Transzendentale Meditation erlernt hatte, bemerkte ich, daß mein Denken und Handeln stärker im Einklang mit den Naturgesetzen war. Meine Ausdrucksweise wurde präziser, ich bin heute imstande, wichtige und schwierige Aufgaben wirksamer zu erledigen. Mein schlußfolgerndes Denken hat sich nachhaltig verbessert. Ich praktiziere mehr und mehr ein Management, das im Sinne der Natur ist."

Der Geschäftsführer eines Unternehmens der japanischen Schwermetallindustrie berichtet:

„Am Ende eines arbeitsreichen Tages fühlte ich mich vor Meditationsbeginn meist völlig erschöpft. Seit ich Transzendentale Meditation erlernt habe, ist die Müdigkeit in der Regel geringer. Ich spüre nach dem Meditieren mehr Energie, ich fühle mich einfach frischer und kraftvoller im Alltag. Auch in meinen Denkgewohnheiten habe ich bedeutsame Veränderungen bemerkt: Ich denke heute positiver und klarer, außerdem habe ich mehr konstruktive, kreative Ideen."

Aus diesen Erfahrungsberichten amerikanischer und japanischer Unternehmer wird deutlich, daß Meditation in Zukunft einen festen Platz im Management wie auch auf allen anderen Ebenen des Unternehmens haben wird. Der Hauptgrund dafür liegt in den ganzheitlichen Wirkungen der Meditation, die sowohl persönlich wie auch firmenbezogen sind.

Meditation – der Kern ganzheitlichen Managements

Die vorgestellten Erfahrungen mit Meditation in Wirtschaftsunternehmen deuten darauf hin, daß sie ein Instrument für ganzheitliches Management sein kann. *Ganzheitliches Management* bedeutet:

– Zukunftssicherung des Unternehmens durch systematische Bewußtseinsentfaltung;

- Selbstverwirklichung im Beruf: Arbeitsleistung und Unternehmenserfolg werden in Einklang gebracht;
- Entwicklung einer Unternehmenskultur, die jeden Mitarbeiter bei der reibungsarmen Verwirklichung der Firmenziele an seinem Arbeitsplatz unterstützt.

Über die Schlüsselrolle der Bewußtseinsentfaltung auf der Ebene der Mitarbeiter und des einzelnen Managers haben wir gerade gesprochen. *Systematische Bewußtseinsentfaltung* kann aber über den persönlichen Bereich hinaus für die Firma als Ganzes zu einer wesentlichen Aufgabe werden. So gibt es auch in Deutschland eine Reihe von Unternehmen, in denen Gruppenmeditationen wenigstens an einem Tag der Woche regelmäßig durchgeführt werden oder auch Wochenendseminare einmal im Vierteljahr stattfinden, die der Vertiefung der Meditationserfahrungen dienen. Ein von der Gruppe der Meditierenden im Unternehmen beauftragter Koordinator sorgt für den Informationsfluß von meditationsbezogenen Presseberichten, Büchern und Terminen. Auf diese Weise ist Bewußtseinsentfaltung durch Meditation ein fester Bestandteil des Firmenlebens geworden.

Zukunftssicherung durch Bewußtseinsentfaltung ist mehr als ein Schlagwort. Die Fortschrittsfähigkeit eines Unternehmens in einer Zeit, in der es mehr und mehr um Information geht, hängt entscheidend vom Aufnahme- und Umsetzungsvermögen von Information ab. Daß dieses deutlich zunimmt, haben wir Ihnen im Laufe des Buches immer wieder dargelegt.

Die Zukunft der Unternehmen wird ebenfalls dadurch bestimmt, daß die *Einheit zwischen Selbstverwirklichung im Beruf, Arbeitsleistung und Unternehmenserfolg* für die Mitarbeiter erfahrbar gemacht wird. Diese soll heute meist durch bestimmte Maßnahmen der Organisationsentwicklung hergestellt werden, so durch ein Training im Entscheiden und Problemlösen. Selbstverwirklichung im Beruf, Arbeitsleistung und Unternehmenserfolg bedingen sich wechselseitig. Gerade in Krisenzeiten wird deshalb versucht, die Arbeitsleistung der Mitarbeiter durch Motivationshilfen zu steigern, die darauf abzielen, daß sich der Mitarbeiter stärker mit seinem Arbeitsplatz oder seinem Beruf identifizieren kann. Oder es werden Maßnahmen durchgeführt, die die kommunikativen Fähigkeiten der Mitarbeiter verbessern sollen, da Kommunikation als einer der wichtigsten Faktoren erkannt wurde, um die Zufriedenheit von Mitarbeitern zu fördern und damit ihre Arbeitsbereitschaft zu vergrößern. Im Vergleich mit solchen Einzelmaßnahmen stellt Meditation ein *ganzheitliches Verfahren* dar, um den Grad persönlicher Selbstverwirklichung am Arbeitsplatz zu erhöhen, das Leistungsvermögen zu entfalten und den Unternehmenserfolg zu sichern.

Zum Unternehmenserfolg trägt Meditation aber nicht nur dadurch bei, daß sie die Leistungsfähigkeit und die Zufriedenheit der Mitarbeiter erhöht. Vielmehr kann sie sich auch für das Unternehmen als Ganzes auswirken, indem sie dazu beiträgt, daß eine *harmonische Unternehmenskultur* entsteht. Aus ganzheitlicher Sicht ist ein Unternehmen nicht nur eine technische Maschinerie, die aufgrund eines bestimmten Inputs einen optimalen Output liefert, sondern es ist ein soziale Einheit und damit mehr als die Summe der Einzelleistungen aller Mitarbeiter. Dieses „Mehr“ strahlt in die soziale Umwelt aus. Man nennt das dann den „Geist des Hauses“, das „Betriebsklima“ oder eben die Unternehmenskultur. Wenn die innere Dynamik des Unternehmens, zum Beispiel die Kommunikation zwischen einzelnen Abteilungen, stimmt, und der natürliche Austausch mit der Umwelt – durch Förderung von Kunst und Vereinsleben am Standort des Unternehmens – lebendig ist, dann macht die Unternehmenskultur das Unternehmen zu einem anziehenden Geschäftspartner. Unternehmen sind wie Organismen. Ihre Lebendigkeit und Fähigkeit zu Neuem hängt vom geordneten Zusammenwirken aller innerbetrieblichen und äußeren Faktoren ab, also gleichermaßen von den Produkten, der Art der Kommunikation, dem Führungsstil und den kulturellen, sozialen, ökologischen, ökonomischen und technologischen Rahmenbedingungen. Wenn ein Betrieb nach harmonischen, natürlichen Prinzipien arbeitet, wächst seine Erfolgs- und Integrationsfähigkeit. Die innere Kohärenz schafft, wie beim einzelnen, der meditiert, die Grundlage für effektives Handeln.

Der Einfluß von Meditation auf ein Unternehmen als Ganzes konnte in Deutschland verschiedentlich beobachtet werden. An einem Beispiel aus der Bankwirtschaft wollen wir Ihnen kurz umreißen, was geschah, als Transzendentale Meditation hier in größerem Stil als Trainingsmaßnahme aufgegriffen wurde.

In einem etwa 100 Mitarbeiter starken Unternehmen wurden die Beschäftigten gruppenweise im Abstand von einigen Wochen im Meditieren unterrichtet. Als 25 Personen das Programm durchlaufen hatten, kam Bewegung in die Firma: Die wirtschaftlichen Eckdaten wie die Zahl abgeschlossener Verträge verbesserten sich deutlich. Als ein paar Mitarbeiter mit dem Meditieren aufhörten, stagnierte diese Entwicklung spürbar. Mit der Geschäftsleitung waren vorher sowohl die wünschenswerten Eckdaten festgelegt, als auch eine Methode zur Bestimmung der Zahl regelmäßig Meditierender entwickelt worden. In der Phase der Stagnation unterrichtete man dann so schnell wie möglich neue Mitarbeiter in Meditation. Das Ergebnis war, daß die positive Entwicklung der Eckdaten wieder einsetzte. Inzwischen läuft das Programm in dieser Firma seit mehr als drei Jahren. Die Geschäftsleitung wertet es als den entscheidenden Faktor, der zu einer Steigerung des Umsatzes um fast 100 Prozent und des Gewinns um 320 Prozent geführt hat, bei einem gleichzeitigen Anstieg der Beschäftigten um 15 Prozent.

Das Betriebsklima soll sich hier deutlich von dem anderer Firmen in der gleichen Branche unterscheiden. Dies sagen jedenfalls Mitarbeiter aus, die in den letzten zwei Jahren neu eingestellt wurden. Mehrfach kam es vor, daß Mitarbeiter, die schon vier bis fünf andere Firmen kennengelernt hatten, das Betriebsklima als besonders angenehm beurteilten. Kooperatives und unkompliziertes Verhalten der Firmenangehörigen fiel genauso auf wie die Freude, mit der hier gearbeitet wurde.

Dieses Beispiel legt die Vermutung nahe, daß eine gewisse Anzahl meditierender Betriebsangehöriger ausreicht, um einen Wachstums- und Entwicklungsprozeß für die ganze Firma einzuleiten. Die reibungsarme Verwirklichung der Unternehmensziele setzt höchstwahrscheinlich schon bei einem verhältnismäßig geringen Anteil Meditierender ein. Dies ist insofern wichtig, als nicht alle Mitarbeiter meditieren müssen, damit sich der ,,Geist des Hauses" positiv und ganzheitlich wandelt.

Die Erfahrungen von Unternehmensberatungen, die Meditation als wesentliche Maßnahme zur Organisationsentwicklung einsetzen, lassen sich in einem Satz zusammenfassen: ,,Meditation ist eine zeitgemäße, ganzheitliche Managementstrategie, die das Firmenbewußtsein eines Unternehmens integriert und dadurch zum Erfolg beiträgt."

Kunst

Wir haben im Laufe unserer Tätigkeit als Meditationslehrer eine ganze Reihe von Künstlern kennengelernt, die meditieren. Sie kommen aus allen Gebieten künstlerischen Schaffens. Allerdings überwiegen Musiker. Unter diesen ist es fast zu einem Muß geworden, in irgendeiner Weise an der Entfaltung der ,,Innenwelt" zu arbeiten.

Manche der Musiker orientieren sich dabei an den Großen der Musik. Sie kennen das Buch von ABELL, in dem Richard STRAUSS, Johannes BRAHMS und andere über die Entstehung ihrer Kompositionen sprechen. Aus diesen ,,Gesprächen mit berühmten Komponisten" geht hervor, daß sie Ruhe als entscheidend für alle schöpferischen Prozesse ansahen. Nicht eine passive Ruhe, sondern unbefangene Offenheit und Kontaktaufnahme mit der ,,unbegrenzten Quelle der Inspiration", die sich nur einem ,,stillgewordenen Gemüt" mitteilt. Mit den schöpferischen Phasen während des Komponierens ging zumeist eine Erweiterung des Bewußtseins einher.

Einen guten Einblick in dieses Erlebnis gibt ein Zitat von WAGNER über seinen inneren Zustand während seines Schaffens:

,,Ich habe sehr bestimmte Eindrücke in diesem Zustand (der Stille), der die Voraussetzung für jede wirklich schöpferische Bemühung ist. Ich spüre, daß ich mit dieser schwingenden Kraft eins bin, daß sie allwissend ist und daß ich aus ihr in einem Ausmaß schöpfen kann, das nur von meinen eigenen Fähigkeiten begrenzt ist.“

Nach allem, was wir bisher über Kreativität gesagt haben, ist leicht einzusehen, warum gerade diejenigen, die sich künstlerisch betätigen wollen, Meditation einsetzen. Wir haben einen unserer Künstlerfreunde gebeten, für uns einmal die wesentlichen Erfahrungen, die er beim Dichten macht, zu analysieren. Sein Ergebnis:

„Jedes künstlerische Tun ist bei mir ein Vorgang, der wenigstens sieben Elemente enthält – und ich bin sicher, daß sich das folgende leicht verallgemeinern läßt:

– Das künstlerische Schaffen findet in einem Bewußtseinszustand statt, der sich vom gewöhnlichen Wachzustand durch höhere Intensität, stärkeren Energiefluß und mehr Dynamik unterscheidet;
– es ist verbunden mit unbefangener Offenheit, mit der Bereitschaft, etwas Neuem Ausdruck zu verleihen;
– es ist getragen von tiefer Ruhe;
– es ist von einer stillen Freude am Fluß der Entstehung oder Ausführung begleitet;
– viele nicht in Sprache ausdrückbare Inhalte gehen in den Vorgang ein;
– es entfaltet sich ziemlich mühelos, und
– es fühlt sich an, als ob aus einer Unendlichkeit heraus Botschaften kommen und von mir in Worte umgesetzt werden.“

Diese Aussage liest sich fast wie ein Erfahrungsbericht über Meditation. Etwas anders drückt ein meditierender Grafiker seine Erfahrungen aus:

„Eine Begeisterung, ein Impuls für bestimmte Farb-Form-Klänge und Themen stehen bei mir am Anfang einer schöpferischen Arbeit. Eine in mir angelegte individuelle Struktur wird durch innere und äußere Erlebnisse angeregt.

Ich beginne mit einer Sammlung von Notizen über Inhalt, Sinn, Formen und Farben. Dann entstehen erste Skizzen, und ich treffe Entscheidungen (ordne, betone oder lasse weg). Nach und nach kristallisiert sich eine Bildform heraus, die meinem Grundgefühl und der Grundidee sehr nahe kommt. Bin ich nun mit der Vorarbeit zufrieden, gehe ich die Ausführung an.

Der erste Impuls, die Klärung zu einem konkreten Bild im Entwurf und die Ausführung sind für mich die drei wichtigen kreativen Vorgänge. Die besten Arbeiten entstehen, wenn ich unschuldig, wach und bewußt, leicht gelöst beobachtend bin. Es ist mehr oder weniger ein Zulassen des Entstehens.
Diesen Zustand erfahre ich auch in ähnlicher Weise in der Meditation und somit erleichtert die regelmäßige Meditation diesen Prozeß. Bei der Meditation öffne ich mich. Während eines schöpferischen Aktes entsteht durch diese Öffnung zusätzlich ein Impuls, mich in einer individuellen, aber äußerst kraftvollen und überraschenden Form auszudrücken. Ohne Meditation ist es schwieriger, diese inneren Impulse entsprechend zuzulassen, und früher war es oft ein Kampf. Der Impuls wollte in seiner Einfachheit und Kraft an die Oberfläche, aber wenn im Nervensystem und Bewußtsein Unordnung herrschen, kam es zu einem Kampf.

Meine Bilder wurden durch die Meditation klarer, tiefer, lichtvoller, kraftvoller, brillianter, leuchtender, heller, komplexer, natürlicher, einfacher, verständlicher, ästhetischer, wirkungsvoller, harmonischer, sensibler – insgesamt positiver und für mehr Menschen zugänglich.“

Es ist bekannt, daß in den asiatischen Kulturen Kunstschaffen und Meditation seit jeher als zusammengehörig angesehen werden. BLOFELD, ein international geschätzter Kenner chinesischer Weisheit, berichtet davon, in vielen abgelegenen Einsiedeleien an den Hängen eines der heiligen Berge Chinas künstlerisch aktive, taoistische Eremiten getroffen zu haben. Er schreibt:

„Sie waren von einer erstaunlichen, fast athletischen Beweglichkeit und bewiesen oft auch große Geschicklichkeit in Künsten wie dem Heilen, der Kalligraphie, Dichtkunst, Musik und Malerei, dem Selbstverteidigungskampf oder in der gärtnerischen Gestaltung von Miniaturlandschaften. ...All dies rührte von einer Weisheit her, die der inneren Stille entspringt.“

Weil der Meditationszustand dem Zustand künstlerischen Tuns so nahe kommt, versuchen Künstler diesen gleichsam als kreativitätsfördernde Grundlage für ihr Schaffen herbeizuführen, um dann aus der meditativen Stille und Offenheit heraus an ihrem Werk zu arbeiten.

Wir konnten jedoch beobachten, daß das Meditieren nicht nur eine hervorragende Voraussetzung für jegliches Kunstschaffen bietet, sondern es trägt zusätzlich dazu bei, daß sich das *Wahrnehmungs-* und *Ausdrucksvermögen* des Künstlers steigert.

Kunst lebt von der Wahrnehmung des Künstlers. Eine Bildhauerin, die davon hörte, daß wir uns für den Zusammenhang von Kunst und Meditation interessieren, erzählte uns folgendes:

,,Mein Tun erweitert meine Wahrnehmungsfähigkeit. Ich bin geradezu gezwungen, Materialien, die ich bearbeiten will, neu zu sehen. Fast alles Material, sei es nun Stein, Metall oder Flüssigkeiten, wird doch meist nur zweckgebunden gesehen: Eisen als Schiene oder Gold als sichere Anlage. Um ein Kunstwerk zu schaffen, muß ich die Materialien direkt sehen, also sie vollständig und offen auf mich einwirken lassen. Dann muß ich warten, bis sich meine Wahrnehmung des Materials so verändert, ja verfeinert hat, daß sich unübersehbar eine Form aus dem Material herausschält. Vor meinem inneren Auge erlebe ich einen dramatischen Prozeß der Wandlung. Aus einem Metallblock schält sich eine Form heraus, zuerst nur schemenhaft, dann, sehr sehr langsam, immer deutlicher. Wenn die Form klar geworden ist, dann erst beginnt die künstlerische Umsetzungsarbeit mit Skizzen, um die unterschiedlichsten Perspektiven zu erfassen, und später dann nehme ich die Werkzeuge zur Hand.

In der Tat, ohne meditative Sammlung auf meine innere Wahrnehmung, während ich vor meinem Material sitze, könnte ich nie etwas ausdrücken. Je befreiter meine Wahrnehmung ist, also je stärker ich das Material in mich aufnehme und die Möglichkeiten, es zu sehen, erfasse, um so eindrucksvoller wird der Ausdruck des von mir Wahrgenommenen, das Kunstwerk.''

Vielleicht wundern Sie sich über solche Darstellungen. Vielleicht wünschen Sie sich aber auch insgeheim, selbst einmal ,,von der Muse geküßt'' zu werden. Kunst ist ein Weg, auf direkte Weise den Reichtum innerer Erfahrungen mitzuteilen. Wenn Menschen in ihre innere Natur meditierend eindringen, können sich plötzlich ungeahnte Wahrnehmungs- und Ausdrucksmöglichkeiten in ihnen auftun.

Kunst erwächst aus *Wertschätzung*. Sowohl der Künstler als auch derjenige, der sich mit Kunst auseinandersetzen oder sie genießen will, benötigen die Fähigkeit, künstlerisch gestaltete Werte, Ideen oder Visionen erleben und verstehen zu können. Es kommt darauf an, wieder ein neues Hören und Sehen zu lernen. Meditation erlaubt der Aufmerksamkeit, ruhig zu verweilen neben dem Heer aufsteigender Gedanken und Gefühle. Hören und Sehen beginnen im Schweigen, in der Stille. Dichter sprechen deshalb von der „Musik der Stille" und von der „Orgel des Schweigens".

In einer gesamtgesellschaftlichen Situation, in der in Zukunft mit einer weiteren Verringerung der Arbeitszeit zu rechnen ist und mehr Freizeit zur Verfügung stehen wird, stellt sich mancher die Frage, was er denn mit dieser gewonnenen Zeit anfangen soll. Die Entwicklung der künstlerischen Talente wird in Zukunft zweifelsohne einen immer größeren Stellenwert einnehmen. Dies ist ein Grund mehr, sich zu fragen, ob Sie sich wirklich ganzheitlich auszudrücken vermögen. Haben Sie also Ihre künstlerische Seite zum Beispiel in Tanz, Gesang, Schauspiel, Musik, Zeichnen entwickelt? Wenn nicht, oder wenn noch nicht ausreichend, dann liegt es nahe, auch diese brachliegenden Fähigkeiten zu erschließen und damit Ihre Zeit sinnvoll zur Reifung der Persönlichkeit durch Kunst einzusetzen.

Religion

Meditation wird in unserem Kulturkreis häufig mit Religion in Verbindung gebracht. Dabei wird meistens übersehen, daß sie weniger zur institutionalisierten Religion, also zu irgendwelchen Kirchen gehört, sondern vielmehr ein allgemeines, praktisches Mittel für spirituelles Wachstum ist. Meditation überschreitet die Grenzen alles Kultischen und aller rituellen Religiosität, die den Ablauf und die Inhalte der Gottesdienste bestimmen. Sie ist grundsätzlich frei und sie steht allen Gläubigen zur Verfügung, die sich nach der *eigenen Erfahrung* von Gnade, Offenbarung und Erlösung sehnen.

Meditation hat mit Religion gemeinsam, daß beide einen Weg der Wandlung darstellen, der das ganze Leben erfassen kann. Jedoch muß Meditation nicht notwendig religiösen Charakter bekommen. Nur wenn sie gezielt in religiösen Zusammenhängen, etwa dem christlichen Gottesglauben oder der Zugehörigkeit zur evangelischen Kirche, eingesetzt wird, um diesen Bereich mit Leben auszufüllen, erhält sie religiöse Züge. Vor allem inhaltliche Meditationen, die sich auf Evangelientexte beispielsweise zum Thema Liebe beziehen, und den Meditierenden zu einem veränderten Engagement in seiner Kirchengemeinde anregen, spielen hier eine wesentliche Rolle.

Meditation wird auch religiös, wenn ihre Erfahrungen religiös gedeutet werden. Um ein klassisches Beispiel zu geben: Jakob BOEHME, ein bekannter Mystiker und Philosoph, deutet die Erfahrung meditativer Stille als Erfahrung Gottes:

„. . . wenn Du still bist, dann bist du, wie Gott war vor der Natur und vor dem Geschöpf; du bist das, was Gott damals war; du bist das, aus dem er deine Natur und die Geschöpfe gemacht hat: Dann hörst und siehst du eben damit, womit Gott selbst hörte und sah in dir, bevor noch dein eigenes Sehen und Wollen begann."

Ob also Meditation im religiösen Leben eines Menschen eine Rolle spielt, hängt von der Einstellung ihr gegenüber und von ihrer Anwendung zur Bereicherung des Glaubenslebens ab. Hier steht, wie so häufig, die Einstellung des Meditierenden im Zentrum. Wer nur meditiert, um Ziele des Alltags wie Gesundheit, Wohlstand, Kreativität oder ähnliches zu erreichen, der wird vom Einfluß der Meditation auf seine religiösen Möglichkeiten lange Zeit nichts verspüren. Wer aber Meditation für sein religiöses Leben einsetzt, wird ziemlich bald eine Vertiefung seiner Glaubenserfahrungen feststellen. Meditation deckt sicher nicht das religiöse Leben insgesamt ab. Aber sie bereitet den körperlichen und geistigen Nährboden, auf dem die religiösen Handlungen bestens gedeihen können.

Vor allem der katholische Theologe RAHNER hat für die Integration von Meditation in das christliche Glaubensleben viel geleistet. Er sagte einmal:

„Mein Christentum ist darum, wenn es sich selbst nicht mißverstehen soll, der Akt eines Sichloslassens in das unbegreifliche Geheimnis hinein."

Damit drückt er das Grundanliegen des religiösen Menschen aus, der Gott sucht: Bewußt, erlebnismäßig teilhaben zu dürfen am Leben Gottes in seiner Schöpfung. Transzendierende Meditation ist nichts anderes als ein Sichloslassen und ein Zulassen, daß sich das Geheimnis des Göttlichen in uns, in unserem Selbst zeigt. Sie schafft ganzheitliches Bewußtsein, dessen bedeutsamster Inhalt für den religiösen Menschen zweifelsohne Gott ist.[104]

Aber damit der religiöse Mensch die Wirklichkeit Gottes erfahren kann, muß er sich vorbereiten. Das heißt: Auch für den religiösen Menschen ist es immer wieder wichtig, daß er sich öffnet, alle Filter beseitigt, die ihn am uneingeschränkten Wahrnehmen der Wirklichkeit des Göttlichen hindern. Es ist nötig, daß er sich körperlich und geistig entspannt. Auch er muß sich von der Spannung des Alltagslebens lösen. Auch er muß lernen, stets wachsam zu sein, denn Gott kann und will sich ihm in allem zeigen, aber Müdigkeit und Schlaffheit verhindern, daß die Zeichen Gottes erkannt werden.

Nach allem, was bisher über Meditation gesagt wurde, ist wohl eines klar geworden: Meditation ist die Kunst, voll bewußt zu werden. Sie beseitigt alle Filter – letztlich also auch die kultischen – und erlaubt, mit der ganzen Wirklichkeit in Einklang zu sein. Sie ist ein individueller Weg, der alles verwandelt, was er berührt. Meditation bringt das Selbst nahe und setzt verborgene Kräfte frei. Dadurch löst sie eine Verwandlung aus, die zu Zuständen führt, die von religiös orientierten Menschen nicht anders beschrieben werden können als ,,Berührung des Göttlichen".

Es läßt sich also festhalten, daß Meditation für das religiöse Leben öffnet und auch eine ganzheitliche Entfaltung dieses Lebensbereichs zur Folge hat. Natürlicherweise werden Menschen, die in der Meditation den göttlichen Ursprung ihres Seins entdeckt haben, spontan religiös leben.

Meditation und Sekten

Sekten sind kleinere religiöse Gemeinschaften, die sich von größeren abgespalten haben. Sie zeichnen sich in der Regel dadurch aus, daß sie ihre Überzeugungen gegenüber anderen Gruppen als einzig wahre vertreten. Sektierer gelten als sendungsbewußt, rechthaberisch, unduldsam, eifernd und manchmal fanatisch.

Auch in Deutschland werden Meditationsverfahren, insbesondere wenn sie aus dem asiatischen Kulturraum stammen, manchmal mit sektiererischen Aktivitäten in Verbindung gebracht. Wir empfehlen zur Unterscheidung auf folgendes zu achten:

- Werden Ihnen religiöse Glaubenssätze verkündet oder geht es um die Vermittlung einer praktischen Methode zur Selbsterfahrung?
- Wird Ihre persönliche Freiheit geachtet, oder haben Sie den Eindruck eines, wenn auch noch so sanften, Drucks?
- Werden Personen, Dinge und Erfahrungen ausgeschlossen, oder besteht Offenheit und Toleranz?
- Wird ein Personenkult betrieben oder die eigene Erfahrung in den Mittelpunkt gestellt?
- Wird um die Meditation Geheimniskrämerei betrieben, oder wird auf Ihre Fragen klar geantwortet?

Häufig wird Spiritualität mit Sektierertum verwechselt. Spiritualität ist nämlich etwas Persönliches. *Spiritualität* ist der innere Kern aller Religion. Heute zählt jedoch zumeist die äußere Form, etwa das In-die-Kirche-Gehen, wenigstens an Weihnachten, oder eine kirchliche Trauung. Wer auf sein Inneres, auf seine persönliche Beziehung zum Göttlichen achtet, fällt aus der Reihe und gilt deshalb schnell als Sektierer.

Unsere Erfahrung mit Meditierenden geht jedoch in eine andere Richtung. Insbesondere langjährig Meditierende sind auf Tiefenerlebnisse der Wirklichkeit ausgerichtet, auf das persönliche Ganzwerden, das auch den Bezug zu Gott oder dem Absoluten einbezieht. Dabei wird verstärkt auf die eigene religiöse Erziehung zurückgegriffen, so daß die spirituellen Erfahrungen von Ganzsein im Lichte z.B. des christlichen Glaubens gedeutet werden. So gibt es beispielsweise eine christliche Gruppe von Ausübenden der Transzendentalen Meditation in England. Diese Gruppe hat eine katholische Anschauung von Welt, Menschen und Kirche. Ihr gehören Mitglieder verschiedener Ordensgemeinschaften, Priester und Laien an.[104] Die Gruppe trifft sich zweimal im Jahr an einem Wochenende, um Erfahrungen über die Auswirkungen der Transzendentalen Meditation auf ihr spirituelles Leben auszutauschen und sich gegenseitig in ihrem gemeinsamen Glauben zu stärken.

Um Ihnen ein zusammenfassendes Beispiel zu geben, wie Meditation das religiöse Leben bereichern kann, stellen wir Ihnen den ausführlichen Erfahrungsbericht einer Englisch- und Französischlehrerin vor:

,,Im Jahre 1943, an dem Tag, als Stalingrad fiel, hörte ich auf zu beten. Da ich in meiner kindlichen Vorstellung (12 Jahre alt) Gott für ungerecht und für alles Elend auf der Welt verantwortlich hielt, wollte ich mit ihm nichts mehr zu tun haben.

Mein Leben verlief mal schlecht, mal gut, aber alles war doch irgendwie sehr mühsam. Irgendwie hatte ich das Lachen verlernt; was immer auch geschah, Erfolg oder Mißerfolg, nichts konnte mich richtig befriedigen oder erfreuen. Eines Tages, ich war zum zweiten Mal und zwar glücklich verheiratet und lebte ‚in guten Verhältnissen', hörte ich mir einen Vortrag über Transzendentale Meditation an – mehr oder weniger aus Neugierde – und da mich der Inhalt neugierig gemacht hatte, beschloß ich Meditation zu erlernen.

Obwohl die persönliche Einführung in die Meditation von großem Straßenlärm begleitet war, hatte ich hinterher das Gefühl, als ob sich in mir etwas um 180 Grad gedreht hätte. Vorbei alle Traurigkeit, plötzlich hatte die Welt ein anderes Gesicht. Es war so, als ob ein Schleier von meiner Seele gezogen worden wäre.

Diese Entwicklung hat sich im Verlauf der letzten Jahre in unglaublichem Maße fortgesetzt. Plötzlich interessierte ich mich wieder für Gott, für alles, was sich auf ihn bezog, was mit ihm zu tun hatte, sei es Religion, sei es die Kirche, in der ich getauft war, seien es heilige Schriften anderer Kulturen, Heilige, Wallfahrtsorte oder kirchliche Musik.

Mein ganzes Leben hat sich nach und nach verändert, es hat nur noch ein Ziel: Gott zu finden. Alles, was ich bin, was ich denke, empfinde, sage und tue, geschieht in diesem Licht. Ich glaube, daß damals, bei dem Erlernen der Meditation, etwas geschehen ist, daß man nur als religio, als Wiederanbindung an Gott, erklären kann."

Gesellschaft

In diesem letzten Abschnitt des Buches möchten wir Ihnen einerseits beschreiben, welche Erfahrungen mit Meditationstechniken bisher in der Rehabilitation von Strafgefangenen gesammelt worden sind. Andererseits erläutern wir Ihnen, welche Wirkungen Soziologen für die Gesellschaft als Ganzes festgestellt haben, wenn größere Gruppen meditieren. Denn Meditation wird seit geraumer Zeit nicht nur als Methode zur Gesundheitsförderung und Bewußtseinsschulung des einzelnen eingesetzt, sondern sie soll auch zu einer positiven Beeinflussung der gesamten Gesellschaft beitragen.

Meditation in der Rehabilitation von Strafgefangenen

Die ansteigende Kriminalität ist zweifelsohne eines der größten Probleme der Gesellschaft. Die meisten Rehabilitationsprogramme sind wenig effektiv: Etwa zwei Drittel aller Gefängnisinsassen sind Wiederholungstäter! Dies hängt vorrangig damit zusammen, daß in den heutigen Strafanstalten wenig getan wird, um die Persönlichkeit der Inhaftierten so zu verändern, daß eine „Rückkehr zur Normalität" möglich wird. Immer mehr wird neuerdings die Notwendigkeit einer Verhaltens-, Entwicklungs- und Reifungshilfe für die Betroffenen betont. In dieser Hinsicht kommt dem Einsatz von Meditationstechniken eine wachsende Bedeutung in der Rehabilitation von Strafgefangenen zu.

Seit Anfang der siebziger Jahre wird Meditation vor allem in Nordamerika, aber auch in südamerikanischen, asiatischen und einigen westeuropäischen Ländern in Strafanstalten als Rehabilitationsmethode angewandt. Mittlerweile haben allein in den USA über zweitausend erwachsene Gefangene in 18 verschiedenen Strafanstalten und einige Hundert jugendliche Straftäter in acht Gefängnissen an Kursen für das Erlernen der Transzendentalen Meditation teilgenommen.[105] In der Bundesrepublik ist diese Meditationsform bislang erst in vier Strafanstalten eingeführt worden. Dabei erlernten jeweils zwischen 20 und 100 Inhaftierte die Meditation. Wissenschaftler haben in den letzten Jahren verstärkt die körperlichen und seelisch-geistigen Wirkungen der Meditation bei Gefängnisinsassen und -personal untersucht. Übereinstimmend fanden sie in *psychologischen Studien* schon nach einigen Wochen Meditationspraxis eine deutliche Abnahme von Angst, Feindseligkeit, Mißtrauen, Reizbarkeit und Depressionen.[106] Zusätzlich zeigten Inhaftierte, die regelmäßig meditierten, mehr Selbstbewußtsein und größere innere Zufriedenheit. Viele Gefangene berichten insbesondere von den streßdämpfenden und die innere Ausgeglichenheit fördernden Effekten der Transzendentalen Meditation.

Beispielhaft ist hierfür die folgende Aussage eines 34jährigen amerikanischen Straftäters:

„Das Gefängnis ist ein Ort voller Streß. Das ist zwar auch draußen so, aber hier ist der Streß konzentrierter und deutlicher spürbar. Ich bemerkte an mir und anderen, die etwa zur selben Zeit in der Meditation unterwiesen wurden, einen entscheidenden Rückgang der Auswirkungen von Streß und Spannungen. Nach und nach empfinde ich weniger Verspannungen und erfahre mehr Frieden, Stille, Frische und Entspannung. Das Beste aber, was mir die Meditation gebracht hat, ist die wachsende Fähigkeit, unabhängig zu sein: in einer Welt voller Lärm, Sinnlosigkeit und Anspannung als friedlicher Mensch zu leben. Dieses Gefühl sollten hier alle haben."[107]

Daß sich die Meditationspraxis in ganzheitlicher Weise persönlichkeitsverändernd auswirkt, zeigt ein Erfahrungsbericht eines Gefangenen der Justizvollzugsanstalt Celle aus dem Jahr 1974: „Ich verdrängte früher häufig meine inneren Konflikte und Probleme, oder ich versuchte, sie mit Gewalt aus meinem Bewußtsein zu entfernen, weil die Konflikte mir zu unangenehm oder unannehmbar erschienen. Mein ganzer körperlicher und geistiger Zustand litt darunter. Die Folge waren Kopfschmerzen und negative Gedanken im allgemeinen. Meine Denkgewohnheiten und Verhaltensweisen entwickelten sich positiv durch Transzendentale Meditation. Dies ist wohl auf meine zunehmende innere Ausgeglichenheit zurückzuführen. Mein gesamtes Befinden ist durch die Meditation positiv beeinflußt worden. Es ist mir schwer möglich, den inneren Frieden und die Freude zu beschreiben, die sich bei mir mehr und mehr einstellen. Ein Licht scheint heute in mir, das ich vor Meditationsbeginn nicht gekannt habe."[108]

In Meditationsstudien an Strafgefangenen zeigten sich aber auch Verbesserungen im *gesundheitlichen Bereich*. Meditierende Gefangene konnten besser einschlafen, und ihr Schlaf war erholsamer und tiefer. Sie konsumierten weniger Drogen, Alkohol und Zigaretten. Darüber hinaus normalisierten sich ihre Blutdruckwerte im Laufe der Meditationspraxis zunehmend.

Ein anderer Gefangener, ebenfalls aus der Justizvollzugsanstalt Celle, faßt die Wirkungen der Meditation auf seine Gesundheit wie folgt zusammen:

„Die erste bei mir in Erscheinung getretene Veränderung war eine gesteigerte Energie und Leistungsfähigkeit bei allen geistigen und körperlichen Arbeiten. Dieser Zustand erstreckte sich über den ganzen Tag. Ermüdungserscheinungen, die zuvor an der Tagesordnung waren, kenne ich, seit ich Transzendentale Meditation ausübe, nicht mehr...Ebenso grundlegend hat sich auch mein gesundheitlicher Zustand verändert. Zu meiner eigenen Überraschung muß ich feststellen, daß die hartnäckigen und schon über zehn Jahre anhaltenden Rückenschmerzen sich bei mir in ein Nichts aufgelöst haben, einschließlich der Kopfschmerzen, die viele hier von Zeit zu Zeit bekommen."[108]

Auch im *zwischenmenschlichen Bereich* berichten Strafgefangene von positiven Erfahrungen mit Meditation. Neben einem Abbau von Mißtrauen, Zurückgezogenheit und Verschlossenheit fällt meditierenden Gefangenen und deren Aufsichtspersonal immer wieder auf, daß die Atmosphäre in den Strafanstalten als Folge der Meditation weniger spannungsgeladen ist, die Freundlichkeit und Hilfsbereitschaft unter den Insassen wächst. Die Offenheit anderen Mitgefangenen gegenüber nimmt ebenso zu wie die Toleranz in Anbetracht der Schwächen anderer.

Ein inhaftierter Jugendlicher schilderte seine diesbezüglichen Erfahrungen so:

„Bevor ich in der Transzendentalen Meditation unterwiesen wurde, war ich alles andere als ein ausgeglichener Mensch. Anlaß zu Streitigkeiten, die von meinen Mitmenschen und mir selbst ausgingen, brachten mir oft Ärger ein. Voreilige Entscheidungen aus Gleichgültigkeit und Unkenntnis kamen hinzu. Nicht immer hatte ich ein offenes Ohr für die Sorgen und Probleme anderer. Wichtige Angelegenheiten versuchte ich, soweit es möglich war, hinauszuzögern. Nicht mit jedem Menschen, mit dem ich täglich zu tun hatte, war der Umgang angenehm. Dies alles war der Anlaß für meine innere Unzufriedenheit. Seitdem ich meditiere, gehört dies der Vergangenheit an. Ein guter Kontakt zu meinen Mitgefangenen zeigt täglich den Erfolg des Meditierens. Auch ein besseres Verständnis für die Probleme anderer kommt hinzu. Diejenigen, die ich ehemals haßte, sind heute meine Freunde!"[108]

Da Meditation das harmonische und geordnete Zusammenspiel verschiedener Teile des Organismus fördert, kann sie ,,Schäden" reparieren, die den Körper, das Denken und Verhalten ungünstig beeinträchtigen. Meditation erzeugt von innen her körperlich und seelisch-geistig Ordnung, indem sie Körper und Geist in einen ruhigen, ausgewogenen Zustand bringt. Dieses Zurückfinden in einen körperlich-geistigen Zustand der Ausgewogenheit und des Gleichgewichts kann als das eigentliche Ziel der Rehabilitation betrachtet werden. Eine ganzheitliche Entwicklung der körperlichen und seelisch-geistigen Anlagen des Inhaftierten stellt den Schlüssel für eine Rehabilitation dar, die auf dieses Ziel ausgerichtet ist.

Der Erfolg jeglicher Rehabilitationsbemühungen wird meist anhand der *Rückfallquote* beurteilt. Inzwischen liegt auch beeindruckendes Zahlenmaterial über die geringe Rückfälligkeit meditierender Straftäter vor[109]: 259 frühere Insassen kalifornischer Gefängnisse, die Transzendentale Meditation ausübten, wurden sechs Monate, ein und zwei Jahre nach ihrer Entlassung mit ehemaligen Häftlingen verglichen, die nicht meditierten. Es ergab sich, daß sich die Meditierenden in diesen Zeiträumen insgesamt 31 Prozent weniger Straftaten zuschulde kommen ließen als die Nichtmeditierenden. Die Ausübung der Meditation führte also zu einer deutlichen *Verringerung der Rückfallkriminalität* und einer eindeutig *günstigeren Bewährungsbilanz*. Besonders bemerkenswert war der Rückgang an Neuverurteilungen: Bei den Ausübenden der Transzendentalen Meditation kam es in den zwei Jahren zu 2,3 Prozent Neuverurteilungen, während der entsprechende Wert für die Kontrollpersonen bei 11,4 Prozent lag. Diese vorteilhaften Wirkungen der Meditation im Bereich der Rehabilitation und Kriminalitätsvorbeugung haben Richter in den USA und auch in Indien inzwischen dazu veranlaßt, Straftäter zur regelmäßigen Ausübung der Transzendentalen Meditation zu ,,verurteilen". In insgesamt sieben Gerichtsverfahren ist dies in den letzten Jahren der Fall gewesen![105]

Amerikanische Sozialwissenschaftler haben kürzlich vorgeschlagen, angesichts der positiven psychologischen und physiologischen Effekte der Transzendentalen Meditation, körperliche und seelisch-geistige Merkmale zu bestimmen, die es erlauben, mit objektiven Mitteln festzustellen, wann jemand entlassen werden kann. Als geeignete Rehabilitationsmaße dieser Art betrachten sie beispielsweise die EEG-Kohärenz, die Konzentration des Streßhormons Cortisol, die Stabilität der elektrischen Hautwiderstandsreaktionen, Feldunabhängigkeit und die Einhaltung jeglicher Gefängnisregeln.[105] Die Tatsache, daß die regelmäßige Meditationsausübung positive Veränderungen in all diesen Merkmalen zur Folge hat, wirft die interessante Frage auf, ob solche objektiven Maße geeignet sind vorherzusagen, wann jemand ohne jegliches Risiko für die Gesellschaft entlassen werden kann. Um diese Frage zu beantworten, bedarf es in Zukunft aber sicherlich noch vermehrter Forschung. Künftig könnte dann vielleicht eines Tages ein Richter folgendes Urteil verkünden: „Ich verurteile Sie, so lange im Gefängnis zu bleiben, bis Sie eine Herzfrequenz von 75 Schlägen pro Minute und eine Atemfrequenz von zehn an fünf aufeinanderfolgenden Tagen während 30 Minuten aufrechterhalten können, bis Sie eine Gesamt-EEG-Kohärenz von nicht weniger als .90 erreichen und einen Feldunabhängigkeitswert von 100 Prozent erzielen. Außerdem dürfen Sie keine der Gefängnisregeln verletzen."

Meditation stellt, wie bisherige Erfahrungen deutlich machen, eine ganzheitlich wirkende, kostengünstige und einfach anwendbare Rehabilitationsmethode dar, die nicht im Widerspruch zu anderen Maßnahmen der Rehabilitation steht. Sie beschleunigt die Wiedereingliederung Inhaftierter in die Gesellschaft, indem sie ohne äußeren Zwang Denk- und Verhaltensmuster fördert, die für ein Leben im Einklang mit den Gesetzen des jeweiligen Landes bedeutsam sind.

Ein unter die Haut gehender Brief eines Gefangenen der amerikanischen Strafanstalt Folsom an den Gouverneur des Staates Kalifornien zeigt, wie grundlegend die Wirkungen der Meditation im Rehabilitationsbereich sein können:

,,Sehr geehrter Herr Gouverneur!
Gegenwärtig meditiere ich nach der Methode der Transzendentalen Meditation. Zunächst einmal möchte ich ein paar Worte zu meiner Person sagen: Ich hielt mich in den vergangenen 12 Jahren in verschiedenen Gefängnissen wegen unterschiedlicher Straftaten auf. Ich kam dabei mit 22 Psychiatern, Psychologen und Therapeuten in Berührung, absolvierte Hunderte von Therapiestunden in Einzel- oder Gruppensitzungen. Aufgrund meiner zahlreichen, schweren Verbrechen wurde ich jeweils in Gefängnissen der höchsten Sicherheitsstufe untergebracht. Ich fühlte mich wie lebendig begraben, spürte, daß ich von Tag zu Tag mehr ausbrannte und hatte, was die Zukunft angeht, nur noch den Tod vor Augen. Angesichts der täglich erlebten Frustration, des Elends und des Hasses erschien mir der Tod zunehmend wie eine Erlösung...

Von Meditationsbeginn an veränderte sich eine Menge in mir in positiver Weise. Die innere Zerrissenheit und Frustration sind verschwunden und ich bin heute imstande, mit Haß und Elend angemessen umzugehen. Zum ersten Mal in meinem Leben weiß ich, wer ich bin und, was noch wichtiger ist, wo ich hin will. Ich sehe eine Richtung im Leben! Ich verspüre auch kein Bedürfnis mehr nach Drogen. Ich lebe zwar hinter meterhohen Mauern, fühlte mich aber noch nie so frei wie heute...

Sehr geehrter Herr Gouverneur, eine sehr kleine Zahl von Gefangenen war hier in der glücklichen Lage, die nötigen finanziellen Mittel zur Verfügung zu haben, um die Technik der Transzendentalen Meditation zu erlernen. Deswegen schreibe ich Ihnen: Es gibt in dieser Anstalt Hunderte von Personen, die über die vorteilhaften Wirkungen der Meditation informiert sind, denen es aber an den Mitteln fehlt, um an einem Einführungskurs teilzunehmen. Für mich ist dies *kriminell!* Alles, was die sonst angebotenen Rehabilitationsmaßnahmen bewirken, ist, dem Inhaftierten beizubringen, wie ein Mischung aus Roboter und Papagei zu funktionieren. Mit anderen Worten: Sich richtig zu verhalten und das Gewünschte zu sagen, damit man entlassen wird. Die Technik der Transzendentalen Meditation ist das einzige mir bekannte

Programm, das im Inneren des Menschen ansetzt und unmittelbare Auswirkungen hat. In aller Ehrlichkeit kann ich feststellen, daß nach 12 Jahren in den schlimmsten Strafanstalten des Landes Transzendentale Meditation das einzige war, das mir selbst geholfen hat und von dem ich überzeugt bin, daß es auch für die anderen hier von Nutzen ist.

Die Effekte der Transzendentalen Meditation sind gut dokumentiert. Es zeigten sich in allen bisherigen Studien positive Ergebnisse. Die Insassen hier in Folsom befinden sich auf der letzten Sprosse der Leiter und alle finanziellen Mittel, um Meditation zu erlernen, nähmen sie mit tiefer Dankbarkeit auf.“[110]

Verbesserung der Lebensqualität – durch Meditation zu einer friedensfähigen Gesellschaft

Vom heiligen FRANZISKUS und von anderen christlichen Heiligen wird berichtet, daß in ihrer Gegenwart wilde Tiere zahm wurden. Alle Feindschaft höre auf, wenn Menschen im „Nicht-Töten“ gegründet seien, sagte der altindische Gelehrte PATANJALI schon vor 2500 Jahren. Und der kaukasische Mystiker GURDJIEFF sah „100 Erleuchtete“ als hinreichend an, um die Menschheit in eine Entwicklung zu Frieden und Wohlstand zu führen. Frieden und eine Steigerung der Lebensqualität hängen offenbar eng mit der Entfaltung des Bewußtseins zusammen. Je geordneter das menschliche Denken und Empfinden ist, um so harmonischer wird die eigene Umwelt gestaltet und mit den anderen Lebewesen und Mitmenschen umgegangen.

In unseren Seminaren fragen wir manchmal, wovon der einzelne seine Lebensqualität entscheidend bestimmt sieht. Da spielt dann die Umweltsituation eine Rolle, die Kriminalität, die Gefahren des Straßenverkehrs, Krankheit und Tod in der Familie, aber als wichtigster Faktor für das Lebensgefühl wird der *Friede* genannt. Zu tief sitzen die Erinnerungen an den letzten Weltkrieg, zu belastend sind die Presse- und Fernsehberichte über Kriegsschauplätze unserer Tage, zu sehr ist man sich bewußt, daß angesichts der Menge gerade auch in Deutschland stationierter Atomwaffen das gesamtgesellschaftliche Wohlergehen am seidenen Faden des Friedens hängt.

Wenn wir die Seminarteilnehmer dann danach fragen, in welchen Situationen sie zu nicht-friedfertigem Handeln neigen, bekommen wir meist nur eine Antwort: unter großer Streßbelastung. Streß und Verspannungen machen regelrecht friedensunfähig. Vielleicht sind kriegerische Auseinandersetzungen das Ergebnis von aufgestautem Streß beim einzelnen. ,,Kriege entstehen in den Köpfen der Menschen", so heißt es in der Charta der Vereinten Nationen.

Einig sind sich unsere Seminarteilnehmer immer darin, daß Verträge, Verhandlungen und Abmachungen zwischen Regierungen nie geeignet waren, Krieg zu verhindern. Auch deshalb ist es naheliegend anzunehmen, daß die Friedensfähigkeit von Gesellschaften letztlich vom einzelnen Menschen abhängt. Solange der einzelne Naturgesetze verletzt, schafft er Spannungen in seiner Umgebung und beeinflußt die Lebensqualität der Gesellschaft negativ. Unordnung und Gewalt sind die Folgen. Der Friede wird dadurch noch stärker gefährdet.

Wir vertiefen dann das Gespräch und fragen die Seminarteilnehmer, was sie als die Grundvoraussetzung für individuellen Frieden ansehen. Glücklichsein wird dann meistens genannt. Solange ein Mensch glücklich ist, kann ihn nämlich kaum etwas zu aggressiven, unfriedlichen Verhaltensweisen veranlassen.

Aus den wissenschaftlichen Untersuchungen über die Wirkungen der Meditation ergibt sich, daß sie die Friedensfähigkeit des Individuums entwickelt. Sie verringert Streß, verbessert die Gesundheit, fördert Kreativität und Intelligenz, bereichert die Beziehungen zwischen Menschen, vertieft die Wahrnehmungsfähigkeit der Umwelt gegenüber und steigert schließlich das Wohlbefinden und Gefühl des Glücklichseins.

Die Macht der kleinen Zahl

Wenn Meditation als Lösung für die Verbesserung der Lebensqualität und als Schlüsselfaktor für eine friedensfähige Gesellschaft gesehen wird, stellt sich natürlich die Frage, ob es denn nötig ist, daß alle Menschen meditieren, um so etwas wie Weltfrieden zu erreichen. Das scheint ja kaum machbar zu sein. Es ist aber auch nicht notwendig. Immer wieder finden sich in natürlichen Systemen Veränderungen, die nur durch eine kleine Zahl der Elemente des Systems ausgelöst werden. So gibt es für das Herz rund ein Prozent sogenannter Schrittmacherzellen, um nur ein Beispiel zu nennen. 1974 wurde eine bahnbrechende soziologische Untersuchung von amerikanischen Wissenschaftlern veröffentlicht, die den Einfluß von wenigen Meditierenden auf größere Gemeinschaften erstmalig dokumentierte.[111]

Aus Beobachtungen in vier amerikanischen Kleinstädten ging hervor, daß dort die Kriminalität zurückging. Die daran anschließende Untersuchung in elf Städten zeigte, daß diese Trendumkehr einsetzte, nachdem die Zahl der ortsansässigen Personen, die Transzendentale Meditation ausübten, bei etwa einem Prozent der Bevölkerung angelangt war. Diese revolutionäre Entdeckung gab Anlaß für eine Fülle weiterer soziologischer Untersuchungen – insgesamt sind es bis heute über 30 – die mittlerweile so ausgefeilt sind, daß hier von einem *neuen Mechanismus sozialen Wandels* gesprochen werden muß.[112]

Natürlich bedeutet der Rückgang von Kriminalität noch nicht, daß dadurch Weltfrieden geschaffen wird. Trotzdem ist die Entdeckung des damals so genannten „*1%-Effekts*" richtungsweisend dafür, daß eine kleine Anzahl von Menschen ausreicht, um die Lebensqualität größerer Gemeinschaften zu verbessern. Untersuchungen, die dann 1980, 1981 und 1984 in Nordindien, Puerto Rico und auf den Philippinen durchgeführt wurden, belegen die Wiederholbarkeit dieses soziologischen Effekts und seine besondere Bedeutung auch in Situationen großer gesellschaftlicher Unruhe.[113] Der Rückgang von Terrorakten und gewaltsamen Demonstrationen in diesen Regionen, der mit der Zahl der Meditierenden in ursächlichem Zusammenhang stand, legt nahe, in der Meditation auch ein Instrument zu sehen, das das uralte Ziel aller Menschen, den Weltfrieden, in erreichbare Nähe rückt.

Sie werden sich nun fragen, wie solche Effekte erklärt werden können. Wie kommt es, daß Menschen, die alleine für sich zu Hause oder in ihren Büros meditieren, oder dies auch in Gruppen gemeinsam tun, andere Menschen beeinflussen können, die in der Stadt verstreut leben oder gar auf andere Menschen positiv wirken, die weit entfernt leben? Wie ist es möglich, daß Personen weniger zu kriminellen Handlungen neigen, selbst wenn sie gar nicht selbst meditieren?

In der Natur findet sich eine Reihe von Beispielen für solche Effekte. Probieren Sie einmal folgendes aus: Legen Sie in ein Wasserbassin zwei Flaschenkorken, ungefähr 20 cm voneinander entfernt. Jetzt drücken Sie einen Korken unter Wasser, lassen ihn dann los – was passiert? Der andere Korken bewegt sich hinauf und hinunter. Oder denken Sie an das Radio. Sie fahren zum Einkaufen, drehen das Radio an und hören die Musik von einer Platte, die vielleicht irgendwo 100 Kilometer weit entfernt abgespielt wird. Und doch, die Musik ist in Ihrem Auto. Das sind nur zwei Beispiele dafür, wie ein Gegenstand einen anderen über eine Entfernung hinweg beeinflussen kann. In der Physik heißen diese Phänomene „Fernwirkungen".

Derartige Phänomene gehören zur Gruppe der *Feldeffekte*. Das Wasser zum Beispiel verbindet die zwei Korken und das elektromagnetische Feld verbindet die Sendestation mit Ihrem Autoradio. Überall im Universum ist die Materie durch zugrundeliegende Felder verbunden: das elektromagnetische Feld, das Gravitationsfeld, das Feld der schwachen und der starken Wechselwirkung, um nur die vier grundlegenden physikalischen Felder zu nennen. Neueste Theorien der Physik gehen davon aus, daß all die verschiedenen Felder in der Natur in einem *vereinheitlichten Feld* ihren Ursprung haben, einem Feld, das alle anderen Felder, alle Materie, alle Gegenstände und Lebewesen verbindet.

Eine Besonderheit des Verhaltens von Feldern liegt in der Art und Weise, wie Wellen durch sie weitergeleitet werden. Nehmen Sie einmal Ihre Leselampe. Das Licht, das sie ausstrahlt, ist ein

Ergebnis kaum zählbarer Lichtwellen, die alle mehr oder weniger zufällig und ungeordnet ausgesandt werden. Deshalb ist das Licht Ihrer Lampe zwar hell genug, damit Sie das Buch in Ihrer Hand lesen können, aber nicht ausreichend hell, um zum Beispiel bis zum Haus Ihres Nachbarn zu strahlen.

Wenn aber diese ungeordneten Lichtwellen in Übereinstimmung (Kohärenz) gebracht werden, ist die Gesamtstärke der Lichtwellen wesentlich größer, als wenn die einzelnen Lichtwellen nur für sich verstreut ausstrahlen. Bei einer kohärenten Lichtwelle entspricht ihre Stärke in bestimmten Raumrichtungen dem Quadrat der vorhandenen Wellen. Nimmt man also 100 Lichtwellen für sich, bringt sie in Kohärenz, dann werden sie zu einer Lichtquelle, die das Zehntausendfache einzelner Lichtwellen erreicht. Dieses kohärente Licht heißt Laserlicht. Mit ihm kann man den Mond erreichen, chirurgische Eingriffe vornehmen oder eine Laserdiskette voller Musik abspielen. Dieses Phänomen heißt *Superstrahlungseffekt*.

Meditation kann zu einer „Superstrahlung" führen, vorausgesetzt, das Bewußtsein, also das, was in der Meditation letztlich erfahren wird, ist ein allen Menschen gemeinsames Feld. Für einen weltweiten Einfluß muß dieses Feld ähnlich grundlegend sein wie das vereinheitlichte Feld, über das modernste physikalische Theorien entwickelt wurden. In Entsprechung zu diesem physikalischen Feld ist die Menschheit über das Feld des Bewußtseins viel enger verbunden, als die Sozialwissenschaften bisher angenommen haben.

Auch wenn diese Annahme über den *Feldcharakter des Bewußtseins* derzeit unter Wissenschaftlern heftig diskutiert wird, bietet sie doch eine Erklärungsmöglichkeit, um sich in Anlehnung an physikalische Phänomene vorzustellen, daß das Meditieren weniger Personen ausreicht, um positive Auswirkungen weltweiten Ausmaßes zu erreichen.

Weltfriedensprojekte

Vieles des bisher Gesagten bliebe reine Spekulation, hätte nicht während der Jahreswende 1983/1984 in Fairfield im Bundesstaat Iowa in den USA ein Großexperiment mit Meditierenden stattgefunden. Hier versammelten sich 7000 Personen, die an einem Programm für Fortgeschrittene teilnahmen, das auf der Transzendentalen Meditation aufbaut, nämlich auf den schon im 7. Kapitel erwähnten ,,TM-Sidhi-Programm''. Dieses Programm soll die Erfahrung ,,reinen Bewußtseins verstärken und verlängern'', insbesondere dann, wenn diese Techniken in großen Gruppen gemeinsam ausgeübt werden. Nachweislich sorgen die TM-Sidhi-Techniken für eine Erhöhung der geordneten Arbeitsweise des Gehirns (EEG-Kohärenz). Von daher ist es naheliegend, daß sich auch ein stärkerer Effekt auf die Umwelt einstellt.

Wissenschaftler gehen davon aus, daß der Schwellenwert der Zahl derer, die dieses neue Programm in Gruppen ausüben müssen, um einen weltweiten Friedenseffekt zu erreichen, nicht mehr bei einem Prozent der Bevölkerung liegt, sondern nur noch bei der Quadratwurzel von einem Prozent. Das heißt, wo früher 1000 Meditierende nötig waren, um in einer Stadt von 100.000 Einwohnern meßbare Wirkungen hervorzurufen (ein Prozent), scheinen bei Einsatz von TM-Sidhi-Gruppen nur noch rund 32 Personen notwendig zu sein, um soziologisch feststellbare Effekte zu erzeugen. Das Treffen in Fairfield diente nicht zuletzt der Überprüfung dieser Annahme.

In der Tat waren die Ergebnisse erstaunlich.[112] Sie schlossen ein unmittelbares Anwachsen von Positivität in Situationen internationaler Konflikte sowie einen dramatischen Anstieg der Börsenindices weltweit ein. Auch zeigten die soziologisch erhobenen Daten von verschiedenen Ländern auf unterschiedlichen Kontinenten, daß die Unfallrate und die Rate der Infektionskrankheiten während der Zeit der Versammlung rückläufig waren. Patentanmeldungen und andere Anzeichen für Kreativität stiegen dagegen. Was geschah nach der Versammlung? Alle positiven Trends kehrten zu den alten Mustern zurück, die vor dem Großexperiment vorhanden waren.

Diese Ergebnisse und die anderer großer Versammlungen ähnlicher Art führten dazu, daß derzeit an drei Plätzen der Welt Großgruppen von Meditierenden aufgebaut werden. Die größte Gruppe soll vor den Toren der indischen Hauptstadt Neu Delhi angesiedelt werden. Maharishi Nagar ist eine im Entstehen begriffene, eigens für dieses Projekt entworfene Stadt für rund 15.000 Menschen. Für das gemeinsame Meditationsprogramm ist ein sich selbst tragender „geodätischer Dom" im Bau, der einen Durchmesser von 180 m haben wird und zwei Fußballfelder überspannt, so daß auf über 10.000 qm 10.000 Meditierende hinreichend Platz haben werden. Mittlerweile leben dort bereits rund 2000 Menschen.

Eine zweite Gruppe von Meditierenden wächst in den Vereinigten Staaten in Fairfield. Dort wohnen mittlerweile rund 3000 Meditierende, die an die Maharishi International University angegliedert sind.

Ein europäisches Zentrum für Frieden entsteht in Skelmersdale in England. Seit 1980 siedeln sich hier Meditierende an. Mit 800 Meditationsausübenden soll der Superstrahlungseffekt für ganz England erreicht werden. Derzeit leben dort schon 260 Erwachsene und 90 Kinder. Die Gemeischaft verfügt bereits über erfolgreiche Betriebe, eine Schule und ein Gesundheitszentrum. Eigene Häuser und eine Meditationshalle sind gerade im Bau. Bislang waren es vor allem britische Staatsangehörige, die sich in Skelmersdale ansiedelten. Jetzt öffnet das erste „ideale Dorf" Großbritanniens seine Tore auch für Meditierende anderer Länder, so daß ein europäisches Friedenszentrum entstehen kann.

Eines der erstaunlichsten Merkmale dieser jungen Gemeinschaft ist ihre wirtschaftliche Vitalität. 70 Prozent der Mitglieder arbeiten in ihren eigenen Betrieben. Darunter befinden sich Architekturbüros, eine Baufirma, Schreinereien, eine Elektroinstallationsfirma, eine Software-Entwicklungs-Gesellschaft, Übersetzungsbüros, Juweliere, eine Druckerei, eine Video-Produktionsfirma und anderes.

Mögen die wirtschaftlichen Tätigkeiten der einzelnen Firmen auch noch so unterschiedlich sein – eines haben sie alle gemeinsam: Der Arbeitstag der Firmeninhaber wie der Angestellten und Arbeiter beginnt und endet immer gleich: mit dem gemeinsamen Meditationsprogramm.

Gerade diese gesellschaftliche Anwendbarkeit von Meditation zur Erhöhung der Lebensqualität und zur Förderung von Weltfrieden gehört zu den spannendsten Entwicklungen der Menschheitsgeschichte. Bisher liegen erst vereinzelt Hinweise auf Trendumkehrungen vor. Dennoch kann man von einer beginnenden gesellschaftlichen Transformation weltweiten Umfangs sprechen. Damit Sie selbst in Ihrem Alltag die Zunahme an Lebensqualität beobachten können, möchten wir Ihnen abschließend 12 Meßgrößen vorstellen, mit denen sich der Zustand und die Entwicklung einer Gesellschaft ganzheitlich beurteilen lassen:

1. die Kriminalitätsrate;
2. der Prozentsatz ziviler Streitigkeiten, die vor Gericht kommen;
3. die Rate der Infektionskrankheiten;
4. die Höhe der Kindersterblichkeit;
5. die Selbstmordrate;
6. der Zigarettenkonsum pro Kopf;
7. der Alkoholkonsum pro Kopf;
8. das Bruttosozialprodukt pro Kopf;
9. die Patentanmeldungen;
10. die Zahl akademischer Abschlüsse;
11. die Scheidungsrate;
12. die Anzahl der Verkehrsunfälle.

Dies alles sind Möglichkeiten zur Bestimmung gesellschaftlicher Ordnung. Es wird in den nächsten Jahren und Jahrzehnten interessant zu beobachten sein, welche Veränderungen in diesen Lebensbereichen auftreten.

Eine Vision für die gesamtgesellschaftliche Entwicklung gibt der Zukunftsforscher RUSSELL:

„Die Höherentwicklung des menschlichen Bewußtseins wird zum Hauptgebiet menschlicher Tätigkeit, ... das Bewußtseinszeitalter. In diesem Zeitalter dürfen wir eine Zeit sehen, in der aller

Bedarf an Nahrungsmitteln, materiellen Gütern und Information hinreichend gedeckt sein wird und die Menschheit sich vorwiegend der Erforschung unserer inneren Terra incognita widmen kann. Unser Hauptstreben wird der Selbstentwicklung gelten, und spirituelle Erfahrungen werden so zum Alltag gehören wie heute Taschenrechner und Tonbandkassetten. Das mag sich anhören wie Science Fiction, ist aber, wie ich glaube, eine absolut mögliche Entwicklung – die natürliche Verlängerung des Weges, den ein Teil der Menschheit bereits eingeschlagen hat.“

Was halten Sie davon, sich diesen Menschen anzuschließen?

10. Wo Sie Meditation erlernen können

Über Meditationsinstitute in der Bundesrepublik Deutschland, der Schweiz und Österreich informieren Sie:

TM-Media-Service GmbH
Händelstraße 2 A
D-2000 Hamburg 50
Tel. 040 / 890 41 67

Gesellschaft für Transzendentale Meditation
Am Berg 13
D-4516 Bissendorf 2
Tel. 05402 / 8483

Internationale Meditationsgesellschaft Schweiz
CH-6377 Seelisberg
Tel. 043 / 33 11 44

Internationale Meditationsgesellschaft Österreich
Biberstraße 22/2
A-1010 Wien
Tel. 0222 / 512 78 59

Literaturhinweise

Im folgenden Literaturverzeichnis sind lediglich diejenigen im Buch zitierten Arbeiten aufgeführt, die einen direkten Bezug zum Thema „Meditation" haben.

1 SHAPIRO, D. H., WALSH, R. N. (Eds.): Meditation: Classical and contemporary perspectives. New York: Aldine, 1984.

2 AKISHIGE, Y. (Ed.): Psychology of Zen. Tokio: Maruzen, 1977.

3 HIRAI, T.: Psychophysiology of Zen. Tokio: Igaku Shoin, 1974.

4 BROWN, D. P., ENGLER, J.: The stages of mindfulness meditation. Journal of Transpersonal Psychology, 1980, 12 (2), 143 – 192.

5 ORME-JOHNSON, D. W., FARROW, J. T. (Eds.): Scientific research on the Transcendental Meditation program, Collected Papers, vol. 1. Rheinweiler: MERU Press, 1977.

6 CHALMERS, R., CLEMENTS, G., SCHENKLUHN, H., WEINLESS, M. (Eds.): Scientific research on the Transcendental Meditation and TM-Sidhi program, vols. 2 – 4. Vlodrop: MVU Press, 1988.

7 ORNSTEIN, R. E.: Die Psychologie des Bewußtseins. Köln: Kiepenheuer & Witsch, 1974.

8 RUSSELL, P.: The TM technique. London, Henley, Boston: Routledge & Kegan Paul, 1976.

9 LE SHAN, L.: Meditation als Lebenshilfe. Rüschlikon: Müller, 1977.

10 GOLEMAN, D. P.: The varieties of the meditative experience. New York, London, Sydney: Wiley, 1977.

11 SHAPIRO, D. H.: Meditationstechniken in der Klinischen Psychologie. Eschborn: Fachbuchhandlung für Psychologie, 1987.

12 MAHARISHI MAHESH YOGI: Die Wissenschaft vom Sein und die Kunst des Lebens. Stuttgart: Internationale Meditationsgesellschaft, 1969.

13 BLOOMFIELD, H. H., KORY, R. B.: Das Glückspotential. Bielefeld: Kleine, 1980.

14 SHAPIRO, D. H.: Meditation as an altered state of consciousness. Journal of Transpersonal Psychology, 1983, 15 (1), 61 – 81.

15 RIGBY, B. P.: Higher states of consciousness through the Transcendental Meditation program – A literature review. Journal of Chronic Diseases & Therapeutics Research, 1977, 1, 35 – 55.

16 BROSSE, T. A.: A psychophysiological study of yoga. Main Currents in Modern Thought, 1946, 4, 77 – 84.

17 ANAND, B., CHHINA, G., SINGH, B.: Some aspects of electroencephalographic study on yogis. Electroencephalography & Clinical Neurophysiology, 1961, 13, 452–456.

18 SUGI, Y., AKUTSU, K.: Studies on respiration and energy metabolism during sitting in Zazen. Research Journal Physical Education, 1968, 12 (3), 190–206.

19 WALLACE, R. K., BENSON, H.: The physiology of meditation. Scientific American, 1972, 226, 84–90.

20 DILLBECK, M. C., ORME-JOHNSON, D. W.: Physiological differences between Transcendental Meditation and rest. American Psychologist, 1987, 42, 879–881.

21 FARROW, J. T., HEBERT, J. R.: Breath suspension during the Transcendental Meditation technique. Psychosomatic Medicine, 1982, 44 (2), 133–153.

22 JEVNING, R., WILSON, A. F.: Behavioral increase of cerebral blood flow. The Physiologist, 1978, 21, 60.

23 KEMMERLING, T.: Wirkung der Transzendentalen Meditation auf den Muskeltonus. Psychiat. Neurol., 1978, 4, 438–440.

24 ALLEN, C. P.: Effects of transcendental meditation, electromyographic (EMG) biofeedback relaxation, and conventional relaxation on vasoconstriction, muscle tension, and stuttering. Dissertation Abstracts International, 1979, vol. 40 (2-B), 689.

25 WALLACE, R. K.: Physiological effects of Transcendental Meditation. Science, 1970, 167, 1751–1754.

26 JEVNING, R., WILSON, A. F., DAVIDSON, J. M.: Adrenocortical activity during meditation. Hormones & Behavior, 1978, 10 (1), 54–60.

27 BANQUET, J. P.: Spectral analysis of the EEG in meditation. Electroencephalography & Clinical Neurophysiology, 1973, 35, 143–151.

28 LEVINE, P. H.: The coherence spectral array (COSPAR) and its application to the study of spatial ordering in the EEG. In: J. I. MARTIN (Ed.): Proceedings of the San Diego Biomedical Symposium. New York: Academic Press, 1976, 15, 237–247.

29 LEVINE, P. H., HEBERT, J. R., HAYNES, C. T., STROBEL, U.: EEG coherence during the Transcendental Meditation technique. In: D. W. ORME-JOHNSON & J. T. FARROW, 1977 (s. Lit.-Nr. 5), 187–207.

30 MISKIMAN, D. E.: The effect of the Transcendental Meditation program on compensatory paradoxical sleep. In: D. W. ORME-JOHNSON & J. T. FARROW, 1977 (s. Lit.-Nr. 5), 292–295.

31 ORME-JOHNSON, D. W.: Autonomic stability and Transcendental Meditation. Psychosomatic Medicine, 1973, 35, 341–349.

32 GOLEMAN, D. J., SCHWARTZ, G. E.: Meditation as an intervention in stress reactivity. Journal of Consulting & Clinical Psychology, 1976, 44, 456–466.

33 AGARWAL, B. L., KHARBANDA, A.: Effect of Transcendental Meditation on mild and moderate hypertension. J. Assoc. Phys. Ind., 1981, 29 (8), 591–596.

34 WALLACE, R. K., SILVER, J., MILLS, P., DILLBECK, M., WAGONER, D.: Systolic blood pressure and the longterm practice of the Transcendental Meditation and TM-Sidhi program. Psychosomatic Medicine, 1983, 45, 41–46.

35 ZAMARRA, J. W., BESSEGHINI, I., WITTENBERG, S.: The effects of the Transcendental Meditation program on the exercise performance of patients with angina pectoris. In: D. W. ORME-JOHNSON & J. T. FARROW, 1977 (s. Lit.-Nr. 5), 270–278.

36 LOVELL-SMITH, H. D.: Transcendental Meditation and three cases of migraine. New Zealand Medical Journal, 1985, 98, 443–445.

37 OVERBECK, K.-D.: Auswirkungen der Technik der Transzendentalen Meditation auf die psychische und psychosomatische Befindlichkeit. Zeitschrift für Psychotherapie und Medizinische Psychologie, 1982, 32 (6), 188–192.

38 HONSBERGER, R. W., WILSON, A. F.: Transcendental Meditation in treating asthma. Respiration Therapy, 1973, 3, 79–80.

39 WILSON, A. F., HONSBERGER, R. W., CHIU, J. T., NOVEY, H. S.: Transcendental Meditation and asthma. Respiration, 1975, 32, 74–80.

40 MISKIMAN, D. E.: The treatment of insomnia by the Transcendental Meditation program. In: D. W. ORME-JOHNSON & J. T. FARROW, 1977 (s. Lit.-Nr. 5), 296–298.

41 MEARES, A.: Regression of recurrence of carcinoma of the breast at mastectomy site associated with intensive meditation. Australian Family Physician, 1981, 10 (3), 218–219.

42 SHAFII, M., LAVELY, R. A., JAFFE, R. D.: Meditation and the prevention of alcohol abuse. American Journal of Psychiatry, 1975, 132, 942–945.

43 BENSON, H., WALLACE, R. K.: Decreased drug abuse with Transcendental Meditation: A study of 1862 subjects. In: C. ZARAFONETIS (Ed.): Drug abuse: Proceedings of the International Conference. Philadelphia: Lea & Feibiger, 1972, 364–376.

44 Shafii, M., Lavely, R., Jaffe, R.: Decrease in cigarette smoking following Transcendental Meditation. In: R. Chalmers, G. Clements, H. Schenkluhn & M. Weinless, vol. 3, 1988 (s. Lit.-Nr. 6).

45 Aron, A., Aron, E. N.: The Transcendental Meditation Program's effect on addictive behavior. Addictive Behaviors, 1980, 5, 3–12.

46 Geisler, M.: Therapeutische Wirkungen der Transzendentalen Meditation auf Drogenkonsumenten. Zeitschrift für Klinische Psychologie, 1978, 7 (4), 235–255.

47 Wallace, R. K., Dillbeck, M. C., Jacobe, E., Harrington, B.: The effects of the Transcendental Meditation and TM-Sidhi program on the aging process. International Journal of Neuroscience, 1982, 16, 53–58.

48 Glaser, J. L., Brind, J. L., Eisner, M. J., Wallace, R. K.: Elevated serum dehydroepiandrasterone sulfate levels in older practitioners of an ayurvedic stress reduction program. Vortrag gehalten auf der Jahrestagung der „Society for Neuroscience", Washington, USA, 1986.

49 Alexander, C. N., Davies, J. L., Newman, R. I., Chandler, H. M.: The effects of Transcendental Meditation on cognitive and behavioural flexibility, health and longevity in the elderly: An experimental comparison of the Transcendental Meditation program, mindfulness training, and relaxation. In: R. Chalmers, G. Clements, H. Schenkluhn & M. Weinless, vol. 4, 1988 (s. Lit.-Nr. 6).

50 Orme-Johnson, D. W.: Medical care utilization and the Transcendental Meditation program. Psychosomatic Medicine, 1987, 49, 493–507.

51 Bloomfield, H. H.: Anwendungsmöglichkeiten des Programms der Transzendentalen Meditation auf die Psychiatrie. In: V. Binder, A. Binder & B. Rimland (Hrsg.): Psycho Fahrplan. München: Moderne Verlagsgesellschaft, 1977, 125–151.

52 Glueck, B., Stroebel, C.: Biofeedback and meditation in the treatment of psychiatric illnesses. Comprehensive Psychiatry, 1975, 16 (4), 303–321.

53 Tart, C. T.: A psychologist's experience with Transcendental Meditation. Journal of Transpersonal Psychology, 1971, 3 (2), 135–140.

54 Ferguson, P. C., Gowan, J. C.: Transcendental Meditation: Some preliminary findings. Journal of Humanistic Psychology, 1976, 16, 51–60.

55 EPPLEY, K., ABRAMS, A., SHEAR, J.: The effects of meditation and relaxation techniques on trait anxiety: A meta-analysis. In: R. CHALMERS, G. CLEMENTS, H. SCHENKLUHN & M. WEINLESS, vol. 4, 1988, (s. Lit.-Nr. 6).

56 BLOOMFIELD, H. H., CAIN, M. P., JAFFE, D. T., KORY, R. B.: Transzendentale Meditation – Lebenskraft aus neuen Quellen. Düsseldorf, Wien: Econ, 1976.

57 SCHARFETTER, C.: Über Meditation: Begriffsfeld, Sichtung der „Befunde", Anwendung in der Psychotherapie. Zeitschrift für Psychotherapie und Medizinische Psychologie, 1979, 29, 78–95.

58 EYERMAN, J.: Transcendental Meditation and mental retardation. Journal of Clinical Psychiatry, 1981, 42 (1), 35–36.

59 EPSTEIN, M. D., LIEFF, J. D.: Psychiatric complications of meditation practice. Journal of Transpersonal Psychology, 1981, 13 (2), 137–147.

60 NYSTUL, M., GARDE, M.: The self-concepts of regular transcendental meditators, dropout meditators, and nonmeditators. Journal of Psychology, 1979, 103, 15–18.

61 TURNBULL, M. J., NORRIS, H.: Effects of Transcendental Meditation on self-identity indices and personality. British Journal of Psychology, 1982, 73, 57–68.

62 DALL, E.: Änderungen der Selbstkommunikation and Merkmale seelisch-körperlicher Befindlichkeit infolge Autogenen Trainings und Transzendentaler Meditation. Unveröffentlichte Diplomarbeit, Fachbereich Psychologie, Universität Hamburg, 1985.

63 RASCHDORF, H. W.: Neuere Versuche, mit Hilfe von Meditationspraktiken Lebensaufgaben zu lösen, dargestellt an ausgesuchten Beispielen: Der Transzendentalen Meditation, des Autogenen Trainings und einer katholischen Kirchengemeinde. Nienburg: Hannemann, 1985.

64 ARON, E. N., ARON, A.: Transcendental Meditation and marital adjustment. Psychological Reports, 1982, 51, 887–890.

65 HOLEMAN, R., SEILER, G.: Effects of sensitivity training and Transcendental Meditation on perception of others. Perceptual & Motor Skills, 1979, 49, 270.

66 GRIGGS, S. T.: A preliminary study into the effect of Transcendental Meditation on empathy. In: R. CHALMERS, G. CLEMENTS, H. SCHENKLUHN & M. WEINLESS, vol. 2, 1988 (s. Lit.-Nr. 6).

67 KNIFFKI, C.: Transzendentale Meditation and Autogenes Training – ein Vergleich. München: Kindler, 1979.

68 SEEMAN, W., NIDICH, S., BANTA, T.: Influence of Transcendental Meditation on a measure of self-actualization. Journal of Counseling Psychology, 1972, 19, 184–187.

69 ARON, A., ORME-JOHNSON, D. W., BRUBAKER, P.: The Transcendental Meditation Program in the college curriculum: A 4-year longitudinal study of effects on cognitive and affective functioning. College Student Journal, 1981, 15 (2), 140–146.

70 HOWALD, W.: Effektivitätsmessung von Selbstentfaltungsmethoden. Nienburg: Hannemann, 1985.

71 MASLOW, A. H.: Psychologie des Seins. München: Kindler, 1973.

72 HJELLE, L. A.: Transcendental Meditation and psychological health. Perceptual & Motor Skills, 1974, 39, 623–628.

73 NIDICH, S., SEEMAN, W., DRESKIN, T.: Influence of Transcendental Meditation: A replication. Journal of Counseling Psychology, 1973, 20, 565–566.

74 STAEHELIN, B.: Der finale Mensch. Zürich: Theologischer Verlag, 1976.

75 WALSH, R. N., SHAPIRO, D. H. (Eds.): Beyond health and normality: Explorations of exceptional psychological well-being. New York: Van Nostrand Reinhold, 1983.

76 ALEXANDER, C. N., DAVIES, J. L., DILLBECK, M. C., DIXON, C. A., OETZEL, R. M., MUEHLMAN, J. M., ORME-JOHNSON, D. W.: Higher stages of consciousness beyond formal operations: The vedic psychology of human development. In: C. N. ALEXANDER, E. J. LANGER & R. M. OETZEL (Eds.): Higher stages of human development: Adult growth beyond formal operations. New York: Oxford University Press, 1988.

77 WALLACE, R. K.: The Maharishi Technology of the Unified Field: The neurophysiology of enlightenment. Fairfield, USA: MIU Neuroscience Press, 1986.

78 BANQUET, J.-P., HAYNES, C., RUSSEL, H., REBER, B.: Analysis of sleep in altered states of consciousness by classical EEG and coherence spectra. Electroencephalography & Clinical Neurophysiology, 1976, 43, 503.

79 ALEXANDER, C. N., BOYER, R., ALEXANDER, V.: Higher states of consciousness in the Vedic Psychology of Maharishi Mahesh Yogi: A theoretical introduction and research review. Modern Science and Vedic Science, 1987, 1, 89–126.

80 ARANYA, S. H.: Yoga philosophy of Patanjali. Kalkutta: Pooran Press, 1977.

81 GOTTWALD, F.-T.: Vibhuti oder Siddhi. Theorie und Praxis der Erweiterung menschlicher Fähigkeiten nach den Yoga-Sutras des Patanjali. In: A. RESCH (Hrsg.): Psyche und Geist. Innsbruck: Resch, 1986, 425–452.

82 HOWALD, W.: Neuere Entwicklungstendenzen in der Meditationsforschung. In: D. H. SHAPIRO: Meditationstechniken in der Klinischen Psychologie. Eschborn: Fachbuchhandlung für Psychologie, 1987, 465–496.

83 TJOA, A.: Some evidence that the Transcendental Meditation program increases intelligence and reduces neuroticism as measured by psychological tests. In: D. W. ORME-JOHNSON & J. T. FARROW, 1977 (s. Lit.-Nr. 5), 363–367.

84 TJOA, A.: Meditation, neuroticism and intelligence: A follow-up. Gedrag: Tijdschrift voor Psychologie, 1975, 3, 167–182.

85 DOMASH, L. H.: The Transcendental Meditation technique and quantum physics. In: D. W. ORME-JOHNSON & J. T. FARROW, 1977 (s. Lit.-Nr. 5), 652–670.

86 MAC CALLUM, M.: The Transcendental Meditation program and creativity. In: D. W. ORME-JOHNSON & J. T. FARROW, 1977 (s. Lit.-Nr. 5), 410–414.

87 RIMOL, A. G.: The Transcendental Meditation technique and its effects on sensory-motor performance. In: D. W. ORME-JOHNSON & J. T. FARROW, 1977 (s. Lit.-Nr. 5), 326–330.

88 ABRAMS, A.I.: Paired-associate learning and recall: A pilot study of the Transcendental Meditation program. In: D. W. ORME-JOHNSON & J. T. FARROW, 1977 (s. Lit.-Nr. 5), 377–381.

89 MISKIMAN, D. E.: The effect of the Transcendental Meditation program on the organization of thinking and recall. In: D. W. ORME-JOHNSON & J. T. FARROW, 1977 (s. Lit.-Nr. 5), 385–392.

90 TAUCHER, P.: Der Einfluß von Entspannungs- und Meditationstechniken auf das Lernvermögen von Schulkindern. Dissertation, Grund- und Integrativwissenschaftliche Fakultät, Universität Wien, 1982.

91 WARSHAL, D.: Effects of the Transcendental Meditation technique on normal and Jendrassik reflex time. Perceptual & Motor Skills, 1980, 50, 1103–1106.

92 REDDY, M. K.: The role of the Transcendental Meditation programme in the promotion of athletic excellence. In: R. CHALMERS, G. CLEMENTS, H. SCHENKLUHN & M. WEINLESS, vol. 2, 1988 (s. Lit.-Nr. 6).

93 FREW, D.: Transcendental Meditation and productivity. Academy of Management Journal, 1974, 17, 362–368.

94 DILLBECK, M. C., ARON, A. P., DILLBECK, S. L.: The Transcendental Meditation program as an educational technology: Research and applications. Educational Technology, 1979, 19 (11), 7–13.

95 KEMBER, P.: The Transcendental Meditation technique and postgraduate academic performance. British Journal of Educational Psychology, 1985, 55, 164–166.

96 TRUCH, S.: The TM technique and the art of learning. Totowa, USA: Littlefield Adams, 1977.

97 DILLBECK, M. C., ASSIMAKIS, P. D., RAIMONDI, D., ORME-JOHNSON, D. W., ROWE, R.: Longitudinal effects of the Transcendental Meditation and TM-Sidhi program on cognitive ability and cognitive style. Perceptual & Motor Skills, 1986, 62, 731–738.

98 GELDERLOOS, P., LOCKIE, R. J., CHUTTOORGOON, S.: Field independence of students at Maharishi School of the Age of Enlightenment and a Montessori School. Perceptual & Motor Skills, 1987, 65, 613–614.

99 TÖNNIES, S., OVERBECK, K.-D.: Einige Effekte meditativer Übungen bei lernbehinderten Sonderschülern. Heilpädagogische Forschung, 1985, 12 (1), 81–86.

100 GOTTWALD, F.-T., HOWALD, W.: Coherence in brain functioning: Introducing meditation techniques for the promotion of giftedness. In: A. J. CROPLEY, K. K. URBAN, H. WAGNER & W. WIECZERKOWSKI (Eds.): Giftedness: A continuing worldwide challenge. New York: Trillium, 1986, 115–123.

101 FRIEND, K. E.: Effects of the Transcendental Meditation program on work attitudes and behavior. In: D. W. ORME-JOHNSON & J. T. FARROW 1977, (s. Lit.-Nr. 5), 630–638.

102 FREW, D. R.: Management of stress. Using TM at work. Chicago: Nelson-Hall, 1977.

103 MARCUS, J. B.: TM and business. New York: McGraw-Hill, 1977.

104 SMITH, A. B. (Hrsg.): Transzendentale Meditation – eine Methode für Christen? Innsbruck: Felder, 1985.

105 DILLBECK, M. C., ABRAMS, A. I.: The application of the Transcendental Meditation program to corrections. International Journal of Comparative and Applied Criminal Justice, 1987, 11 (1), 111–132.

106 ABRAMS, A. I., SIEGEL, L. M.: The Transcendental Meditation program and rehabilitation at Folsom State Prison. Criminal Justice and Behavior, 1978, 5 (1), 3–20.

107 LANPHEAR, R. G.: Freedom from crime through the TM-Sidhi program. New York: Nellen, 1979.

108 CRONE, H.: Bericht über das Projekt „Rehabilitation von Inhaftierten durch Transzendentale Meditation, 28. Juli 1973 bis 31. August 1975". Schöpferische Intelligenz, 1975, 4 (21), 37 – 51.

109 BLEICK, C. R., ABRAMS, A. I.: The Transcendental Meditation program and criminal recidivism in California. Journal of Criminal Justice, 1987, 15, 211 – 230.

110 ELLIS, G.: Inside Folsom Prison. Burlington, USA: Accord, 1983.

111 ARON, E., ARON, A.: The Maharishi effect. Walpole, USA: Stillpoint, 1986.

112 ORME-JOHNSON, D. W., DILLBECK, M. C.: Maharishi's program to create world peace: Theory and research. Modern Science and Vedic Science, 1987, 1 (2), 207 – 259.

113 DILLBECK, M. C., CAVANAUGH, K. L., GLENN, T., ORME-JOHNSON, D. W., MITTLEFEHLDT, V.: Consciousness as a field: The Transcendental Meditation and TM-Sidhi program and changes in social indicators. Journal of Mind and Behavior, 1987, 8 (1), 67 – 104.

Sämtliche hier aufgeführten Arbeiten sind über den Kopier- bzw. Fernleihdienst der Deutschen MERU-Gesellschaft, Am Berg 2, 4516 Bissendorf 2, erhältlich.